天岸书写
——刘再复学术文化随笔选集

凤凰树下随笔集

刘再复 著

厦门大学出版社
XIAMEN UNIVERSITY PRESS
国家一级出版社
全国百佳图书出版单位

编者的话

厦门大学,一所闻名遐迩的高等学府,经过近百年的岁月洗礼,她根深叶茂,茁壮成长。厦大校园背山面海、拥湖抱水,早年由南洋引入的凤凰木遍布校园的各个角落,于是,一级又一级的海内外求知学子满怀憧憬地相聚在凤凰树下;一届又一届的毕业生依依惜别于凤凰树下。"凤凰花开"成了学子们对母校的青春记忆,"凤凰树下"成了厦大人共同的生活空间。

建校近百年的厦门大学现已成为学科门类齐全的国家"211"、"985"工程重点大学。厦大人秉承"自强不息,止于至善"的校训,铭记校主陈嘉庚建设一流大学的嘱托,在较少政治喧闹、较多自由思考的相对安静环境中,做着相对纯粹的真学问,培育着一代代莘莘学子。一大批厦大人在不同的学术领域里成果卓著,他们除了发表论文、出版专著,贡献自己高深的科研成果之外,亦时有充满灵性的学术感悟文字、感时悯世的政治评论短札,时有思索道德人生的启示益智言语、情感迸发的直抒胸臆篇什。这些学术随笔其文字之精练，语言之优美，内容之丰富，思想之深刻，不仅体现了厦大学人深厚的学术积淀，而且也是值得传承的丰富文化宝藏和宝贵的出版传播资源。

厦门大学出版社秉承"蕴大学精神，铸学术精品"的出版理念，注重挖掘厦门大学的学术内涵。我们将以"凤凰树下随笔集"的形式，编辑出版厦大学人的学术随笔、学术短札，在凤凰树下营造弥漫学术芬芳的书香氛围，让厦大校园充满求真思辨的探索情怀。年轻学子阅读这些书札，或能获得体悟，受到激励，走向深邃的学术殿堂；社会大众阅读这些书札，或能更加切实地品读我们这所大学的真实内涵，而不至于停留在"厦门大学是个大花园"的粗浅旅游观感层次。

我们更期待《凤凰树下随笔集》走出校园，吸引全球更多的学者走入这片凤凰树下，让读者感受到这些学者除了不断有高精尖的科研成果问世外，还有深沉的文化艺术脉搏在跳动，还有浓郁的人文精神、科学精神在流淌。

厦门大学出版社

自　序

今年6月中旬,好友郭汉民传递了母校厦门大学出版社稿约的美意,之后,又收到母校出版社的正式约稿函。读了信函之后,我立即想到两点:第一,这可不是他处的稿约,而是母校的稿约,只能答应,不可推辞。第二,五十年来我出版的中文书已有120种(原著50种左右,另外的70种属于修订本、选编本、再版本),纷繁中该如何选择?方便之门恐怕是先放下学术论著,只选编一部散文集。

于是,我立即与女儿剑梅商量,请她为我选择一本。北京三联书店正在出版《刘再复散文精编》十卷本(白烨、叶鸿基主持),已问世的有《师友纪事》、《人性诸相》、《世界游思》、《漂泊心绪》、《槛外评说》、《八方序跋》、《散文诗华》、《两地书写》、《天涯悟语》等九部,即将出版的还有《审美笔记》。剑梅说每集选几篇,不太难。她果然很快就挑选百篇左右。剑梅和我一样,一手写论文,一手写散文,对我的散文也熟悉,而且知道,我的散文一方面受到书本的泽溉,一方面还受到大地的滋养,所以散文的主流乃是性情散文,她所选的篇章也是以情为主的心灵史迹。

剑梅的目录送到我这里时,又接到出版社社长蒋东明先生的来信,说我的散文集将放入"凤凰树下随笔集丛书",而这套丛书乃是以弥扬大学精神尤其是大学学术精神为宗旨,基本文体是学术随笔,这才觉得剑梅的选目与此宗旨有些距离。于是,我决定自选一本,大体上遵照母校出版社之命,尽可能靠近学术。于是便形成现在这个版本。正在编选的6月下旬又接到曾妍妍小姐转发丛书编委会的信,信上说,2011年我在母校中文系的演讲《告慰老师》一文很符合丛书的原则。我由此更"心明眼清",便对初步选好的目录再进行一次调整,定了稿后先交给我表弟叶鸿基,让他帮我转为电子文本。书名定为"天岸书写",并无深意。所谓天岸,也就是天涯。也许是故园情怀太重,所以总觉得自己身处天涯海角,如同行吟于天岸的马匹。虽知洛阳石窟上刻有陈抟"开张天岸马,奇逸人中龙"的对联,但我从未有过"龙虎奇逸"的妄念,倒是时时有天岸马鸣与天岸书写的感觉。

  母校出版社能出我一本散文选集,我感到特别高兴。每次在世界各地出书,我总是希望寄一本给母校图书馆和中文系图书馆。也就是想让母校那些关怀我的老师、同学、亲者、友人能够读到。尤其是到了晚年,我写书几乎没有任何"目的"与"动机",只是生命的需求,即情感的需求,所以母校出版社能为我出版一本书,便让我的心灵存放到一个很想存放的地方,情感多了一个寄寓之处。也为此,我要特别感谢蒋东明、曾妍妍和出版社的其他友人。还要感谢三年前邀请我回母校参加九十周年校庆的朱崇实校长,感谢你们通过不同的形式,让我的心灵总是与祖国的江河原野和文化事业紧紧相连。

刘再复

2014年7月3日

美国科罗拉多

第一辑　母校情结

3 〉告慰老师
　　——在厦门大学中文系九十周年系庆会上的演讲
7 〉璞玉
　　——缅怀郑朝宗老师
14 〉岁月的哀伤
　　——缅怀彭柏山老师，彭小莲《他们的岁月》(香港版)序
17 〉放下，放下，放下
　　——缅怀虞愚老师，《杜永志书法集》序
22 〉见证共和国沧桑的心灵讲述
　　——黄炳辉老师《浮生剪影》序

第二辑　师友纪事

31 〉最后一缕丝
34 〉钱锺书先生纪事
48 〉夏志清先生纪事(节选)
70 〉周扬纪事

80 〉 胡绳纪事
92 〉 李泽厚：海德格尔激情
95 〉 李欧梵：人文世界的精神漫游者
101 〉 想念您，樊骏好兄长
111 〉 上海，助我思想飞扬的上海
　　　——此文，谨敬献给已故的谢泉铭、高国平、梅朵、徐启华诸先生高洁的亡灵

第三辑　会友序文

121 〉 夏中义《朱光潜美学十辨》序
129 〉 梁归智《周汝昌传》二版序
135 〉 解玺璋《梁启超传》序
140 〉 杨健民《艺术感觉论》再版序
142 〉 刘剑梅《庄子的现代命运》序

第四辑　学术自述

149 〉 学术自述
　　　——《性格组合论》北京版附录
154 〉 尝试《红楼梦》阅读的第三种状态
　　　——《红楼梦悟》自序
157 〉 不为点缀而为自救的讲述
　　　——"红楼四书"总序
161 〉 《双典批判》导言
179 〉 从作文到随心
181 〉 从兴趣到信仰
185 〉 从工具到价值

第五辑　书生悟语

191 〉 文学大观笔记二十一则
199 〉 人生哲学三十八则
210 〉《独语天涯》自注

第六辑　两地书写

223 〉 论德谟克利特之井
226 〉 论大器存于海底
229 〉 论享受黎明
232 〉 论灵魂的根柢
236 〉 论快乐的巅峰
240 〉 论罗素的三激情

第七辑　文化随笔

245 〉 救援我心魂的几个文学故事
253 〉 罗丹的三点启示
255 〉 新哥伦布的使命
　　　——爱默生礼赞
260 〉 不朽的楷模与挚友
262 〉 没有酸气的萨依德
264 〉 两个给我力量的名字
266 〉 命运之赐
268 〉 生命的继续
270 〉 蒙田：美德的韧性
272 〉 萨特：人格的幸福

274 〉 人生的盛宴
276 〉 百年前鲁迅的伟大呼吁

第八辑　世界游思

281 〉 德国阅读
285 〉 美国腊月天里的"三言"
291 〉 杰弗逊遗愿
293 〉 面对第三种哲学
295 〉 初见温哥华
299 〉 彼得堡游思
305 〉 欧洲两大旅游经典批判
310 〉 追寻中美洲的"玛雅遗迹"

第九辑　审美笔记

317 〉 高行健《论创作》序
325 〉 高行健《游神与玄思》诗集序
329 〉 中国大地上的野性呼唤
331 〉 赤子莫言
333 〉 莫言的鲸鱼状态
337 〉 中国出了部奇小说
　　　　——读阎连科的长篇小说《受活》
341 〉 四星高照,何处人文?
350 〉 附　刘再复著作出版图表

第一辑

母校情结

凤凰树下随笔集

告慰老师

——在厦门大学中文系九十周年系庆会上的演讲

亲爱的老师、同学们：

今天我特别高兴，能够和母校母系的老师同学重逢，这是我的幸福与光荣。四十八年前，我从这里出发，先是走向北方，然后又走向西方。浪迹四方，只为了求索真理，东寻西找，最后找到的还是情感的真理。这一真理指明：情感是人生最后的真实。因为情感的力量，我才能回到这个生命的原点，因为情感的理由，我才飞越重洋，再次踏上故乡的土地。

丹娅、晓红发信到美国，让我代表系友讲话，但我首先应当要说明的是我无法代表任何人讲话。我只代表我自己，只发表个人的声音。二十一年前，我走出国门的那一刻，就给自己作了界定：从此之后，我不再有任何归属，我只是一个独立不移的文学中人。我出身于中文系，永远是中文母系社会"写作者部落"的一员。我给自己立下的座右铭是"山顶独立，海底自行"八个字。从那一刻之后，我不再做国家代言人，也不做大众代言人，当然，也不做同学朋友的代言人，尽管我从情感深处热爱自己的国家，热爱工农大众，热爱自己的同学朋友。

今天想讲的话很多，可以说是心事浩茫，满腹心声，但是，我不能占用太多系庆宝贵的时间。我只想用这一难得的瞬间，向已故的老师和健在的老师问候与致敬，并说一些久存于心中的感激的话。我要感谢在我就读厦大期间中文系所有的老师，包括年迈的老师与当年还年轻的老师，我要感谢像父亲、像母亲、像兄长、像大姐一样关怀我、培育我、教导我的所有老师。四十八年来，我多次回忆厦大的生活，觉得四年的大学生活，老师们在我身上注入的是积极的、高尚的思想情感，是向真、向善、向美的心灵大方向。今天，我可以告慰老师的是，我虽然赤手空拳回来，但我带着母校给我的那一颗简单的、质朴的、对知识充满渴求、对人类充满信赖的心灵回来。人是会变的，但我没有变，我的心灵依然是厦门大学老师塑造的那颗既开窍又混沌的心灵。

回望我的人生之旅,我觉得是国光中学给了我文学的兴趣,而厦门大学中文系则给了我文学的信仰。我常铭记彭柏山老师对我说的话:"你选择了文学,就像当年我选择了战争。那是信仰,为了信仰,什么都可以牺牲!"出国之后,我阅读沈从文的作品,读到他在给年轻读者的一封信中说:对于文学,光有兴趣是不行的,还必须有信仰。彭老师和沈从文先生的话启迪了我:为了文学,什么都可以不要,权力、财富、功名、荣华富贵,一切都可以抛却。厦门大学中文系老师给我的综合教育,总效果是让我确立了对于文学的信仰,也就是对于心灵的信仰。走出校门之后,我的方向已经认定。我明白,文学是美妙的,但文学又是残酷的,它会把一个人的生命全部吸干。但因为有信仰,我认定了,我愿意让文学吸干最后一滴心血,像蚕那样抽出最后一缕丝,"春蚕到死丝方尽",有了信仰之后,我才了解李商隐这一诗句的全部意义。

刘再复教授厦门大学中文系讲座(2011年)

在此有限的片刻,我特别缅怀教育过我、关怀过我但已经离开人世的郑朝宗老师、彭柏山老师、陈敦仁老师、陈朝璧老师、周祖譔老师、林莺老师、陈汝惠老师、黄典诚老师、洪笃仁老师、樊挺岳老师、孙腾芳老师、何建华老师、蔡师圣老师、庄明宣老师、戴锡璋老师、蔡景康老师、陈钊淦老师、叶易老师、阙丰龄老师、陈亚川老师、王礼门老师、陈述中老师。还有张玉麟老师,他是副校长,但又是我的心灵导师。让我向他们深深鞠躬敬礼。不管走到哪里,我都觉得他们亡灵的眼睛一直看着我,他们每一个人的名字对于我都是永远的明灯。此时此刻,我特别要再次提起彭柏山老师与曾是系主任的林莺老师,彭老师是我的写作实习课教师,他曾对我的作文作过密密麻麻的眉批;林莺老师是我的古代文论教师,他在临终前到北京看过我,他那"离运动远点,离文学近点"的教导,我至今铭记在心。我之所以要特别提起他们两人的名字,是因为他们用生命给了我两次教育:第一次是知识教育,第二次是死亡教育。他们的死亡,形成了我内心的大事件,他们的死亡消息曾在我的心灵深处引起过爆炸,并改变了我的灵魂内容和灵魂形式。他们死了,而我还活着,在他们的亡灵面前,我还有什么理由计较得失、成败、荣辱、功过?他们的死亡过程净化了我的灵魂,让我记住,唯一可对得起他们的是,从今之后,我只能讲真话,只能面对历史与面对真理,无论走到哪个天涯海角,我都只能捧着这两位老师给我的良心。十年前,彭老师的小女儿彭小莲在香港出版书写父母亲故事的《他们的岁月》一书,请我作序,我在序言中说:彭柏山这个名字,是我的生命与我的历史的一部分。这个名字和这个名字所负载的革命、战争、死亡、苦难、眼泪、情谊、智慧、良心等等,深刻地影响了我的思想和道路。又说:世上有一种生命是不会被任何艰难凶险的命运所击倒的,他们在命运的打击下,显示着坚贞,显示着正直,显示着人的不屈不挠与大情大义。这种生命,没有荣华富贵,但高洁,清白,丰实,伟大。

除了感激之外,最后我想告诉在座的老师和一切听我讲话的校友。我想说:请你们放心,我现在一切都很好。刚到异国他乡时,面临着另一种制度与另一种规范,心理确实发生过倾斜与危机,但战胜了危机之后,我便进入深邃的精神生活,处于阅读与写作的面壁状态与沉浸状态。二十年来,我赢得三样东西,这就是"自由时间"、"自由表述"与"完整人格"。如今,我已从"害怕孤独"变成"享受孤独",整个写作状态,不是走向概念,而是走向生命。不是走向"学问的姿态",而是走向"人生的深处"。我还想告慰老师与同学,在当今俗气潮流覆盖一切的时代里,我没有成为潮流中人与风气中人。我走过了三十多个国家,看到地球正在向物质倾斜,全人类正在集体变质,人这种高贵的生物正在变成金钱动物。不同人种正在崇奉同一种伪宗教,这就是"金钱拜物教"。人间果真像巴尔扎克所预言的那样,世界正在变成一部金钱开动的机器。人类的精神境界从来没有这样低过。我要告慰母校的是,在这种大风气中,我的神经没有被权力、财富、功名所抓住,身上仍然跳动着曾在厦门大学中文系这一摇篮里修炼过的非功利、非市场、非媚俗的血脉。

谢谢老师与同学们!

2011年4月6日

璞　玉

——缅怀郑朝宗老师

听到郑朝宗老师逝世的消息后,我独自坐在窗前,面对崇深的落基山呆呆地想念着。无尽的缅怀不知从何说起。自从1961年听他讲授"西洋文学史"至今,将近四十年里,我的生命之旅就一直连着他的名字。他是一个真正影响过我、真正在我的心坎里投下过宝石的人。他写给我那么多书信,可惜大部分都留在沧海的那一边。尽管如此,他的名字还是伴随着我浪迹天涯。无论是飞行在白云深处,还是航行在波罗的海的蓝水中间,我都会突然想起他的名字。在天地宇宙的博大苍茫之中,他的名字和其他几个温馨的名字就是我的故乡。那时想起他是欣慰,此时想起则是悲伤。这么好的一位老师就这样远走了,满腹的心事再也无法向他诉说。

在北京时,我收到他的许多信,其中有一封是他最动情的信,这是他告诉我师母去世消息的信。郑老师平时给我的信如同他的文章,总是把热烈的心包藏在冷静的文字里,可是这一回,他却放声哭泣,每一行字都充满着对妻子的思念之情、内疚之情和感激之情。百日后,他又把悼念的文章《怀清录——一个平凡人的一生》寄来给我,其痛哭的泪痕犹在。在我的经历中,还没有见过一个人对妻子之死如此悲痛,如此把它看作是大事件。几十年的社会教育使我习惯于生活的革命状态,也习惯于把个人情感放在偏远的角落,而郑老师这封信却给我一次惊醒,一次人性教育:人间常情如此之真,真情真性如此之美,这种个体感情怎么可以忽略呢?郑老师是一个唤醒我人性底层美好部分的导师,他的教导不是通过他的言说,而是通过他的眼泪与深情。

郑老师在《怀清录》的哀悼文章中说他和师母乃是姨表兄妹。他们订婚后的第三年准备成婚,却有人散布流言说他有悔婚之意,这话传到师母那里,她异常镇静,只要求见面问个究竟。郑老师说:"云消雾散之后,她带着一颗真诚纯朴的心来到我家,以后不管发生什么情况,这颗心始终是坚如磐石的。"这几句话，移用到郑老师身上也是极其恰当的。郑老师说鲁迅是个"仁人"，他自己也正是个"仁人"。他的仁厚之核，就是"忠诚纯朴"，而且这核是坚如磐石的。郑老师到了晚年名声已很大，至少是福建人们公认的一个大教授、大才子了，但他对妻子依然像初恋时那样忠诚纯朴。他对妻子忠诚纯朴，对朋友学生忠诚纯朴，对事业也忠诚纯朴。他和钱锺书先生的友情，已成为中国文坛的美谈佳话，其中的美，就是"忠诚纯朴"四个字的无限光彩。

和郑朝宗先生合照（1988年）

郑朝宗老师和钱先生相处的日子大约只有一年半的时间。开始是清华园同一学系的一般同窗，到了1942年他赢得一个机缘，才成为钱先生的朋友。一经交往，郑先生立即进入钱先生的深层世界，并成为钱先生的莫逆知音。这不仅是因为郑先生眼光如炬，知道这位博学的朋友未来前程无量，更是因为郑先生有一颗纯朴之心，使他天然地排除骄傲、嫉妒等人性障碍，很快就发觉面前这位大才子身上有一种品格，即对人"不存势利之见"。"不存势利"，便是高洁的人品。郑老师发现，钱锺书虽然天分高，但好学不倦，不论身处什么环境都手不释卷。勤奋,也是品格。这一年郑先生和钱先生两人真是以心发现心。一年之后郑先生离开上海时,钱先生赠予他的三十行五言古诗:"清华曾共学,踪跋竟相左……"就足见他们的友情之深了。这之后,郑先生和钱先生一别十年,中间经历了抗日战争、解放战争和新中国成立等历史沧桑,直到1953年他们才重新见面,可是到了1957年郑先生却陷入政治劫难,而钱先生也常处忧患之中。然而,不管世事如何浮沉,他们的友情始终坚如磐石。什么政治风烟都侵蚀不了他们的情谊。80年代,知识分子重见天光,郑老师把三十年积淀下的仰慕之情化作对钱锺书学问的研究。在全国范围内,第一个别开生面地招收《管锥编》硕士研究生。能想到这一点,正是历史的结果,即1932年郑先生进入清华园之后就开始形成的既深邃又纯朴的眼光洞察的结果。招收《管锥编》博士研究生,不仅是郑老师人生精彩的一笔,也是中国当代教育史上精彩的一笔。在北京时,为此事我多次自豪地对朋友说:我的老师郑朝宗真出手不凡,一笔开了一代钱锺书研究的风气。郑老师写下这一笔,与友情有关,但绝不仅仅是友情。《管锥编》深邃如海,一个只是在海边徘徊的朋友是不可能认识它的渊深的。郑老师不是海滨虚泛的赞叹者。他走了进去,并投下晚年最成熟的生命,实实在在地下功夫阅读、钻研,用全部学识去领悟、去开掘。他在给我的信中说:你对《管锥编》一定要"天天读"。我听了郑老师的话,从1982年至1989年几乎天天读。到了海外之后,我写作《人论二十五种》,其中的"肉人"、"忍人"概念和许多例子都得益于《管锥编》。在郑老师启迪之下,我两次读破《管锥编》,这确实使我的学术素养有所长进。我常想,郑老师自己更不知是如何天天读、天天思索?否则,他怎能写出《但开风气不为师》、《文学批评的一种方法》、《再论文艺批评的一种方法》、《钱学二题》、《围城》与《汤姆·琼斯传》等《管锥编》研究的开山之作?这些文章数量不多,但都是高水平的"质",都是《管锥编》精华的提炼,说它是《管锥编》的研究纲要,绝不过分。在《文艺批评的一种方法》第三节中,他列举的《管锥编》八项新义,倘若不是深邃扎实的研究者是绝对说不出来的。这八义包括:(1)学士不如文人;(2)通感;(3)以心理之学释古诗文小说中透露的心理状态;(4)比喻之"二柄"与"多边";(5)诗文之词虚而非伪;(6)哲学家、文人对语言之不信任;(7)词章中写心行之往而返、远而复。(8)译事之信、当包括达、雅。郑老师也许正是受到

"学士不如文人"的影响,因此喜写至情颖思之文,不喜欢作学士那样卖弄学问姿态的高头讲章,包括各类复制性很强实无多少见地的大部小说史、文学史,而他写的这几篇仅有六七万字的文论,其价值决不在百万字的高头讲章之下。

80年代里我和郑老师不断通信,而督促我细读《管锥编》、学习钱先生学品人品是老师信件的主要内容。他几乎每封信都要叮咛此事。郑老师还写信给钱先生,说我是他"最可靠的学生",他用"最可靠"这个词,使我感动不已,至今难忘。后来钱先生对我格外关怀格外信赖(以后我会在纪念钱先生的文章中细说),除了我自身的心灵倾向与心灵状态得到钱先生的挚爱之外,自然与郑老师的竭力推荐有关。郑老师在给我的信中对钱先生一往情深,他对钱先生的评价与描述,每一句都是真挚的冰雪文字。这些年我多次为这些信件的下落而焦虑。人生的挫折与磨难我不怕,北京一群强人打劫我的居所也不可能动摇我的信念,可是师长与友人给我的玉石般的书信如果丢失了,却会让我心疼到死。幸运的是,在1989年离开北京的那个清晨,我于慌乱中抓了一把信件恰好有三封是郑老师的。其中有1986年1月6日的一封信,信上说:

> 你现身荷重任,大展宏才,去年在《读书》第一、二期上发表的文章气魄很大,可见进步之速。但你仍须继续争取钱默存先生的帮助。钱是我生平最崇敬的师友,不仅才学盖世,人品之高亦为以大师自居者所望尘莫及,能得他的赏识与支持实为莫大幸福。他未尝轻许别人,因此有些人认为他尖刻,但他可是伟大的人道主义者。我与他交游数十年,从他身上得到温暖最多。一九五七年我堕入泥潭,他对我一无怀疑,六〇年摘帽后来信并寄诗安慰我者也以他为最早。他其实是最温厚的人。《围城》是愤世嫉俗之作,并不反映作者的性格。你应该紧紧抓住这个巨人,时时向他求教。

这封信中的意思,郑老师叮咛过我几回。他的提示我记在心里。一个品学兼优的文化巨人就在附近,高高的山岳就在身边,我记住了。郑老师对钱先生的崇敬之情感染了我,使我更认真地读钱先生的书。1986年初,我已经担任文学研究所所长一年多了,有许多事我都去请教钱先生。每次到钱先生家里,他和杨先生都非常高兴,除了谈工作,我们总要提起郑老师。

郑老师的名字显然是条洁白的纽带,它的洁净与纯朴,使钱先生对我格外信赖,从为我题签散文诗集《洁白的灯心草》开始到破例地出席我主持的三次大会(他从不参加任何会),都不同寻常。郑老师要我好好向钱先生学习,而我从他的教诲中首先学到郑老师的品格:他的朋友之爱这么真、这么纯。说知音难求,是像郑老师这种知音才真的难求,这是一种品格、学识、情感、境界都集于一身的知音,这是时间、空间、人间邪恶无法动摇与影响的磐石般的知音。

郑老师对妻子、友人、学术的真诚纯朴使我感动,而对于我——一个学生的真诚纯朴,更是让我感激。我在下笔写这篇悼念文字的时候,情感是双重的,一重是伤感,另一重则是自豪感。郑老师的去世带给我的忧伤不知道要多久才能抹掉?如果有一天,我回到母校厦门大学的海滨,在沙滩上悄悄落泪,那一定是我想念着那些爱我但不在人世的老师,其中首先是郑老师。除了伤感,我便觉得自己有幸成为郑老师的学生,一个有许多弱点和缺陷但却得到他的厚爱的学生。1988年,他已到古稀之年,而且身体很弱,但他还是要借文代会机会到北京。他说他不是想来开会,而是想"到北京看一老一少"。老的自然是钱先生,他在给我的信中说:"钱先生也在想念我,多年朋友至少得再见一次。"少的就是我。到了北京,一进我家,第一句话说的就是要见一老一少。看到老师稀疏的白发,看到他挤在我书房(兼卧室)的小角落里说着这句话,我马上转过身去偷偷抹掉眼泪。妻子见我伤情,就连说郑老师精神很好。和他一起到我家的有陈荣春(泉州市长)、刘登翰和中新社的林华、王永志等好友。那天晚上,我特别高兴,很想对郑老师说你要多多保重身体,可是说不出,反而是他老人家一再劝我:人到中年,工作又多,可千万要注意身体,不可太劳累。过了两天,我们又见了一次面。这一次我们单独交谈,他对我说了许多"私话"和"知心话"。每一句都真的是"语重心长"。他说的话很多,留给我印象最深的是要懂得"壕堑战"。他说:你生性率真,敢于直言,不留余地,这是好的,但屡屡赤膊上阵,一旦中箭倒下,反倒可惜。这一意思倘若是别人劝我,我可能要辩白几句,可能要说"我不赤膊谁赤膊?!"但由郑老师相劝,我便觉得他从情感最深处关怀我,而且有道理。我的确锋芒太露,说话总想说个痛快、彻底,完全没有设防,这一面是失去自我保护能力,另一面也没想到别人能不能受得了。到海外之后,我身处异国校园草园,心境平静,想起郑老师,更觉得他的话是对我的至仁至爱,格外宝贵。说到这里,有人也许会以为郑老师在劝解学生明哲保身。不是的。郑老师对我的仗义执言,敢于批评社会黑暗是衷心支持的,他的信件常常给我力量。就在这次见面之后,他返回福建立即给我写信说:

> 近在人民日报上见君一文,其中颇多创见,敢言别人之所未言,此种胆识至堪钦佩,想钱先生必与鄙意相同。目前国内为人门户之见仍极牢固,前途当仍有连续恶战,为维护真理,死生以之,此亦我国传统美德之一,宜加继承。所宜注意者,即勿让两面二心小人乘机撩拨,从中取利,是高明人,自知保卫,无庸愚之喋喋多言矣。

郑老师劝我注意"壕堑战",并非让我回避真理,而是教我如何更好地"为维护真理"去作"死生以之"的奋斗。这与鲁迅主张"壕堑战"而铮铮硬骨犹存是一个道理。

郑老师对我的关怀与厚爱从学生时代就开始了。大学三年级,他开始讲授"西洋文学史"。尚未听课,我就听到其他老师介绍说,郑先生有学问,但他是个摘帽右派分子,只能接受知识,不要私下交往。我当时是个乖孩子,绝对听党的话,也就不敢私下拜访。这一点使我离开厦大之后几十年一直悔恨不已。年轻轻为什么就这样胆小、听话、坐失求教的大好时机?太没有出息了。今天我更是把这一点视为青年时代的一个错误。幸而在课堂里,我洗耳恭听郑老师的课,常常听得入迷,课后又绝对按照他的指教阅读所规定全部必读的书目,从《伊利亚特》、《奥德赛》到《神曲》、《浮士德》、《唐璜》等等。下课时间我总是要到讲台前问他各种问题。有一回我问到"托尔斯泰批评莎士比亚有没有道理?"他愣了一下,认真地看了我一眼,那目光的温馨和喜悦,永远使我难忘。郑老师对学生极为严格,必读的书非读不可,他的考试也极严格而别开生面,让我印象最深的是他会出一系列的填空题,例如《俄狄浦斯王》的作者、《复活》的男主角,都属于填空对象,倘若没有认真阅读就混不过去。期末考试时他出了更多难题,结果得五分的同学极少。我因得益于高中时就读了许多西方作品,加上特别喜欢郑老师的课,就学得特别开心,成绩优异。期末考试时,我分析哈姆雷特形象,把背诵的段落加以引证,使得郑老师非常满意。他甚至激动得情不自禁地在我的考卷背后题了诗。此事是考试之后许怀中老师告诉我的,他说,这次你的"西洋文学史"考得特别好,郑先生高兴得题起诗来。然而,因为郑老师是个"右派分子",不可接触,我竟然无法到郑老师家去问及此事。这件事一直鼓舞着我,赴北京时,我把郑老师的"西洋文学史"讲义装进箱子,在大北方的灯光下,我一次又一次翻阅。一捧起讲义,就想起郑老师题诗的事。这不是为自己受到欣赏而自美,而是我从中看到一种人与文化的炬火:一个老师可以为一个学生的好成绩如此真挚地兴奋,可以如此热血翻腾而难以自禁,这是何等伟大的教育者人格?何等伟大的教师性情啊!

(选自《漫步高原》)

岁月的哀伤

——缅怀彭柏山老师,彭小莲《他们的岁月》(香港版)序

彭小莲所作的《他们的岁月》,是一部个人传记,也是一部历史报告文学,正如茨威格的《昨日的世界》,写的是个人的生活历程,但又是一部二战期间欧洲的大时代悲剧。

彭小莲笔下的"他们",是指她的父亲彭柏山、母亲朱微明以及与之相关的中国革命者。他们的岁月,是悲壮的,又是悲伤的。而他们的故事则是令我困惑不已的当代史记。

彭柏山这个名字,对于香港人是陌生的,但对于经历过1949年前后动荡岁月的大陆知识分子并不陌生,都会知道他是新中国成立之后不久的华东军政委员会文化部副部长,上海市委宣传部部长,被毛泽东点过名的"胡风集团"在上海的支柱。而对于我,彭柏山这个名字,则是我的生命与我的历史的一部分。这个名字和这个名字所负载的革命、战争、死亡、苦难、眼泪、情谊、智慧、良心等等,深刻地影响了我的思想和我的道路。因为,这个名字,这个人,就是我的老师,在厦门大学中文系教我"写作实习"课的老师。在全年级的二百个同学中,他挑选了二十个学生,并要我做这门课的"科代表"。我的作文一篇一篇地被他修改,稿子空白处到处是他的密密麻麻的"眉批"。正当二十岁的时候,在我面前出现的这些批评文字,这些关于语言、关于结构、关于如何抒写社会与自我的最准确意义上的教诲,使我感到惊喜,并实实在在地感到有一只充满温情的老作家的手臂在推着我向文学花果园靠近。我和我的几个同学,都被告知这位老师是胡风分子,但我们不在乎,仍然不断地跑到他那只有十二平方米的房子里去听他讲鲁迅,讲殷夫,讲柔石,讲作文中的"学生腔"。我们衷心喜爱这位文武双全的老师,喜欢坐在他的小床上听他讲话,那时我们都因为饥饿而得了水肿病,但还是陶醉在他的谈论里。他成了我们这群学生的"孩子王",他全神贯注于培育这群"孩子",一点也没有过去的光环与阴影。他的过去是名副其实的革命英

雄。1941年"皖南事变"后,他受陈毅委托,冒死送密件去拯救新四军二支队,幸存后又转战大江南北,到了1949年,他已是第三野战军二十四军的副政委(皮定均将军就是这个军的军长)。他把自己的过去比作"战马",把现在比作"黄牛",并写了一首《高傲的战马》的诗,表白他甘为祖国东南一群学子之牛的心愿。我读完这首诗后非常感动,想登在由我主编的用钢板刻印的刊物《鼓浪》上或者黑板报《熔炉》上,但是,系里的党组织知道此事后警告我:他属于敌我矛盾,文章不能登!一个30年代就写过《崖边》的左翼作家,一个为我们这些穷苦孩子浴血奋战、差点死于疆场的将军,连一首发自心底的短诗都不能在我们的黑板报上发表,这是为什么?此事震动了我。我难过得几乎要哭出来,不好意思地告诉彭老师,但他却安慰我,叫我千万别去争。他想到的不是自己的得失,而是那些脆弱的嗷嗷待哺的弟子。

彭柏山老师从一个战功赫赫的将军变成一个连作品都无法在黑板报上发表的入另册的教师,这还不是他的人生谷底。在胡风集团事件发生之后,他被逮捕然后又被流放到青海的蛮荒之地,由于战友皮定均的帮助,他才得以在厦门大学"偷生"。但是,"文化大革命"前夕,他终于无法维持这个教师地位而被送到河南农学院充当图书馆管理员。"文化大革命"中,这位穿越战火风烟的真正革命家再次被当作为"反革命"被揪出来斗争,而新的罪证竟是他的缅怀战友的长篇小说《战争与人民》。为了这份感情,他受尽污辱,四肢被捆绑在四根柱子上,身上压着装满石头的箱子,然后被毒打,以至被打死,死时满身红肿,遍体鳞伤。彭小莲"不忍"写这段故事,但这个故事却一直折磨着我。八九十年代我不遗余力地呼唤人的尊严与个体生命的权利,显然与彭老师的死亡教育有关。他不仅用知识、用温暖的手臂扶助过我,而且用他的整个生命历程唤醒我重新认识革命,重新认识各种漂亮的名义、主义和曾让我痴迷的大概念。彭老师的悲剧是真正的悲剧,他不是死于刀光剑影的沙场,而是死于"莺歌燕舞"的凯旋门;不是毁灭于敌手之下,而是撞碎于自己的营垒之前。他在枪林弹雨中活了下来,却被自己所憧憬的理念与信念所杀,而且至死也没有放弃过信念。他拒绝强加给他的"反革命"的命名,却从未质疑过造成他的悲剧的原始前提。他不仅自己饱受苦难,而且牵连整个家庭陷入深重的苦难,尤其是带给他妻子朱微明以无穷尽的浩劫。朱微明也被送入牢房,被泡在污水之中,她被折磨了整整四十年,没有一天得到喘息。我无法卒读彭小莲笔下母亲的故事。故事里的母亲，身兼革命才女与翻译家的母亲，一肩挑着丈夫的"罪恶"，一肩挑着儿女的重担，每一天都在服着肉体与精神的双重苦刑。这种女性，是当今世界苦难最深重而精神却最坚韧的女性，真的可歌可泣，可敬可佩，此时，我除了向她的高山岩壁似的灵魂深深鞠躬之外，只希望人们阅读小莲这本书，并从中知道：世上有一种生命是不会被任何艰难凶险的命运所击倒的，她们在命运的打击中，显示着坚贞，显示着正直，显示着人的不屈不挠与大情大义。这种生命史，没有权贵们的金碧辉煌，但高洁，清白，丰实，伟大。"秉德无私，参天地兮"，彭老师在最艰难的时刻，常以屈原的《橘颂》自勉，这两句诗正好可以奉献给他们高贵的灵魂。

  彭小莲不简单。她从小野气十足，不知有什么"责任"，长大后偏又有天赋的才华，当了电影导演，并有名声，加上出国深造，受到西方个人主义文化的熏陶，更是独立自由，完全可以抛开父辈的影子，但是，她却天然地意识到她的家庭故事不仅属于她的家庭，也属于一个时代，而且是属于这个时代最深刻的悲剧，这就是追求革命而毁于革命的悲剧。于是，她放下野气，沿着父辈走过的数十年足迹，严谨地重新阅读历史，广泛地搜集资料，硬是写出这部忧患之作与性情之作。而更使我感到意外的是，彭小莲写得非常冷静，没有一句溢恶与溢美之词，也没有任何控诉与煽情，只是一页一页地描述着历史和双亲真实的脚印。在作者看来，父辈的道路是他们自己选择的，身上的沉重的十字架是他们自己背上的，他们自己应负一部分责任，但是，她又知道，基督从十字架下来之后经历过复活、再生并拥有生命的尊严，但她的父辈得不到尊严，所有的复活之路都被堵死，所有的日子都塞满怀疑、屈辱和悲愤。于是，我们在沉静的文字中又看到真实的血痕、深邃的眼泪与惨白的灰烬，人间的真情洋溢于书卷之中。彭老师与朱老师在地下读了女儿这些文字，一定会感到欣慰，笑容一定不会再掺和着苦味。

2001年2月28日

（选自《沧桑百感》）

放下,放下,放下

——缅怀虞愚老师,《杜永志书法集》序

2008年我到香港,住在何作如兄的大浦寓所。作如兄虽是"大财主",生性却像梁山泊中的"大官人"柴进,满身侠气。他酷爱文化艺术,广交天下饱学之士。除了担任渡边集团董事长之外,还兼作艺术品收藏家。一天清晨品尝普洱茶时,他展示一幅清丽峻拔的字幅问我:"这是谁的字?"我不假思索就应声答道:"虞愚老先生!"作如兄诡秘一笑,说:"不对,是杜永志先生。"我顿时吓了一跳,哪有这等奇观?不仅形似,而且神似。我把字幅拿过来仔细又观赏了一番,愈看愈兴奋,以致激动不已。我朝夕思念、朝夕缅怀的虞老又出现在眼前了。书法,这是虞老的魂魄。"魂归来兮",虞老复活了,我的指尖分明又触摸到虞老暖和的双手和心灵了。

我本就好奇心极强,连问"杜先生是谁?"经作如兄介绍,才知道杜先生原来就是虞老的弟子。他从小热爱书法,由临习柳公权玄秘塔入手,后涉二王等碑帖,70年代初始师从虞老先生,从那之后,他诚心诚意,以超人的毅力和求道的定力,临摹"愚体",苦练"愚体",发愿不仅要学到体之"形美",而且要得到体之"神韵"。更重要的是,他意识到,虞老的字之所以能独创一格,在于他做人先"独创一格"。虞老系弘一大师的弟子,大师关于书法最主要的见解是不应当"以字传人",而应当"以人传字",即字要写好,首先是人要做好。人品先于书品。人精彩,字随之更放光彩。有人的真品格在,才有字的真风格在。杜永志先生得此"真髓",所以把领悟虞老先生的做人"精神"放在第一位,先学其在艰难困苦中不亢不阿、不屈不挠的大精神,再一笔一画地学习虞老的书法技巧。虞老在"文化大革命"中被打成"反对书法权威",令其清厕扫地,他不在乎一时的得失荣辱,只记得处处有禅,时时可以悟道,因此,他依然把心投入书法,把扫帚当巨笔,以大地为纸,那一"扫"一"撇",非同小可。一扫而扫除世间浊气与心中闷气且不说,那一"撇",更是蓄天地之力,一"撇"千钧。谁也想不到,虞老在被罚为"囚徒"时却在囚禁中积蓄雄风,锻炼笔触,把自己的书法推向更高境界。这乃是做人的力量,内修的功夫。杜永志先生作为弟子,先悟此首要之道,为人刚正、质朴,不慕世俗功名功利,超然物外,全身心都投入"愚体"的领悟与提升中。他喜欢练剑和太极拳,便把剑法拳法融入书法中,从而别开生面。

我和杜永志先生只见过两三次面。见面后又惊讶,这杜永志先生怎么连人的心性脾气都像虞老,非常谦和,非常厚道,此印象更坚定我的看法,字相似,首先必须心相似;艺相通,首先必须心相通。我一直认为,人与人的差别,诗与诗的差别,艺术与艺术的差别(包括书法艺术的差别)其根本在于"境界"的差别。境界看不见,但可悟到。我有幸成为虞老的忘年之交,就深深地悟到虞老做人写字的境界。

1984年虞老从佛学院调到中国社会科学院哲学研究所之后,和我变成隔所同事。他听说有位名叫刘再复的小老乡就在文学所,便来找我。我们一见如故,他因家中"无人",几乎过着单身生活,便在下班时经常随我"回家",每周一次。他爱吃家乡"米粉",我妈就炒给他吃,每次都吃得津津有味。他给我们家的每个人都写字,从老到少,连我妈妈的床头也挂着"无端旧梦驱残醉,九畹贞风慰独醒"(鲁迅语)。每次见到这对联,我就想起母亲数十载守寡如玉,一贞到底,真不愧是"九畹贞风",也真感谢虞老的诗意评价。虞老到我家,我则绝对不放弃"尊神"就在眼前,赶紧抓住求道的机会。我知道他二十七岁时(1936年)就出版过《因明学》,便从"因明"问起,更直追佛教八宗缘由。当时我已是文学研究所所长,他也奇怪这位小老乡怎么如此好问,便认真为我"讲道"。不过他声明说,此时你只能"知道",将来说不定有一天就会"明道"。果然如此,我到海外后重新拾起他教诲的"道",真是一句顶一万句。几个"道核"我一直铭记于内心最深处。他告诉我,佛教知识浩如渊海,但其要义只有三点:第一是放下,第二是放下,第三还是放下。在80年代中期,我身在潮流之中,对于这三个"放下"并无感觉,可是到了海外之后,则给我极大的心灵力量。我之所以能放下第一人生中的一切身外之物,与虞老的教诲有关。"放下"难以一次性完成,必须不断感悟,不断放下,方能彻悟,所以虞老连用三个"放下"。除了讲述"放下"真理之外,他还特别让我记住六个字,即"不将迎,不内外"。"将"是过去,"迎"是未来。不将不迎,便是不执着于过去也不执着于未来,努力活在当下;"不内外",则

是不分内外,不分等级,仅存一颗"无分别"之心。无分别,深信人格平等与心灵平等的真谛,才有大慈悲。佛的慈无量心,悲无量心,均来自"不内外"的无分别心。到了海外,我努力学禅,而入门的启蒙导师正是虞老。对于禅宗的"不二法门",我一学就明白,因为虞老早已告诉我"不内外"了。

有虞老透彻的佛理"点明",又有我自身的人生体验,今天我可以说点心得:虞老的境界不是"神境"(上帝之境),也不是"逸境",而是佛之"莲境",即从身到心均是处污泥而不染的清白、清脱、清雅之境。看了弘一大师的字和虞老的字,都会觉得字中含有佛性,字幅的整体则佛光四射。观赏其字,有如观雨听声,心灵自静。它让你不浮不躁,把情绪收敛,把才华含蓄于内里。中国文人历来把逸境视为最高境界,但逸境往往不食人间烟火,只见清高,而虞老的莲境则包含着关怀。只要细读虞老所撰所书之联语,就会发现那些语句饱含着人间的温暖。他赠给我的诗云:"曾惊净土卧长蛇,感寓诗成天雨花。万派终归沧海阔,夏声能息郢人哗。且将余事传佳句,欲问名山并作家。下笔冥心千载上,红专早已茁根芽。"这是他读了聂绀弩给我的赠诗后,步其原韵而作的律诗。诗中有对立面,有激励词,如同黑夜中的人间灯火,没有逸姿,却有明亮。但这种"明亮"又不是神的亢奋,即非"神境",而只是佛的大自在——面对长蛇、郢人的自明、自洁、自立,故可称为莲境。虞老的字在日本展览时,令日本的识者倾倒,肯定与此境界有关。

永志兄显然悟到先师的境界,所以努力追随,勤奋之极。他学虞老,还学到虞老对待先师的精神。虞老崇尚弘一大师,学习大师书法,但并非亦步亦趋,而是在弘体之上又独创"愚体"。愚体中有弘体的底蕴,更增一层弘体中稍弱的骨力,在柔中添了刚气。我和虞老相处时间甚长,他教导我,尽信师不如无师,鼓励我要热爱师长又要超越师长。他对弘一大师的思想,也敢于质疑。我介绍过一位年轻好友、菲律宾华侨王长流给他,后来他极喜欢这位至真至善至诚的小伙伴,书赠给他二十多幅字。有一副对联便是对弘一大师的思想提出异议。弘一大师曾写道:"会心当处即是,泉水在山乃清",虞愚则另创一意而写道:"会心不作闲言语,泉水何曾有浊清"。虞老更重"心学",对"心本体"的认识比弘一大师更彻底,他认定泉水之清不在山中而在心中。泉在山中清,易;在心中清,难。泉水的浊清完全取决于自己的心灵状态。在处世中(会心),只要不作闲言之语,即不作妄语(佛教认定杀人、放火、奸淫、妄语为四大罪恶)便可正派立身,即可处于污泥浊水中而不被污染,持守莲一样的洁境。虞愚老先生这对悟联把弘一大师的"泉水在山乃清"的诗意禅意移入心中,启迪我们"清浊在我",更近"心性本体论"和"自性本体论"。杜永志兄衷心敬爱虞老,师法虞老,但也努力丰富虞老的"愚体",有意识地在某些写法上加浓墨色,加重力度,永志兄的试验尚在进行中,我在此祝愿他成功。

说起"境界",我又想起虞老生前对我的教诲,他说,仅有胆,没有识;或仅有识没有胆,均构不成境界。有胆有识还有"学",三者兼备才能构成境界。此说极是。虞老先是学贯中西,胸中藏有纵横的"文化十字架"。1985年6月,厦门大学哲学系《哲海》编委会向他求字题词,他立即挥毫写道:"中国文化哲学,乃是主脑。竖承三千年之先秦诸子之学、两汉经学、隋唐五代佛学、宋明理学、清代朴学之结晶,而横吸欧美各国近代现代之思想,始足开拓哲学新局。"大约是为了激励我,他竟然把写好的字幅送给我(至今我还保留着),说"我再写一幅给厦大"。虞老十九岁时(1928年)就赴南京支那内学院,师从欧阳竟无先生研究印度因明唯识学,之后,又到厦门大学读书,毕业后留校任教。他的《因明学》依据"因明入正理论"的结构阐释因明的义理,首创用逻辑概念译释因明术语,让人感到耳目一新。那时他还不满三十岁,敢碰这个深奥课题,这除了勤学之外,还需要胆量,而把因明与逻辑加以对比即作比较性研究,又需要见识。正因为把学胆识三者融入其中,所以他的《因明学》才获得成功,并成为中国佛学现代研究史上的一部重要著作。在北京最后的五六年里,常常聆听虞老深入浅出地讲述佛理佛学,他那些"明心见性"的见解,如"三个放下"等等,简直句句都如棒喝,让我一棒一觉,刻骨铭心。出国后,我在香港、台湾,后来又在大陆讲述"六祖坛经",都把虞老的彻悟之语献给听众,有识者听了之后私下对我说,虞老的话真如"醍醐灌顶"。

虞老的书法能独创别一境界,背后是学胆识兼有的坚实基础。杜永志兄作为虞老的入门弟子,深知书法的来龙去脉,也深知书法中那"不可视"的境界以及境界来自何处,因此除了笔法之外,他又总是作身心的各种修炼,其孜孜不倦和矻矻以修的精神,完全与虞老的气脉相通。今天从早到晚观览了杜先生的书法集,欣赏与缅怀在心中交织,亦悲亦喜(悲虞老生前之孤绝,喜虞老身后之有继),便信手写了以上文字,期与永志兄共勉。

2012年5月16日
于美国科罗拉多

北京拜访陈景润夫妇(1985年)

见证共和国沧桑的心灵讲述

——黄炳辉老师《浮生剪影》序

黄炳辉教授是我的老师。1959年至1963年我在厦门大学中文系读书期间,他作为年轻教师,开设的是"语言学基础"的课程。而我选择的是文艺学专业,所以没有直接听他的课。但我和我的同学都知道,黄老师是一个很有才华又很刻苦的老师。他的父亲是菲律宾华侨,而且是菲律宾一所华侨中学的校长。也许因为有父亲的文化基因在,黄老师从小就很会读书,后来成为新中国首届毕业的大学生并留在母校厦门大学担任助任教授。我和我的同学还知道,黄老师是一个很听党的话的老师,所以毕业后还被送往北京大学进修三年,而且见到了毛主席。总之,黄老师是个好老师。在厦门大学四年的学习生涯中,黄老师只给我留下一个"好"字的笼统印象。

四十多年过去,直到2007年我接受菲律宾作家协会的邀请访问菲国时,黄老师才以一个丰富、博学、和蔼的形象重新进入我的生命深处。此次黄老师的形象不再是笼统的,而是非常具体,非常亲切。一到菲律宾,我除了必须按照东道主的安排作两场演讲和多次作家聚会之外,还被旅菲乡亲们的隆重盛情所包围,以致过于劳累而在参观美军基地时晕倒过去。尽管确实太忙,但我还是没有忘记去拜访黄炳辉老师。一到他家,才发现他在这里营造了一个读书研究的"象牙之塔",寓所四壁全是《四库全书》。他见到我被"全书"所抓住,就解说:"这些书是陈永栽先生买来给我用的,陈先生自己也读。我们一起磋商研究。"经黄老师介绍,我才知道,原来,陈永栽是黄老师父亲(黄则滋)的学生,也因为这一缘分,陈先生把黄老师请到菲律宾担任他的家庭教师,先教他的儿子,后才作为陈永栽先生的"亦师亦友"。黄老师谦称自己为"陪读",实际上是给陈永栽先生讲述中国古代文化经典并一起研究这些经典。

陈永栽是谁?幸而我到菲律宾之前就读过《亚洲周刊》对陈先生的采访录,知道他可是菲律宾第一财主(首富),威震一方的大企业之王,他不仅拥有建筑业、养殖业、农业、旅游业,而且拥有航空业、金融业,是菲国家喻户晓、妇孺皆知的传奇性人物。到了黄老师家,听他讲述陈永栽先生好学深思的故事,每一节都让我惊讶,听了之后,我对身边的菲亚说:"你看黄老师到了海外倒当起'王者师'了,当政治王的老师难,当经济王的老师更难。当今一流的人才不在政治界,也不在学术界,而在经济界。"黄老师听了郑重地解释道:"我和陈先生真的是互为师徒。有时是我当老师他当徒弟,有时是他当老师我当徒弟。"陈先生才华过人,通晓菲语、华语、英语,熟读中国传统人文经典,背诵许多唐诗宋词而且很有自己的见解,他倒确实是一流人才。我国领导人(从江泽民到胡锦涛)到菲律宾开会或访问时,都特别去看望陈先生的老妈妈(在菲律宾的华文教育中做出很大贡献的慈母)。江泽民还与陈先生一起高唱《毕业歌》。陈先生所以和共产党的领导人没有隔阂,显然是他在与黄老师的交往中,对共产党有了比较客观的认识。黄炳辉老师在历次政治运动无可逃遁,也经受过精神苦难(下文再细说),但他作为一个正直的知识分子,对历史的评价却一点不掺杂私心。

  记得是见了黄老师的第二天,我的外甥(谊姐刘惠惠的儿子)开车载我和菲亚去游玩,途中,外甥突然把手机塞给我说:"陈永栽先生想和你说话,他的直升机就在我们的上空。"接过电话,立即听到陈永栽响亮的声音:"我是陈永栽,那天您演讲时,我在国外,没听到太遗憾。今天我们一定要见见面,请您的车开往前边的大饭店,我在那里等您。"陈先生所讲的饭店名,我外甥一听就懂,那是陈先生自己开设的著名餐厅。十分钟后,我们到达饭店,陈先生已坐在那里等候了。见面时,除了几句客气话,他就立即提起黄炳辉老师,说他在向黄老师讨教中国的古代经典。我说我也天天在读"老三经"——《山海经》《道德经》《六祖坛经》,而且读过您和黄老师合著的《老子章句解读》(上海古籍出版社)。特别欣赏书中说孔子重"教化"、老子重"自化"的区别,我也把中国文化分为重教化、重伦理、重秩序(孔孟为代表)和重自然、重自由、重个体(庄子为代表)的两脉。没想到,听到我说了这句话,他竟慌忙地寻找纸笔,一下子拿不到纸,竟然抽出一张桌子上的餐巾纸,铺开之后就把我的话记下,看他如此谦虚认真,我真感动了,便接着说,要"化"他人、改变他人并不容易,但"化"自己、改变自己还是可能的。慧能讲的其实也是自化、自救,恐怕自化自救的真理才是真经。他听了就问:老子讲"不争之德",庄子讲无是非观,是不是真的不分是非?我说:其实,他们心里并不是没有是非,只是主张不要纠缠于是非,该言即言,该行即行,不要陷入无谓争执。无谓争执,既是法执也是我执。道破一则见解,有悟性者,一听就明白;无悟性者,一辈子也弄不明白,与他争辩有什么意义?他听了之后又记录了下来。见了陈永栽先生如此谦卑,如此好学,如此投入,我暗自惊叹:真奇人也,难怪他能如此成功!四五年过去了,与陈永栽先生见面的瞬间,尤其是他那渴望学习的诗意细节,还一直在激励我,而且天天提醒我:创造超人的业绩,首先一定要有超人的学习精神,抓住所有的机会学习,抓住所有可学之人学习。陈永栽给我留下太深太好的印象,所以我一直存有一种好奇心。他是什么特殊材料制成的?他是怎么成长和强大起来的?这回读了黄炳辉老师的自叙传方才明白,原来,他从小就背《千家诗》、《三字经》等各种古诗古文;原来,他有一位伟大的母亲;原来,他有一种永远燃烧的求知欲和对人间永远的大慈悲。

认识陈永栽之后,我才进一步认识我的黄炳辉老师。我在想:黄老师当我和我同学的老师容易,而当陈永栽的老师可不容易了。这是多大的挑战?他面对的是一个精通三种语言、从小熟读中国古代经典而且知识面极为广阔的一国首富,是一个喜欢每事问(孔子语)、每句问(认真)、每题问(质疑)的国际性巨大儒商,是一个渴望知识比渴望财富更甚的正在叱咤风云的奇人奇才,面对这个丰富的、多重的存在,黄老师怎么办?说难,实在难,正如"传"中所叙:

> 陪陈先生读书,比在大学教书还辛苦。在大学教书,比较长期地固定某一专业某一方面,即使有所拓展有所转移,也不离本行。而且是备好课才上,完全主动。每年要上的课内容当然要充实、翻新,但有了原来的基础,不是上新课。陪陈先生读书完全不一样,我完全处于被动,像餐馆顾客点什么菜,老板就依了;而且缺乏一贯性、系统性、阶段性,而是跳跃、穿插、零散,谈不上讲的是一门完整的课。一段时间讲唐诗,没讲上一二十首,就要讲辞赋;没讲几篇辞赋,又要讲兵法,孙子讲了还没讲吴子,就要讲古代几个战例,又跳过去讲春秋战国的某些人物、事件。……陈先生经营的事业十分广阔,涉及航空、房地产、烟酒、旅社、银行等等。在人文科学方面,如对《易》、《春秋左传》、《老子》、《东周列

国志》《三国演义》《古文观止》、唐宋诗词等，都有广泛涉及，兴趣多方面。其事业的广泛性和兴趣的多维度是统一的。

这是难的一面。说不难，也不难，因为黄老师毕竟有广博而深厚的文学底蕴在，而且本是一个拥有超人勤奋的"书痴"，什么难都可对付。他读书"常读到废寝忘食的痴迷状态"（传中语），与陈永栽先生分别阅读（独读）时也是这种状态。黄老师在菲律宾十二年，除了与陈永栽先生共读共阅之外，还合著四部大书，独著三部论著和一百多万字文章。合著的四部包括《文史经典解读》《国学研究论稿》《老子章句解读》《椰风窗前共琢磨》等，可以理解，"共琢磨"之后只能是黄老师一个人执笔。2009年，我从菲律宾背着黄老师所赠的一大叠著作返回美国，并一部一部阅读。我正好在"返回古典"的路上行走，自定"六经"朝夕思索，此时读黄老师与陈先生的著作，分外兴趣，不仅屡受启迪，而且无比快乐。有一瞬间，我竟萌生一个荒唐想法：如果我有陈永栽先生的财力，一定要请黄炳辉老师到落基山下来教我。转而又生一个念头：我们偌大的祖国，财力决不在陈永栽之下，怎么就让黄老师这样的人才外流到菲律宾？他要是当年留下来培养研究生，那些学子们今天该是新的一代学界脊梁了。黄炳辉老师学问好，人品好，又有如此成就，可在自传中却一再把自己界定为"不知名的草根平民教授"，谦卑之至！我当然不同意黄炳辉老师过于自谦的界定，所以才说他是"一方财王之师"，是别一意义的"王者师"，而不是"平民教授"。然而，话说回来，黄老师也确实一生不求功名，不求闻达，只知读书，只知写作，只知埋头用功，人生极为低调。他也确实出身于草根阶层，父亲虽是"知识华侨"，但抗日战争开始后侨汇中断，一家便陷入极度贫穷。他出身于泉州鲤城内南门城乡交界处的青龙街新巷，半是城市之子，半是乡村之子，生性质朴而与世无争，倒是一个底层的书生。也许他体验过草根阶层的贫寒，所以能当上共和国首届大学毕业生，就格外欣喜，格外满足，也格外感激，视毛主席为北斗救星，以能见到毛主席为最大荣幸。可以说，他是一个真诚地热爱共和国并与共和国相依为命的知识赤子（用"知识赤子"一词可能比用"知识分子"更贴切）。然而，就是这样一个赤子，他也难以逃躲共和国早期三十年的种种人为灾难。罗素曾说，人有免受恐惧的权利。但老实至极的黄老师却难逃恐惧的集体宿命。《浮生剪影》的前半部分真实地记录了我的母校厦门大学在反胡风运动、反右派运动和"文化大革命"中的苦难岁月。最让我惊讶的是几件事：一是在"文化大革命"中，连翻译《资本论》的王亚南校长，也被"押上"审判台，"被红卫兵挟住双膀，'喷气式'地批斗"。黄老师目睹这个戴着眼镜、头有点秃的马克思伟大著作《资本论》的翻译者变成被专政、被打击的"主角"，心中充满惶惑、悲悯与恐惧。二是从反胡风、反右到"文革"中我熟悉的老师的生命，竟一个个被侮辱，被践踏，被撕碎。"文革"中我的格外老实格外厚道的林莺老师(原中文系主任)被扔进井里，我早有所闻，而李拓之老师的悲惨自杀则是第一次知道。关于林莺老师，"传"中记载：

> 林老师温文尔雅，待人和善。"文革"时，被冠以走资派、特嫌关进牛棚批斗。中文系的牛棚设在芙蓉学生宿舍楼下的单间，关了七八个老师，林老师也是其中之一。有一天，在设牛棚的那座学生楼对面的一口井发现了尸体，大家蜂拥围观，竟是林老师。军宣队来了，驱散人群。经法医检验，头额有碰伤，手腕动脉管有划破，后才投进古井。死者家属认为是被杀，军宣队认为是自杀，并在全系会上宣布他自绝于人民。值得疑惑的是，当时运动已进入解放干部阶段，林老师检查几次都过关了，为什么要自杀呢？这疑团已过四十多年了，恐怕永远也解不开了。一位办事小心翼翼，待人平易可亲的林老师正值壮年却与世长别了。

关于才华横溢的李拓之老师(直接教过黄老师的老师)反右时替别人打抱不平，竟然被定性为"现行反革命"而被送往外地劳动教养。二十年后黄老师和他见面时竟是这样的情景：

> ……二十多年没见面的李拓之老师来看我了。他已从三十多岁的年轻人变为将六十岁的老人了，早已满头花白，脸像干瘪剥落的树皮，双手暴筋而颤抖，但那双眼睛仍炯炯有神。我硬留他一起吃晚饭，在宿舍门口狭长的走廊上，在原来放着一张小桌子的小油炉上点起火来，煮了两碗面吃起来，天寒借着暖暖身子。李老师不顾着吃，似乎有许多话要说，神情悔恨又喜悦，语气短促又哽咽地说，我不该不听邓拓的话，太讲义气太直率了，反右时替别人打抱不平，写信骂人家卖友求荣，中文系对我还客气内定为右派不戴帽，我又不服气用蓝黑墨水，引《圣经》写信骂党委才被打成现行反革命，发落劳动改造。前两年宽大处理，安置漳州师院，现在才回厦大。过几天我回访李老师，学校总务处安排他住

厦大医院对面，一座破旧的囊萤楼下厕所房的一间较大的单人宿舍，又湿又臭，他、师母、两个孩子、四口就挤在那里。80年代中，几经折磨的李老师离我们走了。回忆这些往事心里有说不出的酸楚和悲痛！

第三件让我惊讶的事是我的母校母系在反胡风的运动中竟然也成"重镇"而经受了一场荒诞性的灾难，而且完全是无中生有的灾难。这次灾难害苦了黄老师的老师也是我敬爱的忘年之交虞愚老教授。虞愚是著名书法家与佛学家，三十岁时就出版了因明学著作，具有很高的文学素养与佛学素养。他与胡风本无任何关系，只因贾植芳先生（复旦大学教授）被打成"胡风集团骨干"后便牵连上他了。事情如此离奇：来自上海的历史系学生陈梦熊（80年代中我认识的一位极忠厚的兄长朋友），离沪时得到贾教授的关怀，贾先生怕梦熊兄到福建人地生疏，就介绍了虞愚等几位老教授给他。没想到，反胡风时，此事竟被上纲上线为胡风反革命集团派陈梦熊到厦大发展"反革命组织"。于是，陈梦熊被公安局逮捕，虞愚老师和黄典诚老师及历史系的傅衣凌、韩国磐教授被隔离审查。黄炳辉老师在讲述"反胡风"这段经历时，小标题用"担惊受怕"四个字。实际上，他经受了巨大的恐惧。黄老师把这些噩梦似的事件冷静地讲述出来，没有谴责，没有义愤填膺的批判。他用做学问的诚实与严谨，如实地记录历史，从而使得他的这部自叙传既有散文的文学价值，又有史传的历史价值。

2011年4月我应朱崇实校长的邀请，回国参加母校厦门大学九十周年校庆的第二个晚上，就让杨春时兄带我去看望已经归国的黄炳辉老师，没想到他得了中风，说话已不像在菲律宾时那么流畅。我见到后顿然升起一阵伤感。没想到，仅仅两年时间，他在病中还讲出如此翔实的人生历史，这不仅给我们留下他个人的脚印，也留下时代的足迹，特别是共和国的足迹。黄老师真不简单，政治运动的暴风骤雨，年高病袭的艰难困苦，都征服不了他的韧性的心灵，更遮蔽不了他的人文才华。我要特别感谢他，感谢他往日用渊博的学识充实我，今天又用他的质朴而寓意深远的人生历史教育我，让我在行进的路上又增添了许多清醒意识与写作力量。

2013年4月6日
于美国科罗拉多

师友纪事

第二辑

凤凰树下随笔集

最后一缕丝

聂绀弩于1986年3月26日去世。他生前以深挚的爱和深邃的思想，在我身上注入了他的一部分灵魂。每次想到他的名字，我就会在心中增添一些洁净的阳光和抹掉一些无价值的阴影。

聂老作为一个杰出的左翼作家，在1949年之后还经历了那么沉重的痛苦和艰险是令人难以置信的。他有奇才，才华既是他的成功之源，也是他的痛苦之源。他既不懂得掩盖才华的锋芒，也不懂得掩盖良知的锋芒。每次政治运动，他都要说真话，真话不一定就是真理，但它是通往真理的起点。爱讲真话，这就决定他要吃亏。反"胡风"时，他当了"胡风分子"；反"右派"时，他当了"右派分子"；反"走资派"时，他又因为说了轻蔑江青的话而当了"现行反革命分子"，最后这一次非同小可，被判了无期徒刑送进监狱。直到1976年10月才释放回北京。

我和聂老真是有缘。他出狱后不久，我们便成了近邻，同住在北京市的劲松区。十年之间，我们成了忘年之交。我数不清到过他家多少回，不过，每一次见到的几乎都是同一种情景：他靠在小床背上，手里拿着夹纸板和笔，想着写着。我一到那里，就悄悄地坐在他的小床对面的另一张小床上，呆呆地看着他想着写着，等着他放下笔转过头来和我说话。听他说话的时刻，是我最快乐的时刻。

一日复一日，一年复一年，都是如此。只是慢慢觉得他露出被单的双脚愈来愈细，最后细得和他的手臂一样，只剩下皮和骨，绝对没有肉。

屋里是绝对的安静，他的心跳也是绝对的平静。人世间的一切苦难都品尝过了，和死神也打了几回交道，此时，死神对他已无可奈何，他对死神也满不在乎了，至于别的：贫穷、荣誉、名号、财富、权力，那就更不在乎了，然而，他还在乎一点，就是写作。天天写，决不浪费一分一秒幸存的生命。他的身体已被摧残得没有多少气力了，但他还是用残存的气力去提起那一支圆珠笔。他赠给我的诗说:"彩云易散琉璃碎,唯有文章最久坚。"他相信一切都会消失,唯有艺术是永存的。对于被迫害,对于坐牢,他唯一感到遗憾的是,失去了许多时间,少写了很多文字。我相信,只要有纸和笔,他坐一辈子牢也会满不在乎的。

他的双脚不能动了,自然到不了图书馆,因此,也只能利用家里有限的藏书,把精力放在古代几部长篇小说的研究上。他自嘲说:"自笑余生吃遗产,聊斋水浒又红楼。"他没想到自己在七十三四岁之后,还有"吃遗产"的机会,他真是倾心、迷醉于"遗产"。从最痛苦的地狱黑暗中走出来,能赢得一个机会,靠在小床上,欣赏自己心爱的艺术,感悟祖先的智慧与天才,这不正是天堂吗?昨天梦中的天堂不就是眼下这张小床和这些文字吗?

1985年夏天,他处于病危之中,发烧,昏迷,发脾气,我一见到这情景就非常着急:"为什么还不送医院?"他的夫人周颖老太太说:"他就是不肯走,早晨好几位朋友要他上担架,他却用手死死地抓住小床,就是不肯走。他就是这么犟。"我们只好干着急,不知道怎么办。他的夫人和朋友都走出屋了,我还站着呆看着。突然,他张开眼睛对我说:"只要让我把《论贾宝玉》这篇文章写出来,你们要把我送到哪里都可以,怎么处置都行,送到阎王殿也可以。"我一下子全明白了。我知道是他最后的牵挂,至死都放不下的牵挂是什么。

他的最后的生命脉搏全部连着《红楼梦》,这些思考凝聚着他对宇宙人生和文学艺术的种种见解。这是他最后最真实的心愿。就像一只蚕,他必须吐出最后也是最美丽的一缕丝,才心甘情愿死去。只要最后一缕丝能吐出来,才可以死而瞑目,这个九死一生的学人与诗人,其人生的最后希望已变得非常具体,具体到吐出一条可以称作"贾宝玉论"的丝。

聂老去世之后,我常常想起他最后的心愿和最后的遗憾,想到他抓住床架不肯离开这个世界仅仅为了吐出最后一缕丝,真有无限的感触。这是他对我最后的教导,最后的呼唤。想到这里,我就更懂得珍惜,懂得该珍惜那些最该珍惜的东西。同时,我也不能不感慨,人与人的差别实在太大了,那么多人最后眷恋的,是金钱、地位,或者一顶戴得太久的桂冠。他们也像聂老抓住床沿一样紧紧地抓住自己的桂冠,然而,这是多么不同的眷恋呵。

聂老临终前,留给我许多非常宝贵的东西,包括他在监牢里读过的《资本论》和书中的数千张小批条，还有九箱的线装书，但是，朋友们不一定知道，他还留给我这一价值无量的最后的一缕丝。

（选自《师友纪事》）

钱锺书先生纪事

一

钱锺书先生去世已经十年。这十年里,我常常缅怀着,也常与朋友讲述他对我的关怀,可是一直没有着笔写下纪念他的文字,仅在 1999 年 4 月间写了一篇千字短文,题为"钱锺书先生的嘱托"。写作这篇短文也是不得已,所以我在短文中首先说明了我沉默与难以沉默的理由,这也是我今天写作时需要说明的,因此,姑且把短文的前半节抄录于下:

> 尽管我和钱锺书先生有不少交往,但他去世之后,我还是尽可能避免说话。我知道钱先生的脾气。在《围城》中他就说过:"文人最喜欢有人死,可以有题目做哀悼的文章。棺材店和殡仪馆只做新死人的生意,文人会向一年,几年,几十年,甚至几百年的陈死人身上生发。"钱先生的逝世,也难免落入让人生发的悲剧。不过,人生本就是一幕无可逃遁的悲剧,死后再充当一回悲剧角色也没关系。我今天并非做悼念文章,而是要完成钱锺书先生生前让我告诉学术文化界年轻朋友的一句话。
>
> 这句话他对我说过多次,还在信中郑重地写过一次。第一次是在我担任文学研究所所长之后不久,我受所里年轻朋友的委托,请求他和所里的研究生见一次面,但他谢绝了,不过,他让我有机会应告诉年轻朋友,万万不要迷信任何人,最要紧的是自己下功夫做好研究,不要追求不实之名。1987 年,我到广东养病,他又来信嘱托我:
>
> > 请对年轻人说:钱某名不副实,万万不要迷信。这就是帮了我的大忙。不实之名,就像不义之财,会招来恶报的。(1987 年 4 月 2 日)
>
> 作为中国卓越学者的钱先生说自己"名不副实",自然是谦虚,而说"万万不要迷信"包括对他的迷信则是真诚的告诫。迷信,不管是迷信什么人,都是一种陷阱,一种走向蒙昧的起始。钱先生生前不迷信任何权威,所以他

走向高峰,死后他也不让别人迷信他,因为他期待着新的峰峦。在不要迷信的告诫之后是不求虚名的更重要的告诫,我今天不能不郑重地转达给故国的年轻朋友。

二

钱锺书先生的好友、我的老师郑朝宗先生在1986年1月6日给我的信中说:"《围城》是愤世嫉俗之作,并不反映作者的性格。"确乎如此,但钱先生在《围城》中所批评的文人喜作悼念文章,却也反映他内心的一种真实:不喜欢他人议论他、评论他,包括赞扬他的文章。钱先生对我极好、极信赖(下文再细说),唯独有一次生气了。那是1987年文化部艺术出版社,出于好意要办《钱锺书研究》的刊物。出版社委托一位朋友来找我,让我也充当一名编委(或顾问),我看到名单上有郑朝宗、舒展等(别的我忘记了),就立即答应。没想到,过了些时候,我接到他的电话,说有急事,让我马上到他家。他还特地让他的专车司机葛殿卿来载我。一到他家,看到他的气色,就知道不妙。他一让我坐下就开门见山地批评:"你也当什么《钱锺书研究》的编委?你也瞎掺和?没有这个刊物,我还能坐得住,这个刊物一办,我就不得安生了。"他一说我就明白了。尽管我为刊物辩护,证之"好意",他还是不容分辩地说:"赶快把名字拿下来。"我自然遵命,表示以后会慎重。第二年我回福建探亲,路经厦门时特别去拜访郑朝宗老师,见面时,他告诉我,钱先生也写信批评他。郑老师笑着对我说:"这回他着实生气了。不过,他对我们两个都极好,你永远不要离开这个巨人。"最后这句话郑老师对我说过多次,还特别在信中写过一次。1986年我担任研究所所长后,他在给我的信上说:

> 你现身荷重任,大展宏才,去年在《读书》第一、二期上发表的文章气魄很大,可见进步之速。但你仍须继续争取钱默存先生的帮助。钱是我生平最崇敬的师友,不仅才学盖世,人品之高亦为以大师自居者所望尘莫及,能得他的赏识与支持实为莫大幸福。他未曾轻许别人,因此有些人认为他尖刻,但他可是伟大的人道主义者。我与他交游数十年,从他身上得到温暖最多。一九五七年我堕入泥潭,他对我一无怀疑,六〇年摘帽后来信并寄诗安慰我者也以他为最早。他其实是最温厚的

人,《围城》是愤世嫉俗之作,并不反映作者的性格。你应该紧紧抓住这个巨人,时时向他求教。

郑朝宗老师是钱先生的知音挚友,对我又爱护之至。《管锥编》出版之后,他一再叮嘱我要"天天读"。我果然不忘老师教诲,二三十年从未间断过对《管锥编》的阅读,也终于明白郑老师所说的"巨人"二字是什么意思。钱锺书先生绝对是中华民族空前绝后的学术巨人,是出现于20世纪的人类社会的学问奇观。如此博学博识,真前不见古人,后也恐怕难见来者。尽管我对钱先生的学问高山仰止,但对《围城》却并不特别喜爱,对此,我请教郑老师:我的审美感觉不知对否?郑老师回答说:平心而论,他的主要成就是学问,不是创作。

和钱锺书先生在一起(1986年)

钱先生对《钱锺书研究》一事如此认真的态度,绝非矫情。他不喜别人臧否的态度是一贯的,他自嘲说:我这个人"不识抬举"(参见1991年2月3日写给郑朝宗的信),这也并非虚言。一生渴求高洁、安宁,确实是他的真情真性。只是求之太真太切,往往就对"抬举"之事怒不可遏,言语过于激愤。

1996年,我听到法国的友人王鲁(法国国际广播电台中文部编辑)说,他看到国内报刊有一消息,说李希凡等人联名写了呼吁信,要求制止江苏无锡把钱先生的祖居旧址夷为商场,以保护国宝文物。知道此事后,他就致函杨绛先生,询问此事是否需要声援一下。杨先生在回函中传达了钱先生的话:"我是一块臭肉,所有的苍蝇都想来叮着。"一听到这句话,我就相信这是钱先生的语言,别人说不出如此犀利透彻的话。难怪人家要说他"尖刻"。然而,这句话也说明他为了保卫自己的安宁与高洁是何等留情面。

三

钱先生一去世,香港的《信报》就约请我写悼念文章。他们知道我与钱先生的关系非同一般。但我没有答应。钱先生去世十年了,我还是没有写。没有提笔的原因,除了深知钱先生不喜悼文、不喜他人臧否的心性之外,还有一个原因是要写出真实的钱锺书实非易事,尤其是我理解的钱先生,真是太奇特。每一个人都不是那么简单的,尤其是文化巨人,更是丰富复杂,具有多方面的脾气。我接触交往的人很多,但没有见到一个像钱先生这样清醒地看人看世。他对身处的环境、身处的社会并不信任,显然觉得人世太险恶(这可能是钱先生最真实的内心)。因为把社会看得太险恶,所以就太多防范。他对我说:"我们的头发,一根也不要给魔鬼抓住。"这是钱先生才能说得出来的天才之语,但是当我第一次听到时,身心真受了一次强烈的震撼。我完全不能接受这句话,因为我是一个不设防的人,一个对"紧绷阶级斗争一根弦"的理念极为反感的人。然而这句话出自我敬仰的钱先生之口,我不能不震撼。后来证明,我不听钱先生的提醒,头发确实一再被魔鬼抓住。口无遮拦,该说就说,结果老是被批判,直到今天也难幸免。出国之后,年年都想起钱先生这句话,但秉性难改,总是相信世上只有好人,没有魔鬼。

不过,出国之后,我悟出"头发一根也不能给魔鬼抓住",正是理解钱锺书世界的一把钥匙。他不喜欢见人,不喜欢社交,不参加任何会议,他是政协委员,但一天也没有参加过政协会。文学研究所有八个全国政协委员,唯有他是绝对不到会的委员。他是作家协会的理事,但他从未参加过作协召开的会议,也不把作协当一回事。有许多研究学会要聘请他担任顾问、委员等,他一概拒绝。不介入俗事,不进入俗流,除了洁身自好的品性使然之外,便是对于"魔鬼"的警惕。"文化大革命"刚开始,有人要陷害他,贴出一张大字报,揭发"钱锺书有一次看到他的办公桌上放下一本毛选,竟说:拿走,拿走,别弄脏我的书桌"。钱先生立即贴出一张大字报郑重澄清:"我绝对没有说过这句丧心病狂的话。"在当时极端险恶的"革命形势"下,如果钱先生不及时用最明确的语言澄清事实,给魔鬼一击,将会发生怎样的灾难呢?

只有了解钱先生的防范之心,才能了解他的代表作《管锥编》为什么选择这种文体,为什么像构筑堡垒似的建构他的学术堂奥。既然社会这等险恶,就必须生活在堡垒之中。鲁迅就因深明人世的险恶,所以其文也如"壕堑",自称其行为乃是"壕堑战",不做许褚那种"赤膊上阵"的蠢事。我读《管锥编》,就知道这是在进入堡垒、进入壕堑、进入深渊,要慢慢读,慢慢品,慢慢悟。书中绝不仅仅是如山如海的知识宝库,而且还有如日如月的心灵光芒。面对"文化大革命"的大荒唐,他不能直说,但书中"口戕口"的汇集与曲说,则让你更深地了解人性之恶从来如此。而对"万物皆备于我"的阐释,一读便想到"文化大革命"中人的表现确实集狮子之凶猛、狐狸之狡猾、毒蛇之阴毒、家狗之卑贱等万物的特性。倘若再读下"几"、"鬼国"等词的疏解,更会进入中国哲学关于"度"、关于临界点的深邃思索。有人说,《管锥编》是知识的堆积,将来电脑可替代,这完全是无稽之谈。电脑可集中概念,但绝不可能像钱先生在汇集中外概念知识的同时,通过组合和击中要害的评点而让思想光芒直逼社会现实与世道人心。有人贬抑,说《管锥编》是散钱失串,这也不是真知明鉴。不错,从微观上看,会觉得《管锥编》的每一章节,都没有那种时文必具的思想主题,那种进入问题讨论问题的逻辑链条(串),但是,《管锥编》却有一个贯穿整部巨著的大链条,这就是中国文化的内在大动脉。我在海外的学术讲座中,告诉学生,你要了解《诗经》,读读《管锥编》的第二册第十三节就可以了。我在讲解老子《道德经》时,只讲一个"反"字。此字是全经的文眼,一通百通。而能抓住这个字,就得益于《管锥编》,正是它首先抓住这个字,并集中了历来各种注本对"反"字的解释,真了不得。因为走进去了,才看到《管锥编》这一深渊的美妙。学问真是太美了!深渊太迷人了!一旦进入,一定会流连忘返。但应当承认,这确实是深渊,是堡垒。钱先生大约知道,能进入之人无须防,未能进入之人必须防。能进入的人一定会高山仰止,当然也一定不忍加害于造山之人;不能进入的人,或无知,或偏见,或傲慢,或嫉妒,干脆就在他们面前构筑一堵围墙,一道壕堑,由他们说去吧。

钱先生的防范与警惕,表现在学术上,也表现在工作上。他当了中国社会科学院副院长,只管一点外事。说是"一点",是指他并非真管院里的全部外事。真管的还是赵复三和李慎之这两位副院长。但有些外国学者,特别是文学研究方面的学者,要求要见他的,或者院部领导人认为他必须出面的,他才不得不见。我担任所长后,文学方面的来客真不少。有几次院部拟定钱先生必须出面,他应允后竟对外事局说:你们不要派人来,再复来就可以了,他不会英文,我可以当翻译。说到做到,他真的不让院里所里的外事人员陪同,由我和他单独会见。钱先生不让别人参加,就是有所提防。对于我,他则绝对放心,我多次有幸听到他在外宾面前畅所欲言。他批评丁玲是"毛泽东主义者",被打成右派,吃了那么多苦头之后还是依然故我。说完哈哈大笑。他又表扬魏明伦嘲讽姚雪垠的文言杂文(发表于《人民日报》)写得好,说当代作家能写出这样的文言文不容易。畅开心胸的钱先生真可爱,拆除堡垒的钱先生,其言笑真让人闻之难忘。

四

真正畅开心胸的钱锺书,其实是年青时期的钱锺书。尽管我敬爱整个钱锺书,但就个体生命状态而言,我更喜欢"青年钱锺书"。青年钱锺书心中没有一根弦,天真活泼,才华横溢,其文章全是率性而谈,直言无忌。这个青年钱锺书站立在浙江文艺出版社出版的《钱锺书散文》一书的前半部。此书搜集的 30 年代钱先生所写的散文,即从 1932 年到 1939 年也就是《围城》问世之前的散文。这些散文篇篇有性情有思想,智慧之语全无文言的包裹,让人读后觉得作者不仅是才子,而且是赤子。例如写于 1922 年的短文《大卫休谟》,评介的是四百三十六页的英文版《大卫休谟传》,讲述的英国大哲学家休谟的思想与故事,但钱先生以年轻学人的幽默与顽皮,把休谟自己概说十六项特性选择摘译数项于文中,实在很有趣。休谟如此自画:(1)好人而以做坏事为目的;(3)非常用功,但是无补于人亦无益于己;(8)非常"怕难为情",颇谦虚,而绝不卑逊;(11)虽离群索居而善于应酬;(13)有热诚而不信宗教,讲哲学而不求真理;(14)虽讲道德,然不信理智而信本能;(15)好与女子调情,而决不使未嫁的姑娘的母亲发急,或已嫁的姑娘的丈夫拈酸。笔者所以要提起这篇散文而且注意钱先生在十六条中选择这七条,是觉得青年钱锺书很像青年休谟:坦率、顽皮、风趣,情感中放入理性,与众不同。这七条简直是青年钱先生的自白。晚年钱锺书就不完全是这样了,他很理智,很负责,很警觉,甚至显得有点世故。能靠近他的人很少了。

因为钱先生的这种个性,因此常被误解为尖刻的冷人。文学所古代文学研究室的一位比我年轻的学子,有一次竟告诉我一条"信息",说他的博士导师(在古代文学研究界甚有名声)这样评论:刘再复彻头彻尾、彻里彻外都是热的,而钱锺书则彻头彻尾、彻里彻外都是冷的。我听了此话,顿时冒出冷汗(不是热汗),并立即说一声"你们对钱先生误解了"。有此误解的,不仅是文学所。

然而,我要说,钱先生是个外冷内热的人。郑朝宗老师说"他其实是最温厚的人",绝非妄言。对钱先生的评说各种各样,但我相信自己所亲身体验的才是最可靠。

我和钱先生、杨先生真正能坐在一起或站在一起说话的是在1973年社会科学院从五七干校搬回北京之后,尤其是在"文化大革命"结束之后。那时我住在社会科学院的单身汉宿舍楼(八号楼),钱先生夫妇则住在与这座楼平行并排(只隔十几米远)的文学所图书馆楼。因为邻近的方便,我竟多次冒昧地闯到他的居室去看他。他们不仅不感到突然,而且要我坐下来和他们说话,那种和蔼可亲,一下子就让我感到温暖。"四人帮"垮台之后,社会空气和人的心情变好了,我们这些住在学部大院里的人,傍晚总是沿街散步,于是我常常碰到钱先生和杨先生,一见面,他们总是停下来和我说阵话。那时我夜以继日写批判"四人帮"的文章,写得很有点名气。见面时我们更有话可说。1979年我调入文学所,又写学术论著,又写散文诗。1984年香港天地图书公司决定出我的散文诗集(《洁白的灯心草》),我就想请钱先生写书名。因此就写了一封短信并附上在天津百花文艺社出版的《太阳·土地·人》散文诗集寄到三里河南沙沟钱先生的寓所。没想到,过了三天就接到他的回信和题签。这是我第一次收到他的信。信的全文如下:

再复同志：

　　来书敬悉。尊集重翻一过，如"他乡遇故知"，醰醰有味。恶书题签，深恐佛头着秽，然不敢违命，写就如别纸呈裁。匆布，即颂

日祺

钱锺书上二十日

收到信与题签后我只是高兴，把他的"墨宝"寄出后，又进入《性格组合论》的写作，竟忘了告诉钱先生一声。而钱先生却挂念着，又来一信问："前遵命为大集题署送上，想应毕览。"我才匆匆回了电话，连说抱歉。而他却笑着说："收到就好。"香港把书推出之后，我立即给他和杨先生送上一本，他又立即回应，写了一信给我：

再复同志：

　　赐散文诗集款式精致，不负足下文笔之美感尧尧，当与内人共嚼味之，先此道谢。拙著谈艺录新本上市将呈雅教而结墨缘，即颂

日祺

钱锺书　杨绛同候

对于我的一本小诗集，钱先生竟如此爱护，如此扶持，一点也不敷衍。那时我除了感激之外，心里想道：中国文化讲一个"诚"字，钱先生对一个年轻学子这么真诚，中国文化的精髓不仅在他的书里，也在他的身上。生活的细节最能真实地呈现一个人的真品格，为我题签书名一事，就足以让人感到钱先生是何等温厚。

更让我感激的是担任文学研究所所长之后，他对我的学术探讨和行政工作都给了充满温馨的支持。文学所有二百六十个编制，连同退休的研究人员和干部，大约三百人。那时我还算年轻，毫无行政工作经验。而且我提出的"人物性格二重组合原理"、"论文学主体性"、"思维方法变革"等理念又面临着误解与挑战。尽管自己的心灵状态还好，但毕竟困难重重。在所有的老先生（全所有俞平伯、吴世昌、孙楷第、唐弢、蔡仪、余冠英等十几位著名老学者，其中有八位全国政协委员和人民代表）中，钱先生最理解我，也最切实地帮助我。他数十年一再逃避各种会议，但是我召开的三次最重要的会议，请他参加，他都答应。

第一次是1986年1月21日，纪念俞平伯先生从事学术活动六十五周

年、诞辰八十五周年的会议。这是我担任所长后做的第一件重要事,而且牵扯到众所周知的毛泽东亲自发动的《红楼梦》研究的是非问题。我在所长的就职演说中声明一定要贯彻"学术自由、学术尊严"的方针,而俞平伯先生的《红楼梦研究》有成就,有贡献,尽管被认为是"唯心论"和"烦琐考证",但也是学术问题,也应当还给俞先生以学术自由和学术尊严。当我把自己的想法告诉钱先生时,他用非常明确的语言说:"你做得对,我一定出席你的会。"这次会议开得很隆重,除了所内人员之外还邀请了文学界的许多著名作家学人参加,与会者四百多人,成了文化界一件盛事。钱先生不仅准时到会,而且和俞先生、胡绳及我一起坐在主席台上(同时坐在主席台的还有刘导生、臧克家)。散会时可谓"群情激奋",大家围着向俞先生道贺,照相,我也被来宾和其他与会者围着,没想到钱先生竟然也挤过来,在我耳边兴奋地说:"会开得很好,你做得太对了!"我连忙说:"谢谢钱先生来参加会议。"有了钱先生的支持,我心里更踏实了。这毕竟是件触及敏感学案的大事。开会的前几天,胡绳紧急找我到办公室,我一进门他就生气地指着我:"再复同志,你就是自由主义,开俞平伯的会,这么大的事,通知都发出去了,我刚收到通知。连个请示报告都不写。你忘了毛主席的批示了吗?怎么办?"我知道一写报告会就开不成,但不敢直说,只跟着说了"怎么办?"三个字。胡绳说,怎么办?我替你写一个报告给中宣部就是了。听到这句话我高兴得连声说"胡绳同志你真好",并仗着年轻和老朋友的关系硬是对他说:"这个会,您一定要参加,还要讲个话。"他没有答话,等我告辞走到门边,却叫住我,说了一句:我会参加会议的。

  尽管我"自由主义",但没有把胡绳的半批评半支持的态度告诉任何人,也没有告诉钱先生。钱先生那种由衷高兴的态度,完全出自他的内心。这种态度不仅有对我的支持,也有对俞先生真诚的支持。钱先生内心何等明白又何等有情呵。

  除了俞先生的会,钱先生还参加了我主持的"新时期文学十年"讨论会和"纪念鲁迅逝世五十周年"学术讨论会。两个会规模都很大,尤其是第一个会,与会者一百多人,列席旁观者很多,仅记者就有九十人。好几位记者和外地学者问我哪一个是钱锺书先生,有一位记者错把张光年当作钱先生,要我和这位"钱先生"照个相,我赶紧去把真钱先生找来,然后三个人一起照了个相。我知道钱先生最烦被记者纠缠及照相之类这些俗事,但为了支持我还是忍受着煎熬。后一个会是以中国社会科学院名义召开的,但筹备工作由文学所做,因此我请钱先生致欢迎辞,由我作主题报告。我还请钱先生帮我们审定邀请外国学者的名单,他答应之后,所科研处开列了一份二十个人的名单。没想到,他在每个人的名字下都写一两句很有趣的评语,例如"此人汉语讲得不错,但很会钻营,有人称他为尖尖钻"。对于海外汉学家,钱先生多数看不上,评语都不太好。读了这份评语,我立即请科研处保管好,不要外传。当时管外事的副所长马良春拿着名单和评语,惊讶不已,我开玩笑说:"钱先生真把海外许多汉学家视为纸老虎。"在北京二十多年,通过这个会,我第一次也是唯一的一次听到钱先生致欢迎辞。致辞的前两天,他把讲稿寄到所里让我"斟酌"一下,我哪敢"斟酌",只是立即复印一份放入自己的活页夹里。他的致辞只有六百字。除了开场白之外,只讲了两段。第一段话说:

> 十九世纪意大利大作家孟佐尼在他最著名的小说里写一对少年男女经过许多艰难挫折,终于苦尽甘来,他马上说,最美满幸福的生活是毋须叙述的,因为叙述起来,只会使读者厌倦,全书就此收场。我想,像鲁迅这样非常伟大和著名的人物也毋须介绍的,像"中外文化"这样一个明白响亮的大题目,也毋须解释的,我多余地来介绍一番,解释一番,作为开场白,只会使听者腻烦。何况今天在座的都是对鲁迅的生平和著作很熟悉、很有研究的女士和先生,我更不敢班门弄斧。我只代表本院欢迎各位并预祝这次会议的成功。

第二段则表示自己对学术讨论会的看法,这段话讲得极好。会后我曾背给好几位朋友听,至今还会背:

> 中外一堂,各种观点的、各个方面的意见都可以畅言无忌,不必曲意求同。学术讨论不像外交或贸易谈判那样,毋须订立什么条约,各方完全同意,假如容许我咬文嚼字,"会"字的训诂是"合也",着重大家一致,但是"讨论"的"讨"字的训诂是"伐也","论"字的训诂是"评也",有彼此交锋争鸣的涵义。所以,讨论会是具有正反相成的辩证性的,也许可以用英语来概括:"No conference without differences"。

五

更让我感动的是钱先生不仅在行政工作上支持我,而且在学术探索上支持我。我的本性是对文学对思想的酷爱,无论自己的地位发生什么变化,头顶什么桂冠,我都牢记自己的本分,不忘把生命投入学问。因此,虽然担任所长,但还是把心放在著书立说上,而且尽可能"利用职权"推动文学研究思维空间的拓展。钱先生理解我。他比我更了解人情世故,更知道路途坎坷,因此,总是为我担心。1985年拙著《性格组合论》在上海文艺出版社出版之后,引起了"轰动效应",连印六版三十多万册。热潮之中,我的头脑也很热。但钱先生很清醒冷静。见到第六版,他对我说,要适可而止,显学很容易变成俗学。听了这句话,我立即写信给责任编辑郝铭鉴兄,请求不要再印。《论文学主体性》发表之后,更是"轰动",不仅引发了一场大讨论,而且引发《红旗》杂志的政治性批判,特别是由姚雪垠先生出面批判。姚先生宣称自己是用"马克思主义大炮"来炮轰我。我在回答《文汇月刊》记者刘绪源的访谈之后他更生气,说要到法院告我。那时钱先生真为我着急,很关注此事。有一天,他让我立即到三里河(他的家),说有事相告。我一到那里,他就说,刚才乔木(指胡乔木)到这里,认真地说,刘再复的《性格组合论》是符合辩证法的,肯定站得住脚。文学主体性也值得探索,他支持你的探索。钱先生显得很高兴。其实在几天前,就在八宝山殡仪馆(追悼吴世昌先生的那一天),胡乔木已亲自对我说了这些话,但钱先生不知道。看到钱先生对我这样牵挂,我暗自感叹,困惑超过高兴:这样一篇学术文章竟让钱先生这样操心,这是为什么?不过,我再一次真切地感受到钱先生的温厚之心,在困惑中感到人间仍有温暖与光明。那一天,他留我在他家吃了饭,然后就主体性的争论,他谈了两点至今我没有忘却的看法。第一,他说,"代沟"是存在的,一代人与一代人的理念很难完全一样。言下之意是要我不必太在意,应让老一代人去表述。第二,他说,"批评你的人,有的只是嫉妒,他们的'主义',不过是下边遮羞的树叶子。"听到第二点,我想起了《围城》的话:"这一张文凭,仿佛有亚当夏娃下身那树叶的功用,可以遮羞包丑;小小一方纸能把一个人的空虚、寡陋、愚笨都掩盖起来。"这第二点是犀利,而第一点是宽容。我牢记第一点,尽可能去理解老一辈学人的理念,不负钱先生的教诲。

不了解钱先生的人,以为他只重学术求证,不重思想探索,其实不然。钱先生当然是一流学问家,不是思想家,但他对思想探索的价值和艰辛却极为清楚也极为尊重。他两次劝我要研究近代文学史中的理念变动,对近代史中严复、康有为、梁启超、王国维这一思想脉络极为敬重。如果不是亲身体验,我真不知道他的内心深处具有思想探索的热情。在上世纪80年代,我作为一个弄潮儿,一个探索者,没想到给予我最大支持力量的是钱锺书先生,尤其是在比我高一辈两辈的人之中,规劝者有之,嘲讽者有之,批判者有之,讨伐者有之,明里暗里给我施加压力者有之。轻则说说笑笑,重则诉诸文字。可是钱先生却毫无保留地支持我,既支持我性格悖论的探索,也支持我主体论的探索;既支持我传统转化的探索,也支持我变革方法论的探索,支持中既有智慧,又有情感。就以"方法论变革"一事而言,我被攻击非难得最多。但钱先生也支持,只是提醒我:"你那篇《文学研究思维空间的拓展》是好的,但不要让你的学生弄得走样了。"听到这句话时,我一时反应不过来,竟书生气地回答说:"我没有学生。"到了后来才明白是什么意思。当时提倡方法论变革,包括方法更新、语言更新(不惜引入自然科学界使用的概念)、视角更新(哲学视角与哲学基点)、文体更新等,因此方法更新也可称作文体革命。1988年秋季,中央主持宣传文教的领导人决定举行一次全国性的社会科学、人文科学的征文评奖活动,其意旨是要改变历来社会科学、人文科学总是处于被批评的地位,由国家出面表彰其优秀成果。这一思路当然很好。因为全国各省、市的社会科学研究单位及大学都要参加竞赛,所以中国社会科学院的领导者也感到压力,他们觉得院内的几个大所都应当争取最高奖项(一等奖),因此,汝信(副院长,也管文学所)打电话给我,说院部研究过了,文学所要重视此事,你自己一定要写一篇。没想到,这之后的第二天,马良春又告诉我:钱先生来电话说要你亲自动手写一篇。有钱先生的敦促,我就不能不写了。大约用了一个月的时间,我写出了《八十年代文学批评的文体革命》一文,并获得一等奖。全国参加征文的有一千多篇论文,二十二篇得一等奖,文学方面有两篇。文学所总算把脸面撑了一下。获奖后最高兴的事并不是参加了领导人的颁奖仪式,领了五千块奖金和奖状(颁奖者是胡启立、芮杏文、胡绳等五人),而是出乎意料,钱先生给我一封贺信,信上说：

> 理论文章荣获嘉奖，具证有目共赏，特此奉贺。

钱先生写贺信，是件不寻常的事，而"有目共赏"四个字，更是难得。有朋友说，这四个字，一字千钧。固然，这可让我产生向真理迈进的千钧力量，但是，我明白，这是溢美之词，钱先生对同辈、长辈，尤其是对国外名人学者，要求很严，近乎于"苛"，而对后辈学子则很宽厚，其鼓励的话只可当作鼓励，切不可以为真的所有的眼睛都在欣赏你。

六

我今天所以把这"有目共赏"四个字写出来，只是想说明，钱先生内心深处有一种常人不易感受到的热情与关怀，不仅对于个人，其实对于社会也是如此。1987年反自由化运动开始之前的一个多月，被聘请到广东去担任《现代人报》主编的徐刚告诉我，说钱先生给刘宾雁写了一副对联，即"铁肩挑道义，辣手著文章"。这两句话原是李大钊之语，钱先生用以肯定刘宾雁的敢说敢言。没想到，此事后不久（对联在报上刊出也不久），全国批判"资产阶级自由化"的运动开始了，邓小平点了方励之、刘宾雁、王若望三个人的名。当时社会科学院党组立即召集各所党委书记、研究所长等近两百名主要干部传达邓小平指示，并在院外租了一旅馆进行"集训"，胡绳作了非常严厉的报告。我也带着日常用品去参加集训三天三夜。回来后，我给钱先生打电话，他立即要我到他的三里河之家。一进门，我就把开会的情况全告诉他了。并说：刘宾雁被开除党籍了，现在党内正在批判他。我知道钱先生关注此事，有一个具体原因是他刚刚写了对联赞美刘宾雁，所以就主动提起此事，并安慰钱先生说，您虽然给刘宾雁写了那副对联，但这次运动不涉及党外，应当不会追查此事。他点点头，一句话也没说，只是呼唤了正在里屋工作的杨绛先生，让她出来和我们一起商量一下"要事"。杨先生一出来就说：写就写了。钱先生也接着说，对，写就写了，就这样吧。杨先生似乎早已胸有成竹，给钱先生镇定了一下。

钱先生虽然整天埋头著述，但头脑非常清醒，他好像明白，我虽然当了研究所负责人，其实头脑并不清醒，所以常常提醒我。1989年3月，我应邀将到美国五所大学(哥伦比亚大学、芝加哥大学、哈佛大学、斯坦福大学、圣地亚哥大学)进行学术交流并作学术讲演。钱先生除了托我把两本《洗澡》(杨先生小说)分别交给夏志清先生和李欧梵先生之外,只叮咛我说:"你到美国这么多学校,交往的人很多,一定要注意一点:只讲公话,不讲私话。"刚听钱先生的叮咛,我愣了一下,但很快就明白了,这是钱先生给我的护身法宝。倘若破译一下,就是要我言行公开透明,不对任何人讲迎合的话,拉关系的话,更不可讲机密的话。在美国两个多月,我念念不忘的就是钱先生"不讲私话"的嘱咐。

这一年的5月上旬,我因为赶回来参加社会科学院纪念"五四"七十周年的国际学术讨论会(因飞机的耽误没参加上)被卷入政治风波,于8月初又来到美国。在芝加哥大学落脚后,我给钱先生打了一次越洋电话。接电话的是钱瑗。她放下电话去找钱先生。大约三分钟后,钱瑗说:父亲让我告诉你,在海外不要参加任何政治活动。政治不是我钱某能搞的,也不是你能搞的。钱先生这一叮嘱很认真,很郑重。过了几个月之后,香港天地图书公司的"老总"陈松龄先生告诉我,说他刚到北京去拜访钱先生,一坐下来,钱先生就问,你们知道再复在海外怎样吗?接着又让我转告你:在海外千万不要参加任何政治活动,政治不是我们这些人能搞的。钱先生不仅学术上很严谨,其立身处世的态度和方法上也很严谨。绝不参与政治,这是他的坚定立场,也是他能够给予我的最具体、最大的关怀。钱先生的一再叮嘱,对我产生了影响。近二十年来,我绝对不涉足政治。对于社会,我也仅止于关怀,绝不直接拥抱社会是非。2002年,我在城市大学"客座"时,钱先生的忘年好友奕贵明兄和许德政诸兄到寓所拜访我。贵明兄说钱先生在我出国后一直牵挂着我,甚至在去世前不久还牵挂着。对于钱先生的这份情义,我除了心存感激之外,就是要记住他在生前就投射给我的灵魂的光辉,坚定地走独自进行精神创造的路,不可落入任何权力角逐的黑暗深渊。钱先生的智慧既呈现于他所创造的学问高峰中,也呈现于具体的人间关怀与世事拒绝中。我真实地书写下来,既为我自己,也为其他如我一样天真而不知政治为何物的年轻朋友。

写于2008年秋天
(选自《大观心得》)

夏志清先生纪事(节选)

一

在香港听到夏志清先生逝世的消息,就想写一篇悼念文章。后来想到与夏先生的来往书信都在美国落基山下,便决定返回美国后再写。于是,就先发一封哀悼的短简给夏太太王洞嫂夫人。信虽短,但寄托着我的缅怀与评价:

夏太太:

刚才剑梅告知夏先生逝世的消息,我非常震惊,也非常悲痛。

前几天(圣诞节),我打电话给您,想和夏先生说几句话,可是他已经进医院了。想到最后的心声未能向夏先生表达,也永远表达不了,心里非常难过。我想要告诉夏先生,您的一生是幸福的,您找到了许多文学真理和文学知音,您为许多被历史活埋的作家仗义执言,您为中国的汉语白话文学在国际上争得许多光荣;您的正直天性传遍五湖四海;您的才华泽溉了许多学子与赤子,包括我,尽管和您有过争论,但也受到您的启迪与关怀。您将永远活着,永远活在中国文学研究史上,永远活在我和剑梅以及您的所有友人与弟子的心中。安息吧!

夏太太,您为夏先生已尽了自己的全部责任,请您节哀并多多保重!

二〇一三年十二月三十一日于香港

此信由剑梅发给我的表弟叶鸿基先生,然后转发到"再复迷网站"和新浪"刘再复博客"。几天内,竟有三十多个博客、网站转载,二万五千人次的点击率。可见,国内关注夏先生的读书人还是很多。他的论著在怎样的程度上影响中国现代文学研究,真是无法估量。但有一点是可以肯定的,他是西方当代汉学一位当之无愧的真代表。

和夏志清在一起(1989年)

2011年,许子东先生请我到香港岭南大学"客座"三个月,即将结束时,他召开了一个"中西现代文学研究比较"的研讨会。我的发言便是以夏志清先生为例,认定美国现代汉学的一个重要分支——中国现代文学研究,已经历了五代。第一代为夏志清和他的兄长夏济安;第二代为夏济安的入室弟子也可视为夏志清的学生李欧梵、刘绍铭等;第三代为刘绍铭的学生即夏氏兄弟学生的学生王德威等;第四代为王德威的学生刘剑梅、罗鹏、宋伟杰等;第五代为刘剑梅、罗鹏所教的更为年轻的博士、助教们。夏志清先生生性坦率,剑梅进入马里兰大学亚洲与东欧语言文学系担任助理教授时,他曾对我说:现代美国东亚系全被大陆占领了,我们台湾不行了。夏先生说的是实话,王德威的学生已逐渐大陆化,拥有十三亿人口的大陆,其生源的分母很大,竞争力自然更强。夏先生敏锐地看到"无可奈何花落去",但感受到剑梅等大陆留学生对他格外敬重后也自有一番喜悦,也许会觉得"似曾相识燕飞来"。

在许子东主持的会上,我的发言着重指出:与国内(大陆)的研究相比,夏志清先生所代表的汉学，有一个突出的特点，也是巨大的优点，这就是研究的率性，完全没有"主义障"、"知识障"等。"率性谓之道"，夏先生的"道"，最宝贵的是没有大陆学人那种"精神奴役的创伤"（胡风语）。他敢于面对文学事实、文学真理，该说就说，不情愿说的就不说，但又是很负责任地说。从正面着眼，他先是热烈肯定张爱玲、沈从文等，后又热烈肯定高行健等，都是率性磅礴。他说高行健的《车站》比贝克特的《等待戈多》好，让人意外（见《明报月刊》2000年11月号），但这是他的由衷之言。从负面着眼，他尖锐地批评鲁迅、丁玲、赵树理，我们难以接受，但也是他的由衷之言。我在出国（1998年）之前读了他的《中国现代小说史》，很有保留；而出国之后读了他的《曹禺访哥大纪实》（写于1980年，刊于《明报月刊》1984年第11月号），这是在《夏志清文学评论集》（台北联合文学杂志社，1987年）里读到的，读后则大为钦佩。

他对曹禺的批评与对老舍的批评均毫不含糊，锋芒四射。他敏锐地感到，曹禺这位在年青时代就写出《雷雨》、《日出》的杰出剧作家，经过数十年的社会沧桑之后，完全变成一个只有"官腔"的政治传声筒了，不仅只会创作《明朗的天》这种毫无文学价值的宣传品，而且在美国的演讲本身也是宣传品。作为一个率性的文学批评家，夏先生完全不能忍受曹禺的"作秀"（"纪实"中的概念），居然喊出了你"骗得了谁"?！我读了这篇"纪实"，被夏先生的率真震撼了。这是多么难得的天真！这是在偌大祖国广阔土地上多么难以听到的真声音、真批评！曹禺这位著名作家确实"失语"了，确实丧失自身的语言了，确实怀着恐惧（心有余悸）在作秀表演了。读了夏先生的文章，我的心头掠过一阵伤痛。是的，应当想想，为什么一个最善于言语的剧作家会失语？会堕入官腔八股腔？会被改造成一个只会说套话、说废话甚至说谎话的只有面具、没有自己的傀儡人？这是多么值得质疑、多么值得反省的现象。

作为一个中国文学批评者，我不是没有看到这种现象，而是看到了这种现象之后不敢说出来，写不出来。因为自己身上毕竟带着精神奴役的创伤！

大约是在1991年，我才读到夏先生对曹禺、老舍的批评。说实在话，我读后感到痛快，而且对夏先生更为尊敬。然而，这并不等于我完全接受他对整个中国现代小说的整体评价。

二

夏先生对中国现代文学的整体评价,反映在他的评论集《文学的前途》(1974年)、《人的文学》(1997年)、《爱情·社会·小说》(1980年)、《夏志清文学评论集》(1987年)等书中,但主要是表现在《中国现代小说史》(1957年)上。我在80年代读了这部别开生面的小说史,真是开了眼界。这部著作,像颗重磅炸弹,在大陆的文学研究界爆炸,直接推动了"重写文学史"的思潮。80年代是大陆思想最开放、最活泼的时期,面对夏先生这样的"反共学者",也采取接纳的态度。于是,1985年由钱锺书先生提议,经胡乔木认可,邀请了夏先生回大陆作学术访问。此事在国内引发了波澜。我在全国政协的会上,听到丁玲与冯牧两位长者对此进行严厉的谴责:"怎么可以让这样的反共学者到中国?"钱锺书先生虽是政协委员,但他不参加会议,所以我把会议的情况立即向他"汇报",他笑着说:"要说统战,我们倒真的是帮着统战,丁玲怎么连这个也不懂。"其实钱先生也并不是在帮"统战"而是对夏先生心怀好感。1989年初我应美中学术交流协会(负责人林培瑞)之邀,到五所大学(哥伦比亚大学、哈佛大学、芝加哥大学、斯坦福大学、加州大学圣地亚哥分校)访问,临行前,钱先生请我带两本杨绛的《洗澡》,分别送给夏先生与李欧梵先生。钱先生郑重嘱我:"海外政治复杂,出国只能讲公话,不可讲私话。"这之前他曾在给我的信中"尖刻"地评说二十多名汉学家,唯独对夏、李二人抱有好感。钱先生还告诉我,夏先生早已写了对他的悼念文章,但去年还到大陆和我见面,听说他路过香港时说:大陆很值得看看。言下之意,是夏先生总不失一份天真天籁。由于我对钱先生衷心敬仰,所以对他的嘱咐,总是视一句为一万句(尽管他曾告诫我不可迷信他),所以我也特别敬重夏先生。到美国,我的第一场演讲就在哥伦比亚大学。一到讲厅,就见到夏先生已端坐在厅里的一张长方桌旁。讲毕后,夏先生和当时尚在攻读博士学位的唐翼明先生一起请我吃饭,仅此三人,所以话很投机,谈论的第一个主题还是钱锺书与杨绛先生的现状。

尽管有钱先生的推崇和夏先生的热情,我对夏先生的《中国现代小说史》,仍然很有保留。这种"保留",不是因为政治,即不是因为我是共产党人(80年代我是党员),而他"反共",而是从文学价值观和文学史写作着眼,我不赞成他的过于偏激的"褒此贬彼":在颂扬张爱玲的《金锁记》为"中国现代小说最伟大的中篇"的同时,把另一"伟大中篇"——鲁迅的《阿Q正传》说得一无是处,甚至以嘲讽的基调描述鲁迅。除此之外,我的内心深处还觉得夏先生在"开掘"之功里(开掘张爱玲、沈从文、钱锺书、张天翼)也有一半值得商榷。重评张爱玲、沈从文,丰功伟绩;重评钱锺书、张天翼则可有可无。对于钱锺书先生,我格外崇敬,但认为他的主要成就在于学问(其学术成就可说是"前无古人后无来者"),并不是他的小说《围城》。《围城》的幽默只是英国绅士的小幽默,整部小说乃属于"愤世嫉俗之作"(郑朝宗语),并非一流巨著,夏先生评为"伟大",未必精当。而张天翼的讽刺小说则属于现代文学中的二、三流小说,似乎不必大作翻案文章。这些不同看法,我藏在心里,多次产生与夏先生讨论的冲动,但因为1992年秋之后女儿剑梅成了夏先生的学生,而得到夏先生教导与关怀的女儿,一听到我唠叨夏先生的"偏激"时,总是叮咛:"他是我的老师,你们一争辩,我就夹在中间了。"女儿的天籁对我有所影响。尽管如此,我还是对夏先生的过度褒贬耿耿于怀,于是在1995年8月的一次访谈中,我还是憋不住心里话,温和地作了一次关于张爱玲的表述:

> 对张爱玲文学成就的充分发现始于夏志清先生的《中国现代小说史》。这部著作给张爱玲以极高的评价,并奠定了近十几年来张爱玲研究的基础。现在台湾、香港、海外的张爱玲研究十分热烈,大陆某些文章也有精彩见解。但大陆所编撰的中国现代文学史书一直把张爱玲排除在外,新出版的小说史也只是把她作为一般作家放在一小节上轻描淡写,这种政治大于审美评价的教科书显然缺少文学眼光。在重写文学史时,自然应当把张爱玲作为二十世纪新文学史重要的一页。但是,也不应把张爱玲"创造"得过于神奇。一个重要作家,除了自身的创造之外,总是还要被评论者所创造。现在张爱玲已"被创造"到相当精彩但也相当神奇的地步,我们不妨扬弃她的"神奇",保留她的"卓越",以使她在地母怀中的灵魂得到安息。
>
> (参见《也谈张爱玲》此文收入散文集《西寻故乡》,1995年8月)

夏志清先生纪事(节选)

三

写了这篇短文的五年后,我应张信刚校长之邀到香港城市大学担任客座教授(头半年在文学、语言、翻译系,后一年半在郑培凯先生主持的中国文化中心)。2000年10月,岭南大学召开张爱玲学术研讨会。此会十分隆重,夏先生亲自从美国飞到香港参加。会议由刘绍铭教授主持,坐在主席台上的除了夏先生还有刘绍铭、王德威、郑树森、温儒敏(北京大学中文系主任)和我。会前,参加筹备会议的许子东(我的年轻朋友,当时是岭南大学助理教授)对我说:"此会大家肯定都在赞颂夏先生,您如果有不同意见,也可以发表。这样,会议更有学术气氛。"子东兄的话正中我的下怀。于是,我便借此机会向夏先生提出几个问题。因受时间的限制,我便纲要性讲述一下我的发言提纲(发言稿大约一万五千字)。我的讲话先是真诚地肯定夏先生的《中国现代小说史》开掘"被历史活埋"的重要作家,让张爱玲、沈从文等"重见天光"的历史功绩,然后郑重地讲明我的几个观点。

岭南大学张爱玲学术研讨会(2000年)

(1)五四新文化运动进行了一场语言实验,成绩虽不理想,但出现了鲁迅、张爱玲、沈从文、李劼人等卓越小说家。如果需要在这些小说家中投票选出"谁为第一",那么,我将把票投给鲁迅而不会投给张爱玲。原因是鲁迅的小说具有更巨大的思想深度,更丰富的精神内涵。

(2)张爱玲的青年时代写出了与左翼文学的大思路(表现"革命"、"时代"等大话题)完全不同的天才作品《金锁记》与《倾城之恋》。可惜,在1950年前后(以"小艾"为标志)革命大潮的冲击下,张爱玲守持不住自己的文学观,到了香港之后所写的《秧歌》和《赤地之恋》,完全丧失原先的风格——她的天才夭折了。

(3)出国之后张爱玲的文学悲剧,乃是用政治话语取代文学话语的悲剧。中国现代文学中两玲的悲剧(丁玲与张爱玲)其性质是一样的,一个从左的方向把《莎菲女士日记》、《我在霞村的时候》写成《太阳照在桑干河上》;一个从右的方向把《金锁记》、《倾城之恋》写成《秧歌》和《赤地之恋》。两人都从"人性"滑向"政治性",都被政治话语吞食了文学话语。与二玲相比,在现代女性作家中,倒是萧红守持了人性立场和文学语言格局。

我发言后,夏先生便作大家期待已久的讲话。他的讲述虽用英文,但很好听,我大体上听得懂。我感受到,他虽有些激动,但并没有全盘反驳我,只是其中有一段说,他除了喜欢张爱玲之外,还喜欢萧红。萧红很了不起,丁玲怎么能与萧红相提并论?更不能与张爱玲相提并论。说到这里,显然是针对我而发了。

夏先生讲完话,开幕式的上午会议也就结束了。散会后,《亚洲周刊》记者江迅拦住了夏先生。而我因为午餐被分配与夏先生夫妇同桌,赴餐厅也被安排为同一辆小车。于是,我和夏太太只能在会场边等待夏先生,而且还隐约可以听到夏先生激动得有些激昂的声音。我听得出来,这些声音全是针对我的:"刚才刘先生说男性鲁迅看上去比张爱玲高,好像男性总比女性高一些。""鲁迅也是个夭折的天才。完全可以说,从为人和作品看,鲁比张更不如。"夏先生这些话过后都发表在《亚洲周刊》2000年10月30日—11月5日的访谈录:《世纪再现张爱玲的传奇》及《明报月刊》2000年第12期夏先生的文章《我和张爱玲》及许子东的会议报道:《张爱玲与现代中国文学国际研讨会侧记》。

那天我和夏太太王洞站着倾听夏先生对江迅讲了十几分钟。讲完后一起上了小车。一上车夏太太就批评夏先生说:"你刚才讲了些什么话呵。我

夏志清先生纪事(节选)

觉得今天再复的发言很好,他首先肯定你的功劳,然后再和你讨论,你却这么激动。"夏先生听完后连说几个"是吗?是吗?"这之前我从未听过夏太太即剑梅的师母讲过话,这一瞬间她说的一席话,非常通情达理,又贤又慧,真使我感动。这是一个多么明白、多么善良的知识女性呵!然而,这一天我也清楚了,夏先生虽然学识渊博,但还是太脆弱,远比不上我们这些久经磨炼的大陆人"神经坚韧"。我们被批判、被攻击得太多因此神经也太麻木了,而夏先生完全没有我们的锻炼经验,一听到不同的意见就反应过度。我还感到,老人也往往像小孩,不可太宠。夏先生在今天的会议上显然太受宠了。我本是理解夏先生的,但因为他无端牵连到鲁迅,让鲁迅又遭到一顿热骂,心里着实有点气闷。所以吃饭时也无心与夏先生说话,而且在会后三四年里,我便赌气断了与他联系。出了新书不给他寄,过年过节,也不再打电话问候了。2004年春节,首先受不了的是夹在老师与父亲之间的剑梅,那一年,她到香港探亲,就让我和林岗签署一本《罪与文学》由她带回美国寄赠给夏先生。夏先生接到剑梅的信和我的书后,非常高兴,立即给剑梅写了一封长长的信,其中有一段涉及我们关系的话,仍然是一片天真天籁:

> 再复兄一直同我很友善,过年过节会打电话给我,出了书一定送给我,但2000年我去香港开了一个张爱玲大会(我是不想去的,被德威、刘绍铭所逼去成的),但未写paper的,只当一名"贵宾"在场而已。再复兄是写了paper的,把张同鲁相比,当然鲁比张功绩大得多。我对鲁迅亲共、捧苏联文艺一向有意见,不知如何也得罪了再复兄。书也不寄了,电话也不打了。……

此信写于2004年5月14日。剑梅把它寄来给我。我读后,非常感动,觉得夏先生还在牵挂我,而且那么在乎我,所以立即给他回了一封信。

夏先生:

您好,虽久疏问候,但常常想念您,近日读到您给剑梅的信,非常高兴。剑梅到美国深造,并有幸聆听您的课程和教诲,终于有所长进。在学期间,您一直给她鼓励,现在还继续关怀着她。对此我们一家都深深感谢您。

我还要感谢您那么认真阅读林岗和我的《罪与文学》,并发现谈列文时书名有误。您的精神这么好,真使我们高兴。

您在大函中提到香港岭南大学评价鲁迅、张爱玲一事。这是我们在不同政治、人文环境中对历史人物的不同感受。评价的差异,其实难以避免,但这纯属学术之争,并不影响我对您一向的敬重(不仅是"友善"),因此,我在论文中首先对您的贡献作了诚挚的,很高的评价。不过,那次会后,我读了您对《亚洲周刊》记者的谈话,心里确实产生过困惑。您和晚辈的我,都是直肠子,都是性情中人,我应坦率地承认此事之后心里有点继续讨教的疑虑,但确实并不影响我对您的敬意。读了您给剑梅的信,见您童心依旧,我自然就会把疑虑放下。

……

夏先生在给剑梅的信中说,他要给我写一封信,果然,他很快就寄来一信,全文如下:

再复吾兄:

剑梅寄我大著《罪与文学》不多久,兄即寄弟新书三种《传统与中国人》牛津新版;杨春时为您编集的《书园思绪》台北九哥出版的散文《精选集》。都是我应读之书,有时间当一一读之。两三年前兄赠我《独语天涯》一书,看出味道,真的看了大半年,再读《漂流手记》此类书,拥有读者,大陆是知识分子流亡海外,还没有第二个像兄这样的不断思索,想问题,对人生、文化、文艺接触也如此之广的。高行健可能也是如此,故兄写文要世界上有识之士都对他重视。行健得奖之后,编者们向我索稿的也有人,可惜我只看过他少数剧本,小说巨著,我至今尚未拜读,精神不够,也无时间,吾兄写大文多篇推崇高君的成就,在中国文学史上也立了大功。我在哥大教了剑梅一门元曲,我已退休两三年,德威弟请我开了门课,因为中国戏曲好多年无人教了。剑梅聪明而用功,已拿到 tenure 可喜可贺。但兄在世副《世界日报副刊》上引了欧梵的话说她英文写得也好,其实大陆来的高才生,(台湾的也如此)英文程度还不够,剑梅虽已执教多年,在写英文方面还得求进步,写出句子来,简洁可读,没有多余话,这样才会进步。说的每句话,自己要负责,也很重要。例如 P39 第三段首句,她称鲁迅当"the towering literary figure",把胡适、郁、郭三人都比下去,此话是说不通的。

我退休不到一年,即患心脏病,故近三年并无什么研究成果。今年

哥大刚为我出了本论文集（C. T. Hsia on Chinese Literary）五百多页，集的都是退休前写的英文。着力点仍在小说，但《西厢》、汤显祖也有文章讨论。Part One，三篇文章皆谈论中国文学，第一、三两篇尚无译文，兄有兴可先读。兄能看令嫒的英文著作，拙著当然一定也看得懂，看到不通、不当之处请多多指正。

兄有兴挥毫写了封毛笔纸，吾当珍存。菲亚嫂近况可好。内人王洞也已退休，她身体比我好多了。兄自知保重，写文以外，也得锻炼身体，长保健康。

弟　志清拜上 2004 年 6 月 30 日

2004 年我们恢复了联系之后，便进入关系的"密切期"，经常互通电话，互赠书籍。除了感受到他的关怀之外，我还觉得他的心境愈来愈平静，对现代文学中的左翼作家的评价也愈来愈趋于客观。对于鲁迅，他甚至也在稍稍"纠偏"。2007 年 12 月 27 日，他寄了一份《文艺报》（2006 年 6 月 6 日）的文章复印件给我（文章作者段崇轩，题为"用'平常心'解读文学"）。夏先生对这篇评论他的文章十分满意，而且感到意外。因为 1984 年《文艺报》曾发表过批判他的文章，把他视为"精神污染"。现在能公平对待，他自然高兴。郑重地寄一份大陆的剪报给我，此举很不寻常。我仔细阅读这篇文章后，觉得此文此事非常重要。因为文章涉及他对鲁迅与丁玲的评价，说他对鲁迅的论述曾经"多有偏颇"，但因为守持"平常心"和"国际视野"，已消解了"思想的偏见"；而对于丁玲，文章则赞扬夏先生坦率地承认"自己对丁玲的评价有失公允"。为了更准确地把握夏先生晚年的思想和态度，我们不妨读读这篇文章的几个段落：

用"平常心"解读文学

段崇轩

……

夏志清是一个有着深厚的欧美文学背景和修养的学者，其政治立场也是显而易见的。这使他得出了中国的古典文学、现代文学不及承袭基督教精神的西方文学"丰富"的判断；对倾向于宣传、说教的左翼作家和共产主义作家的作品也没有好感而心存"偏见"。他置身在一定的社会、文化的坐标系中,不可能完全割裂同环境的复杂联系,这自然是他的局限。其实这种"局限"在我们身上表现得更加突出也更加可怕,我们的现当代文学史和作家作品评论,不是一个时期就是一副面孔,甚至有截然相反的评判吗?因此我们不能苛求夏志清。事实上,夏志清在理智上对中国文学和作家作品有"偏见",但通过他的深入研究,他在感情上则认为中国的文学传统"是极为伟大的",对绝大部分左翼作家如茅盾、张天翼、丁玲、吴组缃、蒋光慈等都给予了充分的尊重和"实事求是"的评论。

更弥足珍贵的是,夏志清也许意识到了自己的理论背景和政治立场所产生的局限,因此格外珍视自己的"平常心"——即作为一个读者对作家作品的直观体验。坚守严格的艺术尺度,努力不受各种理论和思潮的干扰,对文学发展和作家作品作出了独抒己见的评判。正如他说的:"其实理论未必是好东西,看多了反而没有好处。你在看理论之前,如果没有相当的积累,反而会被理论牵着鼻子走"。用"平常心"阅读文学,用他自己的标尺去衡量文学,使他真正走进了中国现代小说的隧道深处,看到了其他文学史家没有看到和被忽略了的东西,看到了他喜爱的作家身上的缺陷和他不喜爱的作家身上的优点。这倒在一定程度上校正和消解了他的思想"偏见",使他的评论具有了一种"国际视野"的特质。他又用自己旗帜鲜明、感情充沛的如椽之笔,营造了一部个性鲜明的现代小说史。譬如对鲁迅的论述,他的评价显然不足,且多有偏颇。这也是他最受左翼评论家诟病的地方。他是站在纯粹的文学的角度来解读鲁迅的,却没有看到鲁迅作为一个新文化运动的先驱者,在思想上、文化上乃至政治上对中国文学和一代一代作家产生的巨大而又深远的影响。这是他的失误。但他对鲁迅创作道路和作家作品的解读,却时有真知灼见。如他说:"《呐喊》集中有几篇根本不能称为短篇小说",《故乡》"颇像一篇个人回忆的散文",《社戏》"是一篇关于作者儿时的美妙叙述"。他还说,《阿Q正传》在艺术上是有缺陷的:"结构很机械,格调也近似插科打诨"。关于鲁迅后期为什么中断了小说,而专写散文、杂文,夏认为这标明了鲁迅"创作力的衰竭",是"小说家可悲的没落"。我们对鲁迅确实"神化"了,他的局限和失误我们往往视而不

见，仔细想想，夏志清的话是有道理的。譬如对曹禺上世纪三十年代创作的《雷雨》《日出》和《原野》三大剧本，我们的文学史向来是奉为"经典"尊崇的，而夏则认为："他的剧本一直未能以成熟和朴实的笔法去表现生活，这暴露了他的粗俗。曹禺一本正经地引用命运、遗传律、弱肉强食的自然现象和阶级斗争以增强他剧本的戏剧效果，但是这种拼凑只表示他自己缺乏一种个人的悲剧视景而已"。这一评判未必百分之百的准确，但他的确从一个新的角度击中了这几个剧本的"要害"。夏志清对他偏爱的作家的批评也是不留情面的。譬如他断然地说胡适的白话诗《尝试集》是"索然无味"的，又说他的文学观是"狭窄"的，话虽简单，分量却够重。

……

夏志清远在美国，有关中国现当代文学的作品、资料远不及国内齐全，但他在搜集资料、"细读"文本上下的功夫，实在是值得我们敬佩的。譬如对鲁迅的《狂人日记》，他最初的阅读不够深入，论述时的评价就不够。后来捷克汉学家普实克对他的论述进行了尖锐的批评，夏志清再一次细读了文本，纠正了自己的错误，重下结论认为："《狂人日记》是鲁迅最成功的作品之一"。譬如对丁玲，夏在《小说史》中也多有指责，评价不足，之后他又作了进一步的研究和反思，坦率地承认"自己对丁玲的评价有失公允"，原因就在自己对她早期和延安时期的短篇小说关注不够，如果当时"细读"了这些作品，他对她的文学成就便会作出"很不一样的描述"。在这里我们看到的是一个勇于坚持原则，也敢于修正错误的可敬可爱的学者的形象。

（《文艺报》2006年6月6日）

夏先生如此看重段崇轩先生的这篇文章，极为奇特。这显然并不是因为这篇文章的基调是对他的赞扬，而是他认同这篇文章所放射出来的准确的关于鲁迅、关于丁玲、关于"坚持原则，修正错误"等信息。并希望我和剑梅能了解这些信息，果然，我读了这篇文章之后，更觉得晚年的夏先生很了不起，他放下了"左右两极，非此即彼"的思维方式了，放下曾有的"偏颇"了。他把"政治"搁置一边，用更纯粹的文学眼光评价作家，显然认可"校正和消解了思想偏见"这样的评说。读了夏先生推崇的文章和了解了夏先生对此文的态度，我和夏先生的心思更相通了。当然，也觉得夏先生更可敬可爱了。

夏先生把这篇文章寄给我，并写了信。信上说："我在海外已60年了，过年前台湾让我当了院士，大陆我的态度也大改，很多人对我表示钦佩，这是我在十年前不能预料的。有人在2006年文艺报写文章讲我，态度极好，我寄一份你们看看。1983年文艺报把我当作精神污染者。"夏先生赞赏段崇轩的文章"态度极好"。可见，他还是在意大陆正直的声音。他和我一样，尽管远离故国，但情感深处，总还是保留着那一片养育过自己的山川土地，还有那一脉永远抹不去的母亲语言。

四

说起夏先生和我，许多学界朋友可能只记得香港岭南大学的那一次争论，关于鲁迅与张爱玲评价的那一桩学案，却完全不知道我与夏先生的"私交"，这是更好的故事，至少对于我，私下的忘年之情更值得我珍惜，更值得我记忆。一件一件，全像宝石似的，此刻仍在我的心里闪烁。

当朋友们提起我与夏先生的"分歧"时，我多次引用了清代袁枚《小仓山房尺牍》里的"答洪稚存"书，以说明自己的行为。袁枚在此信件中一开篇就说："韩魏公与欧公，至交也，论系辞终身不合；温公与范景仁，畏友也，论乐律，驳辩千言；杨慈湖，亲受业于朱子，而论天命之性，以为不当杂人物而言。古人明辨义理，当仁不让，有何前后辈之分？"这段文字译为白话乃是：韩琦和欧阳修，是至交，而讨论起"系辞"，却终身不相合；司马光和范景仁，是相互敬畏的朋友，但论起乐律，则彼此辩驳到几千言之多；杨慈湖亲自受教于朱子，但论起天命之性，则批评朱子不应该夹杂人物来论证。古人辩论义理，丝毫也不肯退让，之间有什么前辈后辈的分别呢？我认同袁枚，觉得友情归友情，义理归义理。面对真理，应有"当仁不让"的态度，即使是面对自己的尊师，也应该当仁不让。亚里士多德的"吾爱吾师，但更爱真理"，恐怕也是这个意思。我和夏先生辩论鲁迅与张爱玲，面对的是义理。论辩中我没有一刻忘记夏先生不仅是剑梅的老师，而且也是我的老师；夏先生不仅是

天岸书写——刘再复学术文化随笔选集
夏志清先生纪事(节选)

大家尊敬的文学史家,而且也是我衷心敬佩的文学批评家。出国二十四年,我不仅得到他的关怀,而且时时向他学习。我读他的书即向他学习的时间,比起与之论争的时间,恐怕多有一百倍。

他英文那么好,我的英文那么差;他的双脚直接踏进欧美广阔的文学世界,我却只能借助翻译感受这个世界;他的桃李满天下,而我只有女儿没有学生。他对张爱玲、沈从文认识得那么早,我却长期"执迷不悟";他对鲁迅的认识虽有偏颇,但也可以成为我神化、圣化鲁迅的解毒剂。何况他那一片对于文学的深情,对于批评的率性,更是稀有。那一次岭南大学会议,那一天早晨只给我十五分钟,时间太短,我无法充分表述自己对他的认识,只顾以锋芒对锋芒、率性对率性。会上只管自我表述,会后只管与他赌气。而他却始终对我念念不忘,而且时时注视我和剑梅的脚步,对我们的著作不仅认真读,而且给予最真诚、最热烈的鼓励。2008年圣诞节前夕,他接到我和剑梅共著的《共悟红楼》,竟写了这么一段情深意长的话:

> 国内外父女一起写书而同享盛名的情形还没有过。班固班昭是兄妹而非父女。二位早已发表过讨论文学的书信,现有《共悟红楼》的专书出版,真是难能可贵。

在此之前,即2007年12月27日,他就在信中就满腔热情地鼓励我们。他说:

> 你们父女二人是中国文艺界在美国创新境最有成就的两位,不断写书、信给我。这次圣诞节年卡里都附有照片,我看到了,真觉得你们当我是最好的朋友看待,非常高兴。再复兄要返港任教,比我老是在纽约开心得多。剑梅治学忙,还得管家,照顾两个儿子。现在日子辛苦,以后会有酬报。

夏先生的"创新境"三个字,让我高兴了好久。经过千辛万苦得到了思想自由,我知道应把这来之不易的自由用到点子上。这点子,不是功名,不是权力财富,而是"新境"。创造新境界,这正是我朝夕努力的所思所为,夏先生真不愧是我和剑梅的忘年知音。也难怪他在2011年的信中要说"我们早应该兄弟姐妹相称"。

夏先生这个"早应该",激起我思绪万千,更使我想起夏先生"早"就对我一家的厚爱,也早就把我当作自己的老弟了。细想起来,才想起他对我说过的（直接面对面说与电话上说）一些知心话，例如他提醒我要向王德威学习，说"我们俩的心理都太紧张，不像王德威那样沉得住气。沉得住气才能做大事"。这句话大约是在六七年前说的，我印象很深，所以记住了，也传达给剑梅。剑梅说"可不是，你说到底还是太急"。

一句"早应该"还让我想起 1993 年 8 月，我刚从瑞典返回美国，先到纽约看望正在哥大深造的剑梅，之后又和剑梅一起去看望夏先生，夏先生非常高兴。他在附近的湖南饭馆请我们一家吃饭。笑谈中一再关心我今后的"饭碗"问题。他知道在美国不能用英文教书，就很难解决吃饭问题，于是他几次提醒我："你的文学知识已足够用了，缺的是英文。关键是学好口语，能讲就能对付。"此次见面，我给他透露自己的想法，说我虽然还关心几位中国当代作家，但从学问的方向上，我将"返回古典"。他听了拍手叫好，并把他自己珍藏的《中国古典小说导论》从书架里抽出，还马上挥笔提签，写下：

转赠再复兄珍藏。一九九三年八月二十一日 纽约。

我接过书后才发现扉页上本写着"志清自藏，一九八九，三月"，还郑重地盖了藏书印。显然，夏先生此时是"割爱"给我了。那天，我告诉他，对于中国古代经典，我喜欢《红楼梦》与《西游记》，不喜欢《水浒传》与《三国演义》。

夏先生关心我的"饭碗"问题，更是关心剑梅的"饭碗"。剑梅作为他的听课学生，他除了授予知识之外，最关心的是她的英语表述能否"过关"以找到一个可糊口的工作。他深知美国东亚系僧多粥少，要找到教职很不容易。因此，剑梅在哥大作第一次英文演讲时，他亲自到场，很早就端坐在第一排（参见剑梅文章《缅怀恩师夏志清》），听完除了给剑梅鼓励之外，还特地为此事写信给我。信上说："上学期我教了一门元曲，令嫒也是我的学生，全班八人，都很用功。上星期六剑梅宣讲一篇论文（在研究生大会上），我也出席。她读英文，咬字很清楚，文章也通顺，你们可放心，博士是稳拿的。"（1994 年 3 月 5 日）这一年春节，我们通电话时，他又讲了此事，并说了一句话："剑梅以后的饭碗没问题了。"

剑梅是夏先生的课堂学生。她的博士导师王德威又是夏先生最信赖的学子，因此剑梅算是夏先生的双重学生。2010 年夏先生九十华诞庆祝会在纽约举行，剑梅第一次放下恋母情结奇重的小女儿 Grace，直奔大都会。她

让我帮助看好小孙女,我陪着她一个夜晚,那一天她宣称不睡觉,哭得很伤心,擦眼泪的手巾纸扔得满地都是。Grace 恋母,剑梅也从不离开她,此次剑梅破例,狠心地让 Grace 啼哭,坚决去赴会,此事让我明白剑梅对老师的情感有多重。他临走前说"别人的寿辰可以不去,夏先生的寿辰我怎能不去。"剑梅一到,果然夏先生、夏太太特别高兴。她一回到马里兰,就让我观赏她与夏先生合影的照片,照片背后,夏先生特别作了题签。我看了照片,又与剑梅开玩笑说,王德威是你的"教师",夏先生倒是你的"教父",剑梅笑而默认。

而夏先生确实"教育有方"。他对剑梅的教育可说是"且温且厉"、"不宠不辱",很让剑梅受益。他给剑梅等八个研究生开元杂剧课,不仅讲述元曲的来龙去脉、精神内涵和艺术形式,而且耐心地教她们怎样翻译为英文,教大学生如教小学生,非常耐心。这是"温"的一面;而"厉"起来则不讲情面,只面对学术。剑梅把自己构思好的论文提纲交给他,他一看到题目是"革命话语与颓废话语的对话",就直言不讳地批评说:这个题目"大而无当"。当场给剑梅泼了一盆冷水。但有了这盆冷水,剑梅就清醒了。她立即悟到不可把理论概念硬套入研究对象,从根本上改变了思路,换了题目,最后才写成《革命与情爱》的英文著作。2004 年夏先生读到我的文章说李欧梵赞扬剑梅的英文"很优雅"后,便在信中提醒我:

> 剑梅虽已执教多年,在写英文方面还得求进步,写出句子来,简际(洁)可读,没有啰唆话,这样才会进步。说的每一句话,自己可以负责,也很重要。例如 P39 第三段首句,她称鲁迅为"the towering literary figure",把胡适、郁、郭三人都比下去,此语是说不通的。

夏先生这一提醒性的批评,给我很大的触动,不错,剑梅的英文水平远不足以自鸣得意。以前夏先生的忧虑是剑梅英文水平不足以谋生,所以要求是衣食水平,而现在剑梅当助教了,自然应有新的境界。我当时确实缺少清醒的意识,经夏先生点拨,我立即明白了。因此内心充满感激之情,再也无心计较他最后所说的鲁迅与胡适、郁达夫、郭沫若的高低了。只是过后重读此信时才奇怪,怎么夏先生把鲁迅看得比后三者更低呢?

大约也是这个时间里,夏先生和我在电话里聊天,突然问起:你是不是让刘莲(我的小女儿)学电脑,现在进入 IBM 了?我说是。他立即批评说:

你犯错误了,怎么把刘莲这样聪明的孩子送到机器世界里呢?我们这一行多有意思多幸福呵。夏先生见过刘莲,知道她聪明过人,在给我的信中,他特别嘱托:"刘莲早慧,八九岁即能模(仿)金庸写武侠小说,真是才女。"现在得知她学工程,便觉得惋惜。听了夏先生一席话,我真觉得自己错了,生在文学之中竟忘了文学是最幸福的地方。而且感到,夏先生的关怀是根本性的关怀。这才觉得夏先生说的我们"早该以兄弟姐妹相称"是多么重要,如果早就如此,我必定会先与夏先生商讨,刘莲也许就走上文学之路了。

五

夏先生和我个人能如此成为忘年之交,除了他是剑梅之师这一原因外,还有三个人的名字一直把我们联结得紧紧,一个是钱锺书,一个是曹雪芹,一个是高行健。

关于钱锺书,我在前边的文字里已有叙述,这里想补充说的是我曾多次调侃夏先生怎么会误听信息而提前写了"悼念"钱先生的文章。对于我的每次提问,他总是说:钱先生对此并不生气,而且认真地读了这篇文章。

关于曹雪芹,他也是一谈就兴奋。"曹雪芹真伟大!"这句话他不知重复了多少遍。1994年,他看到我的文章《背着曹雪芹与聂绀弩浪迹天涯》一文,特别告诉我,他年轻时到北美漂泊,也总是带着《红楼梦》,他还特地在信中说:

> 在明报上看到"背着曹雪芹"大文,想起我1947年乘船留美时带了一箱子书,大半皆英文(也有几本德文书),中文书经过考虑,只带了三部,朱注四书、史记与《红楼梦》。

十几年后,他知道我著写领悟《红楼梦》的书,又再次表示对《红楼梦》的倾心。他说:

> 我以纯文学的眼光看《红楼》,把它多与西洋名著比较。后来我对旧中国的看法,愈来愈接近鲁迅、胡适。对《红楼梦》也写了几句发牢骚的话,其实并未改变我对《红楼梦》的看法——它是中国最伟大的小说巨著。我看书很慢,要细细再重读一遍《红楼梦》就没有这份时间。

我完全没有想到,他对我国诸部古代小说经典的心思和我如此相通。

他喜欢《红楼梦》，也喜欢《西游记》，却不喜欢《水浒传》的嗜杀和《三国演义》的机谋。在电话里，我们一谈起这个话题，就充满热烈的共同语言。

最让人想不到的也是最让我感到意外的是夏先生对高行健的率性态度，而这种态度让我最后看到夏先生透明的胸襟和不同寻常的文学眼光。一个文学批评家最宝贵的前提是对文学的热爱和真诚，唯有热爱与真诚，才能对一切文学成就都衷心地欢迎与肯定。高行健是一个低调的作家，从不得罪任何人，可是一旦获得诺贝尔文学奖，却得罪了一大片。因为他获奖，冲淡了许多"话语英雄"的光辉。但是有两位年长的在汉学界负有最高声望的学者，余英时与夏志清，却满腔热情地为高行健欢呼。余先生在得知高行健获奖后立即借用苏东坡的两句诗祝贺高行健：

  沧海何曾断地脉，白袍今已破天荒。

而夏志清先生则发表如此的讲话：

  一九八〇年我在巴黎见过高行健，后来又读了他的剧本《车站》。《车站》写得很好，我非常满意。高行健的剧本比另一个诺贝尔文学奖的获得者贝克特写得更好。贝克特的《等待戈多》有点单调。高行健这个人不讲政治，是个真正的文学家。马悦然这个人好，他懂文学。

（《明报月刊》2000年第11号第61页）

两位长者这一片天真天籁，给我留下终生难以磨灭的印象。

夏先生的评论共一百零五个字（不包括标点），字字率真，字字有分量。在此百字评论里，夏先生说出高行健三个最重要的品质：

（1）高行健不讲政治。说得太对了。高行健是我们这一代作家中最是远离政治的，可是权势者们为了抹杀他，偏偏把无聊的政治强加给他。

（2）高行健是真正的文学家，夏先生显然看到许多不懂文学的论者对高行健的妄评乱骂，所以他强调高行健乃是真人真才真文学。

（3）高行健的《车站》比贝克特的《等待戈多》写得好。这是惊世骇俗的评价。《等待戈多》已够"经典"了，高行健的《车站》比它还经典吗？这当然可以争论。还有人说《车站》是模仿《等待戈多》哩！夏先生的文学批评从来不顾及人家怎么说，只管自己说出自己的见解。

2000年11月，我正在香港城市大学"客座"，读了夏先生的百字评论，真是兴奋不已。只有胸无芥蒂、心无阴影的真批评家，才能如此耿直地评论文学,当时我抑制不住高兴,就打电话到纽约给夏先生,没想到他一听到我的声音就喊叫起来:"再复,你发现高行健,你真了不起,你不朽了!"尽管我连说"不",他还是一味表扬我。这之后不久,高行健到纽约演讲,夏先生特地赶去听,两人相逢时,彼此都远远就伸出双臂,激情之下,夏先生差些跌倒。当朋友把这一细节告诉我时,我再一次兴奋不已,再一次感到夏先生真是性情中人,文学中人,他不愧是卓越的文学批评家。

夏先生的百字评论里还"爱屋及乌",因高行健而夸奖高行健的卓越译者马悦然"懂文学",这也是夏先生的真心话。说过了几年,他在给我的信中又再次夸奖马悦然:

> 马悦然曾在哥大教过二三年。看了《高行健论》吾兄所写的Praises,更对他另眼相看。以前只知道他译过《水浒》,哪知道他也译了《西游记》全书,真了不起!他曾请我去瑞典,主教他的一个博士生,给我夫妇旅游Stockholm的机会。

(此信写于1994年)

在夏先生的最后十几年里,我们每次通电话,他总要问起高行健的近况,总要说起他少读高行健的遗憾,也总是要夸奖我较早认知高行健的才华。不仅在电话上说,而且在信中多次说。他是何等真诚呵。2000年他一听到高行健获奖的消息,就写信祝贺我:"这次高行健获奖,兄功劳最大,可喜可贺。"直到2008年,他还在遗憾未能多读高行健。他在信中说:

> ……虽然我兄已写一本《高行健论》,我因为尚未读过他的两巨册长篇小说,连兄的《高行健论》也尚未拜读。我读过他的早期剧本,有些短篇小说和文艺论文。要做的事太(多),年纪大了,精神不够,不能像年轻时那样日夜工作。

二〇〇四年六月三十日

在此信前他就表述过"阅读恨晚"的心情,非常恳切。夏先生对高行健的由衷之情,感动了我。这不是因为夏先生一再肯定我的"功劳",而是从这件具体的事中,我感受到在夏先生身上有一种对文学的无条件的爱。因为这种爱,他才为高行健的获奖而像孩子那样高兴。夏先生的心灵所以能与高行健的心灵相通,是因为他的心灵没有"隔",没有概念之隔,没有习性(嫉妒等)之隔,没有辈分之隔。所谓率性,正是无隔无障。夏先生如此真挚地对待高行健的成就,说明他真的是率性之人,胸膛里跳动的是赤子的率性之心。有了这种对文学的真情真性,自然就会对自己的文学理念进行调整,甚至会修正一些自己原来的偏颇。晚年夏先生对左翼作家的态度日趋冷静,也就不奇怪了。一个对文学真正有信念的人,必定既勇于批评别人,也勇于批评自己。在最后岁月中他像和兄弟谈心一样地对我诉说他对左翼作家的看法,让我一直难忘。

今天,我重读他那一封信,仿佛又听到他的兄长般的诉说:

……

最高兴,剑梅认为我是最"贴近文学"的。中国现代文学我原先读得不多,拿到英文系博士后,(才)真正评论中国现代文学。我的观点完全是我自己的,没有年轻时读了不少鲁、茅、老、巴作品的感情负担,完全听从我自己的judgment。我是反共的,但最有成就的左派作家,我对他们非常公平,到今天大家承认的就是这一点。

夏先生并不讳言自己"反共",政治对他并不重要。他的本质是诗人,是思想者,是文学批评家。文学大于政治,文学可以转移他的态度,可以修正他的倾向,他终于公正地对待左翼作家了。因此,我们的心灵也更加"贴近"了。

六

夏先生远走了,我感到又是一阵虚空。从他去世的那一天起,这一个多月,我几乎每天都在想念他,从香港飞回美国的途中,也在想念他。一个人,不管学问有多大,地位有多高,最后总得保持一点天真天籁才好。对于夏先生的理念,中国学人过去会有争论,今后还会有争论,但对于他的率直、率真、率性几乎是看法一致,这就够了,真性情毕竟是一种很高的价值。在世界愈来愈世故、愈来愈圆滑的时代里,真性情是多么的稀少,多么的宝贵。夏先生离开之后,我感觉到新的空缺,后悔自己还是向他讨教得不够。唯一可自慰的是在夏先生九十寿辰之际,我郑重地用毛笔写了一封贺信,他读了之后非常高兴也非常珍惜，特嘱嫂夫人王洞好好保存。这封信是我对他的总评价，现再抄一遍以作缅怀：

亲爱的夏先生：

正值您九十华诞之际，剑梅前去参加喜庆盛会，也代表我们一家向您表达衷心的祝贺。祝您生日快乐！万寿无疆！

去年病痛挑战您时，我和剑梅都很牵挂，但您终于征服疾病，身体更加强健，这说明您内心很有力量。渡过这一关卡，您将走进二十一世纪二十年代。我们祝您生命前程辉煌无量。

您的一生是幸福的。您赢得了人生两个最美好的字眼：一是"自由"，二是"创造"。前者使您没有任何"精神奴役的创伤"（胡风语），独立山顶，直言无忌，该说的话就说，不情愿说的话就不说，从而又赢得率真与快乐，并使您的文学批评也赢得透明的力度。后者（"创造"）则是您的天分与勤奋所成就。您和先兄夏济安先生因为业绩非凡而成了中国现代文学研究著名的"兄弟双子星座"。在中国新文学史上，最著名的"创作双子星座"，毫无疑问是周氏兄弟（周树人鲁迅与周作人），而最著名的"研究双子星座"则是夏氏兄弟了。可惜夏济安先生英年早逝，而您却精神愈来愈好，思想愈来愈活泼。您的《中国现代小说史》拨云驱雾，让张爱玲、沈从文、钱锺书等被历史活埋的一流作家重见天光，功劳大矣！您的《中国古典小说》又别开生面，把中国文学经典与西方文学经典的血脉打通，实际上开创了中西小说比较的先河。您对《红楼梦》的评说，极有见地，给了我很大的启迪。您融汇古今中外于一身，自由驰骋于心爱的广阔文学天地之中，所以赢得了庄子所说的"至乐"，真可喜可贺！

二○○二年在香港岭南大学张爱玲学术讨论会上，我曾向您讨教过一些问题，这完全是在充分敬重您的前提下所进行的讨论。"因为我敬重，所以我才质疑"——这是我一向的学术脾气。对于我的叩问，您先是激动，以至让我吓了一跳。但过后您却是冷静谦和，表现出一个大学者的宽厚气度。对于这种气度，世人可能还了解甚少，而我却深有感受。

我已出国二十一年。在海外漂流期间，我和剑梅自始至终得到您

的关怀与厚爱。一九八九年三月,我在美国做第一场演讲(在哥伦比亚大学),您就亲临支持。之后二十一年,您对我说了许多鼓励的话,特别是许多贺年卡上所写的那些温馨之语,真让我永远难忘。您对我说:"因为我们自身强大,所以就不必讲假话"。这一明心见性之论,一直给我力量。

今天,在您九十华诞喜庆之日,我要郑重向您和嫂夫人王洞表示衷心的感谢,并颂身体的健康和思想的快乐永远伴随着您们。

晚　刘再复
敬贺二〇一〇年十月二十一日
于马里兰
2014年2月25日
于美国科罗拉多

周扬纪事

一

这几年，无论走到什么地方，都会想起周扬的名字。许多人的名字，包括一些所谓"学术权威"的名字，不值得我多想，想下去便觉得他们身上太多寒气，以至使我也冷了起来。而想念周扬时，心倒会热起来。因为这种直接的温暖的感觉，又使我确信，周扬是值得怀念的。

80年代即周扬的晚年时期，在四五十岁的新一代人中，我应当是与他的联系较多的一个了。我为他起草过"学习鲁迅的怀疑精神"、纪念鲁迅一百周年诞辰的报告、纪念左联成立五十周年的报告等。还为他起草《大百科全书文学卷》的头条即总论（共同署名）。最后一次是第五次全国文代会的报告，那时胡耀邦和他领导的中央书记处已决定仍然由周扬作为文代会的筹备委员会负责人，由他作主题报告。当时文艺界的领导人夏衍、阳翰笙、冯牧等拟定了一个为他起草报告的候选人名单，交给周扬挑选。周扬已病重在床，但还是认真地看了名单，最后还是选择了我。当时文学所所长许觉民受委托告诉我此事并要我承担执笔起草全国文代会报告。我已下决心不再"代圣贤立言"，便竭力推辞。觉民所长见我执拗，先是拿起党的文件"吓唬我"，说文联党组给中央的报告已写上你的名字，而且中央已经批下来了。他怕我这个"自由主义分子"不信，居然把阳翰笙代表文联党组写给中央的报告原件（1984年12月1日呈交的报告）放到我的手里，让我仔细看看。于是，我一个字一个字读了下来：

启立同志并转中央书记处：

遵照本月17日您关于第五次文代会报告起草组名单，要"文联党组讨论，经周扬同志同意，报中央备案"的指示，我与夏衍同志商量后，文联党组于26日开会讨论，会议经过慎重研究，建议：报告起草仍由夏衍任顾问，阳翰笙任组长，其他成员为：冯牧、赵寻、陈涌、江晓天、刘厚生、罗艺军、王春元、刘再复等同志。经夏衍同志斟酌后，已由周扬同志审阅批复同意。兹特呈报中央准予备案。

这次党组会上，并讨论了第五次文代会整个筹备工作的领导问题。建议：扩大并及时组成五次文代会筹备领导组。由周扬任组长，夏衍、阳翰笙、林默涵任副组长，其他成员为赵寻、冯牧、陈荒煤、李瑛、袁文殊、延泽民、陆石、李庚、孙慎、华君武等同志。周扬、夏衍同志也同意这个名单，现同时报请中央一并备案。

附呈周扬同志21日口述函打印件，按他的意见抄送请耀邦、仲勋同志和您审阅。

报告起草组当即开始工作，筹备领导组也将及时召开。

您对以上回报事项有何指示，盼告。

阳翰笙
一九八四年十二月一日

许觉民在我读完后说：此件中央已经批准下来。但他知道我的怪脾气，见我久久不吭声，进而便以"情"来打动我。他出示了另一张起草者名单，指着我的名字说，你看你的名字上画了个圈圈是周扬同志画的。他身体不好，我们把起草者名单送给他时，他要了笔，手抖着，然后颤巍巍地把笔落在你的名字上。许所长说到这里，我心一热，便答应了。我早知道周扬病得很重，在生命的最后岁月，还如此器重我信赖我，还用他剩余的未被"文革绞肉机"绞尽的一点气力对我发出呼唤，我能无动于衷吗？中国话说"盛情难却"，其实最难却的是重托的真情，我没有理由拒绝了。那一刹那，我给自己说，赶紧写吧，也许这位当代文化领袖还能看到我为他起草的文字，也许还可以带给他一点最后的欣慰。

没想到，这之后，他的脑软化病情加重，不能像以前那样总是把报告的主旨想好。几次给他起草，我个人收获最大的是写作前倾听他讲述"报告"的要求和要点。那实际上是大文章的框架和基调，也就是"文眼"、"文心"，他给报告立了心，我的文章就好做了。这个过程，真是学习的"大好时机"，80年代前期大约五年，我在这一"周扬学院"里吸收"功夫"，受益无穷。经过这段"修炼",我觉得自己写作的宏观把握能力提升了。像纪念鲁迅一百周年诞辰的报告,他就对我和张琢(帮助我起草的朋友)说,这个报告要以毛主席说的建设科学的、民主的、大众的文化为"纲",通过鲁迅这一典范,把三个范畴(科学、民主、大众)讲清。每次听他一讲,不仅听到写作"动员",还知道如何下笔。可是,1984年这一回他病倒了,连见个面都不行,我只能在文联为我租好的旅馆里独思冥想了。他们要求我先想好主题,然后写好提纲,一个月内完成此事,下个月文联党组要向中央书记处汇报。果然,一切都按时间表施行。1985年1月间,我被通知和夏衍、冯牧、林默涵一起参加中央书记处会议,并让我向胡耀邦总书记和书记处书记们汇报我拟好的提纲。

  接到通知后我兴奋了一个晚上,尽管在80年代我属于胆子很大的弄潮儿,但这回有点像古代举子面临"殿试"的紧张,于是我把自己要讲的纲要想了又想,"烂熟于心"后才和许觉民一起进了中南海的"中央书记处"。一进门,就看到会议室中间椭圆的大约两丈长、一丈宽的大会议桌。坐在正上方的是胡耀邦总书记,胡启立坐在长桌左侧的中间,他的身边有胡乔木、习仲勋、乔石等书记,我的座位正面对着他们。在他们边上还坐着夏衍、冯牧、林默涵。我和许觉民坐下来之后,立即听见胡启立说:开始汇报吧。于是,我就把"烂熟于心"的提纲用20分钟的时间讲完。讲完后夏衍作了大约5分钟的说明,他事先已审阅过提纲,只是说明周扬同志已住院,无法到会,提纲中所强调的作家、艺术家在新时期兼有推动历史前进和艺术创造的双重使命这一主题是文联党组认可的。接着书记们发表了意见。胡耀邦说话时我侧耳倾听着,并作了笔记。他说,现在中国处于变革大潮中,泥沙俱下,一面是发展,一面是流氓、地痞、投机者兴风作浪,他们影响社会风气,我们的作家和艺术家也要影响社会风气。都在一条河里,我们要同舟共济呵。讨论"提纲"后我们这些老少"秀才"们就要走,没想到胡耀邦面对着我说,小刘,你们坐下来听听,于是我和许觉民居然留下来列席书记处的下一段会议。主持会议的胡启立宣布还有两个议题,一是边疆干部是否提高工资的问题,二是要不要设立博士、硕士学位制度问题。讨论中的发言,习仲勋给我留下印象最深,他敢于直言,而且语端带着情感。讨论学位问题时只有胡乔木一个人发言,他倒是娓娓道来,说明建设学位制度的必要性。散会时,我和许觉民走到胡耀邦面前,和他握手,他大约感受到我的敬爱的目光,又说了一句:要同舟共济呵!

会议之后,为了周扬,为了胡耀邦,我在旅馆的灯光下日夜写作,很快就交出了初稿。我向许觉民和文联党组请求,修改和定稿就由别人去做,我刚刚接替他的研究所所长也的确太忙。党组同意我的请求,最后诉诸社会的"报告"有没有用上我的文字,我也记不得了。

回到所里,我除了必须进入陌生的"领导角色"之外,还得开始着手写作周扬给我的另一篇大文章,这就是《中国大百科全书·文学卷》的"头条"即总论。这一总论题为"中国文学",放在辞书的最前边,篇幅一万五千字。具体执行主编工作的王元化和许觉民"指示"说,此文已写了两三年了,到处征求意见,还是写不好。最后和周扬同志商量,还是由你来写。你要写好三个部分:一是概述中国文学发展的历史轮廓,从古代到现代都得说;二是概说中国文学的特征;三是概说中国文学在国外的传播与影响,也可以说是中国文学与世界文学的交流史略。面对这一重托也是重担,我明知繁重,又是因为对周扬个人怀着知遇之情感而完成了这一工作。完成之后,本应只署周扬的名字,但王元化、许觉民为了表彰我的劳动,便不顾名分辈分的差别,把我的名字和周扬的名字署在一起。当时我四十三岁,还是全国青联委员,常以青年自居,能与中国文艺界的泰斗人物"并置",自然高兴,但我当时所以没有"谦让",实在是因为周扬晚年留给我一种人性尚存尚在的温馨印象,并非"暴君霸王",使我觉得把自己的名字与他的名字连在一起实在是非常光荣。今天,我写这篇文章,也是在为他的晚年未灭的人间性情作证。到海外之后,我所作的反省都是人性的反省,包括对故人的回忆,也唯有那些还具有人性挣扎的往事,才能重新激起我热爱人生的情思。

二

我和周扬真是很有缘分。1978年他从"文革"浩劫中刚刚走出来就到中国社会科学院担任副院长(院长胡乔木),而我正是院长胡乔木和另一副院长邓力群领导下的写作组成员。工作室就在周扬办公室的楼上。那时我正在如痴如醉地批判"四人帮",经历着人生最快乐的向前冲锋的火热日子。当时周扬也刚摘下"四条汉子"的魔咒,从临近死亡的峡谷中走出来,尚未完全抹掉从地狱里带来的阴影，谈不上什么架子，而我又仗着自己年轻，就常常直闯他的办公室，和他谈论我正在写作的讨伐"四人帮"的文章和社会科学院在"文化大革命"中的血腥故事。那时，"文化大革命"如山如海的大冤大仇大恨仿佛全都集中在我身上，除了写文章之外，就是滔滔不绝地诉说荒诞与野蛮。可周扬除了认真听之外，很少说话，只是在我谈到把孙冶方打入牢房，把张闻天按之入地，把厕所里的铁丝纸篓戴到俞平伯老先生的头上时，他才连声叹息。那时，我注意到，他的眼睛是潮湿的。从他的泪眼中，我发现他的心事很重。

这是周扬留给我的第一印象，完全是一种伤感的印象。这种印象在后来与他频繁的接触中愈来愈加深。他的伤感一是为自己被伤害，一是为自己曾伤害过别人。特别是后者，我亲眼看过他多次为此落泪。第一次是在1979年我到颐和园清华轩参加全国第四次文代会报告的起草工作。当时在清华轩参加这一个工作的有三个"将"（陈荒煤、冯牧、林默涵）和五个"兵"（唐因、刘梦溪、郑伯安、徐非光、刘再复）。周扬也几次到过那里。初稿完成后，周扬在人民大会堂召集了大约有四百个文艺界著名人物参加的征询意见会。在这个会上，丁玲、艾青、萧军站起来走到周扬面前，痛斥他过去的"专横"，一点也不给周扬"面子"。那时我坐在离周扬只有几米远的地方，看到他恭恭敬敬地倾听着这些满怀义愤的"痛骂"，眼睛直愣愣的，一句话也没有回答。那一刹那，我觉得周扬真是可怜。作为"反革命修正主义黑线"的头目被打得尚未直起腰杆，这些作家又要向他讨债而他又确实欠了债。他欠债是因为对毛泽东的文艺思想绝对忠诚，而毛泽东却咬定他背叛革命文艺路线而整个地抛弃他。散会后的第三天我在颐和园清华轩里见到他，当时其他写作人员都回城里了，只有冯牧和我在。我们就陪着周扬聊天，并自然地说起这次征询意见会。周扬有一种负疚的、低沉的声音说："1957年伤太多人了，那篇批个人主义的文章太激烈了，他们有气，他们都吃了苦了。"说完就落泪。这一天我还第一次听到他诉说自己的委屈与困惑。他说他每写一篇文章每作一次报告都要重新认真阅读毛主席在延安文艺座谈会上的讲话，毛主席也亲自给他写了三十多封信，可是，不知道为什么，突然就这样挨整。说完又落泪。他走了之后，冯牧说：周扬同志好极了，一说起错打一些同志就掉泪，以后少提这些事，他的眼睛已经很不好了。我点点头，并觉得周扬确实非常真诚地觉得过去自己伤害过别人,对此负有责任,尽管他心里明白自己又是一个执行他人意志的悲剧者,无可逃遁的政治器具。

和艾青在一起(1987年)

我从清华轩回社科院之后,就很少再见到周扬。当时我埋头撰写《鲁迅美学思想论稿》和《鲁迅传》,并陆续在一些报刊上发表一些研究鲁迅的文章。其实,周扬真正看中"我"也是从"鲁迅"这个名字开始的。大约是1980年秋天,当时担任文学研究所副所长的陈荒煤找我,说周扬想写一篇纪念鲁迅的文章,原先请王士菁同志起草了一个,实在不行,周扬请你另写一篇。说完就把王士菁写的稿子给我,上面有他写着的"批示":"请载复同志重新起草一篇",他把"再"字误写为"载"字。荒煤还告诉我,周扬出的题目是"学习鲁迅的怀疑精神",你就按照这个题目写一篇吧。我觉得这个题目好,而且性急,两天内就写了一篇稿子并交给陈荒煤,过了几天,荒煤告诉我,周扬很满意,但你还是要尊重王士菁同志。这篇文章发表之后,周扬特别交代把稿费交给我,我坚持把一半稿费分给王士菁同志。当时王士菁是鲁迅研究室主任,刚从广西调到北京。他为人温和,只是每次开会都强调要坚持用毛泽东思想改造自己,活到老,改造到老,这种唠叨常使我困惑。

三

这之后不久,我又作为纪念鲁迅一百周年诞辰报告的主要执笔者,再次代周扬立言,从1981年的春天一直忙到秋天。当时周扬、陈荒煤根据我的意见,请我的朋友、哲学研究所的张琢参加,还请另一朋友、文学所的张梦阳协助。这一写作过程,其复杂与曲折,是我在工作之前绝对料想不到的。这一过程的细节还是留待以后细说。我这里想说的仍然只是周扬的感伤。为了写好这个报告,周扬在他家里以及在北京医院,多次和我谈论鲁迅。在"文化大革命"中,他是作为反对鲁迅的"四条汉子"之一被揪出来的。以《鲁迅全集》中的一条注释作为借口,说这条注释是他射向鲁迅的一支毒箭,然后便开始清查以他为代表的所谓从30年代就开始的"反革命修正主义文艺黑线"。周扬作为这条黑线的"祖师爷",在"文化大革命"的十年中,自始至终受尽污辱性的批判。我常想,一个人能承受这种大规模的洪水般的攻击、污蔑、毁谤与中伤,能在泰山压顶似的当代文字狱中存活下来真是个奇迹。陶铸的夫人曾志告诉过我,当他听到广播姚文元的《评陶铸的两本书》时,觉得每一个字都像刀子往她心上戳,而周扬听到姚文元的《评反革命两面派周扬》时不知道怎能受得了?我一直想了解:是怎样坚韧的信念与观念使他能在最肮脏最恶毒的语言轰炸中支撑住生命。每次见到他时,我几乎都忍不住要问他。而背着"鲁迅之敌"的罪名蒙受十年攻击的他,现在又要作为纪念鲁迅的文艺界领袖而发言,他又该说些什么呢?心里翻腾的是怎样的真实情感呢?也许因为当时我正处于好奇的年龄,所以总是留心他的想法说法,并把他说的话作了记录,尽管这些记录因为去年北京寓所的被劫,材料可能散失,但我仍然记得他一再对我说:鲁迅的伟大,在中国现代作家中无人可比,他最了不起的,一是对中国历史的深刻认识,二是对中国现实社会的深刻认识。鲁迅是个天才,可是在鲁迅处于晚年的30年代,"我们那时还很年轻,太幼稚,不能充分认识鲁迅"。周扬在说这些话的时候,是很诚恳的,我能感受到他的每一句话都发自情感深处,一点也不掺假。他知道那时人们仍然在神化圣化鲁迅,鲁迅的研究者和宣传者仍有许多矫情,他知道这种圣化乃是鲁迅评论另一形式的幼稚病。但他不是忙于去指导他人,而是想到自己年青时代的幼稚并为此感到遗憾。他的这种认识与情感,使我感动,所以在写作这一个报告时,我要为他负责,尽可能地抹掉"文化大革命"投给鲁迅的神圣光环,绝对不能再滥用鲁迅的名义去号令作家。于是,我尊重周扬的意思,在写作时强调鲁迅的科学的、民主的,大众的文化精神和强调作家的良知,语调平和平实一些。这一报告初稿写成的时候,周扬很高兴,他作了修改后便印发送给中央的领导人和文艺界的领导人征询意见。没过几天,胡愈之、傅钟等的意见纷纷下来,他们都很满意。当我正在松口气的时候,周扬让陈荒煤通知我和张琢立即到北京医院参加紧急会议。这次会留给我极深的印象。当时周扬住在北京医院,所以由王任重召开的此次讨论报告初稿会议只能在医院里进行。那天会议除了王任重以中宣部部长身份主持外,参加的还有周扬、贺敬之、林默涵、陈荒煤等,他们都是中宣部和文化部的副部长,此外,还有李何林、王士菁、我与张琢。王任重一开始就借助胡耀邦之名,说他上午刚刚见了胡耀邦同志,耀邦同志说报告还是得有点战斗性。于是,王任重批评说,这个报告初稿完全没有战斗性,完全不批判资产阶级自由化,而且还提什么作家良知,这是资产阶级人性论。听了王任重的话之后,我和张琢都沉不住气,当场就和王任重辩论起来。我说,过去十年把鲁迅弄得满身火药味和战斗气,借他的名义打人,这回报告可不能这么写了,我们应当有一个平和的、求实的、科学性强一点的报告。张琢也紧接着发言,支持我的看法,他锋芒更健,用辞极为犀利坦率。王任重没想到我们敢于当面顶撞他,一时不知如何是好,最后他口气放缓和了一些,说这个稿子作为学术论文还是不错的,你们可以用个人名义在《人民日报》上发表,但不能作为党的报告。于是,王任重便委托林默涵组织一个班子另写一篇。那时距离开会时间只有十几天,三位临时上阵的起草者日夜奋斗,而我则赌气真的想把初稿拿到《人民日报》上发表。周扬得知我要这样做时,急了起来,说:"等等,情况可能还会有变化。"果然,过了几天,作为此次纪念活动筹备委员会主任的邓颖超通知周扬和陈荒煤,说她已读完报告初稿,并说:报告写得很好,我没有什么意见,只有一条意见,就是凡是提到作家的地方,前边应当加上"革命"二字,作家应当成为革命作家嘛。王震也在报告上作了"批示":周扬同志,报告写得很好。凡是精彩的地方,我都用红笔画上了。周扬让我看看王震画红线的地方,一段一段,几乎画上了三分之二。陈荒煤听到邓颖超的意见后很高兴。他告诉我,可能还得用原来起草的报告,你可以在文字上再作些推敲。邓颖超、王震的意见果然起了作用,王任重又在中宣部召开紧急会议,那时距离开会的时间只有两天了。此次参加会议的人很多,除了王任重之外,周扬、朱穆之、贺敬之、林默涵和中宣部的一些干部都参加了。王任重显然受到邓颖超意见的影响而想给自己找个台阶下,他说:现在形成两个报告初稿,今天都读给大家听听,大家做决定。林默涵立即表示,后来起草的报告不行,又乱又浅又臭,还是读读原来起草的报告吧。于是,我就当着大家读了一遍报告。读完后王任重首先发言,说这个报告稿这几天修改得不错嘛(其实我并没有修改),再加上一段反对自由化的内容就可以了。可是我很固执,当场表示,要加还是由你们自己加,我的工作就算结束了。我的话惹得几位副部长都不高兴。有位副部长站起来,说加不加一段反对自由化的文字是要不要与党中央保持一致的问题。他还拿了胡耀邦即将在同一会上发表的报告稿来,特别念了其中反对自由化的一段,气氛变得非常紧张。我很尊重胡耀邦,但觉得当时的作家主要问题应是从教条的重压中站立起来以便用更自由的心灵去创造在"文化大革命"中崩溃了的中国文学,而不是在他们刚刚呻吟几声就忙于用"反对自由化"的口号堵住他们的咽喉。因此,我又和他们论辩起来。散会后,周扬让我和他一起回到他的家里。当时,周扬的夫人苏灵扬大姐正好在家,她对着满怀心事的周扬说了几句我一直难忘的话:"如果还要你再去反对自由化,再去批判别人,你就不要做这个报告,我们的教训够深的了。"当时她很激愤,锋芒直逼周扬。我被苏灵扬大姐的一番坦率的肺腑之言所鼓舞,暗自高兴。而周扬始终认真听着,待苏灵扬大姐平静下来后他才和我一起到会客室隔壁的小办公室里,他让我把谈论文艺界现状的那一段话找出来让他再看看。我把稿子摊开,他就在桌边坐下,一行一行地看下来,最后,他提起笔加了一句话:"我们现在应当特别警惕左的倾向。"写完之后对我说:他们说要加上一段话,我看还是加上这一句。我看了之后,高兴得几乎要跳起来,立即郑重地对他说:"周扬同志,你的想法是对的。"他接着就很严肃地说:我改过的这份稿子以后就由您个人保存着,你可以作证。他讲这几句话时,声音微微颤动着。我一直不会忘记这一天,一直不会忘记他的委托,一直把他的修改稿郑重地保留着。到了1994年年底社会科学院强行劫夺我在北京的寓所时，我首先想到的正是聂绀弩、马思聪的手稿和周扬委托我保存的这些手稿。我不能辜负他的委托，我必须让世界了解他晚年悲哀而清醒的灵魂。

周扬无论是在延安还是在1949年之后，他都作为毛泽东思想的忠诚执行者，确实整过人，打击过敢于直言的作家，但是，当他自己也经历过不幸经历过贴着革命标签的文字狱之后，又确实有所彻悟，确实有负疚之心。他从历史的伤痛与自己的伤痛中学习到一点：不能再"左"倾了。他曾参与"左"倾的革命列车碾碎了许多作家的心灵而最后自己的心灵又被这种列车所碾碎，无论是坐在车上还是被碾碎在车轮之下，他显然都感到自己有一份责任。他晚年不断落泪，不断伤感，不断对着继续"左"倾的喧哗发出叹息，都让人留下深刻的印象，让人感到他真诚地认识到自己曾参与创造了一个错误的时代，一个需要记取教训、需要忏悔、需要感到心灵不安的时代。当那些以整治他人为职业的文化革命家们高喊"永不忏悔"的口号而理直气壮的时候，晚年的周扬却从来没有理直气壮过，他只是伤感、迷惘与反省，尽可能发出一点与过去不同的声音，最后他还希望一个年轻的后人为他晚年灵魂的变迁作证。他意识到这种变迁的重要，意识到历史将肯定他的某种觉醒，尽管在这种觉醒中仍然充满摇摆、矛盾和痛苦。

我和周扬的文字之缘和思想之缘，毕竟是人生旅程中值得记忆的一页。所以值得记取，并不在于我曾和20世纪中国社会主义文学运动史上的一个领袖人物的名字紧紧相连，而在于我从这个历史人物身上看到一种历史沧桑的痛苦与严峻，一种人性的挣扎与复活，一种难以死亡的良知责任感，一种负载着时代错误与灵魂困境的眼泪与伤感，这一切，倒使我感到温热与希望，而不会像那些践踏过无数优秀的身躯而高喊永不忏悔的人们只给我寒冷与绝望。

（选自《西寻故乡》）

胡绳纪事

也许是爱读书的缘故,也许是在大学期间就读胡绳的成名作《帝国主义与中国政治》,因此,"胡绳"二字,一直在我的青年时代里闪闪发光。1963年我从厦门大学来到中国科学院哲学社会科学部的《新建设》编辑部,当时我并不崇拜朱光潜、冯友兰这些老专家,认定他们已属于旧时代。作为一个"红旗下长大"的人文大学生,我心目中屹立着的是马克思主义的学者星座,那是我内在的、隐秘的天空,最明亮的星星是历史"五老",即郭(郭沫若)、范(范文澜)、侯(侯外庐)、翦(翦伯赞)、吕(吕振羽),但这五老都是学院里的学术元老,而胡绳则是直接为党为国立言的马克思主义史学家,因此更是让我佩服。那时,我把他和胡乔木、艾思奇、周扬等列为特别星座,属于我的偶像座。"文化大革命"开始时批判"二月提纲",据说胡绳也是起草者,因此也成了"横扫"之列,变成了"牛鬼蛇神"与黑笔杆子。当时,他绝对不会想到,一个在科学院《新建设》编辑部名字叫作刘再复的"粉丝",为此而想不通,为此而坐立不安,为此而经受了一场内心星空崩塌的大苦痛。我到哲学社会科学部干什么?不就是为了通过勤奋读书、研究、写作,最终成长为像胡绳这样的史学家、哲学家吗?但是他们被"揪"出来了,被放入被命名为"黑帮"的另册。他们为我展示的人生前景如此恐怖,如此黑暗,我的天空真的"崩溃"了。

没想到,煎熬了八九年,胡绳"解放"了,并且来到了哲学社会科学部。我和他真是有缘,他一来就直接指导我的工作,那是1975五年,邓小平刚刚重新走上政治舞台(1974年12月毛泽东发表《邓小平政治思想强,人才难得》的讲话)。而胡绳也随之进入国务院政策研究室。原来的一批党内主要笔杆子如胡乔木、邓力群又被重用了。当时哲学社会科学部也成立了一个领导小组,由刚"解放"的干部林修德、刘仰峤、宋一平等组成(王仲方为秘书长)。不知道是什么原因,胡乔木、胡绳选中了原《新建设》这批人马,说要以《新建设》的班底为基础,办一个新的综合性的社会科学刊物,但名字要改为

和胡绳在一起（1986年）

《思想战线》，主编由林修德担任，主编之下组成一个五人筹备小组，根据时行的老、中、青三结合的原则，我竟然成了"青"的成员。筹办这个刊物是件大事，当时大家都知道这是邓小平要办的一个与《红旗》叫阵的理论性刊物，一个与极"左"思潮唱反的思想阵地。名为林修德主编，真正的领导者是胡乔木和胡绳。胡乔木所作的一切指示，林修德立即传达给筹备组，1996年反击右倾翻案风时，胡乔木作了检查，我才知道邓小平确实要办一个能执行自己路线的刊物。胡乔木只是出主意，并未到过编辑部，而胡绳则亲临《思想战线》的最前线，当我按照林修德的意见拟出创刊号的目录与约稿名单后，他来到了编辑部，对着我们的筹备小组发表他的看法。他说，创刊号应当把哲学社会科学部各学科第一流的学者请来亮相，登他们的文章。目录的选题不错，但一流的作者太少。我仗着年轻，就问，目录上的约稿名单已有任继愈、唐弢、冯至等，您觉得还应当约请谁，没想到他立即就回答说：请钱锺书、何其芳、李泽厚嘛！他还指示我们：关于批"水浒"的讨论，可以组织不同意见的文章，但要在学术的层面上讨论。听了胡绳的指示，第二天我就去找何其芳、李泽厚约稿。这是我第一次面对胡绳，也由此因缘，我第一次找到了何其芳与李泽厚（我还把胡绳的讲话告诉李泽厚，李听了很高兴）。这之后，胡绳又来了多次，每次都是对已送来的稿件发表意见。因为有这一上下级共同工作的机会，我才认真地观赏了自己昔日的偶像，觉得他很和蔼可亲，谦虚又能决断。也许因为积淀于身上的亲切感，我竟然向他要了住处地址和电话，而他竟然给了我，说李泽厚到过我家，你可以问他。可是，没想到"批邓反击右倾翻案风"很快就来临，筹办《思想战线》成了邓小平翻案的一项罪证。我是刊物的筹备委员，本就有问题，而更直接地被抓住"把柄"的是与林英兄（历史研究所思想史组的研究员，当时被借用来协助办刊物）到福建组稿时大讲北京缅怀周总理的情况。福建为此派了五个人来北京调查，把林修德吓得够呛。当时我又仗着年轻，就告诉林修德，说关于《思想战线》的事，特别是诸位领导同志的指示，我一个标点也不会"交代"。也许因为这段时间表现好，所以"四人帮"一垮，我便特别受到器重，被通知和一些军队干部进驻《红旗》杂志工作，参加撰写批判"四人帮"的文章与社论，每天都忙到深夜两点，也每天都在深夜里饱食了一顿豆浆油条后才去睡觉。那段日子真美，不仅吃得好睡得好，还充满"胜利的喜悦"。大约半年之后，我又回到了社会科学院，并被"重用"放入邓力群亲自主持的院部写作组，日夜讨伐"四人帮"。那时胡乔木已任院长，副院长是邓力群和于光远，周扬则担任顾问。当时全院上下老少同仇敌忾，致力于拨乱反正，制造舆论支持邓小平上台。胡乔木、邓力群以写作组为基地召开鼓吹思想解放的"双周座谈会"，他们鼓励大家"畅所欲言"，有什么想法就尽管"放"，一旦出什么问题，他们会承担全部责任。在1977—1978年之间，胡乔木、邓力群、于光远他们那种敢说敢担当的气概给我留下很深的印象，可惜之后不久他们又分道扬镳了。我个人则经历了人生中一段最开心开怀的日子。

没想到，在我们意气风发的时候，胡绳却碰到了一件"倒霉"事（吴全衡大姐之语）。他因为在国务院政研室工作（不像胡乔木、邓力群直接对邓小平负责，而是直接担当华国锋的笔杆子）。因此，他徘徊在"两个凡是"和"实践真理标准"的大论辩之间，态度暧昧，以至被视为"两个凡是"的支持者。没想到"两个凡是"恰恰是阻挡邓小平恢复工作的严重事件。这可不是小事，邓力群的双周座谈会以及种种理论务虚会便大批两个凡是论，批了一阵，果然是华国锋时代结束了。邓小平重新走上历史舞台。对于这种翻天覆地的变化,我自然是高兴得"上蹿下跳",在社科院主楼写作组办公室里又写又说又热烈表态,但胡绳却再次陷入困境。当我在写作组里听到议论说,胡绳是"两个凡是"理念的炮制者之后,立即想到,应当去看看胡绳,于是,我立即步行到东单史家胡同二号。走了一个多小时,一进门就见到吴大姐。大姐见到我,特别高兴,第一句话就说:"你和李泽厚,不管什么时候都来看我们。老胡就在里边,他最近情绪很不好,害怕又要被揪出来。"这个"揪"字,吴大姐讲得特别响亮,可我最不喜欢听的就是这个"揪"字,听了十年,还听不够吗?于是,我立即"反驳"吴大姐:现在是什么时候了,怎么还会再揪人,更不会揪胡绳同志。绝对不可能!我说得斩钉截铁。说完就走进胡绳的书房,他让我坐下,脸上虽有笑意但缺少光泽。不等他问话,我就直截了当地说:"现在形势特别好,胡乔木、邓力群同志又掌权了,他们对你很好,什么事都没有,你放心吧!"我当时讲话的口气特别大,这大约是那时我一直处于亢奋状态,一直为"打倒四人帮"这事而激动不已。胡绳听我一阵慷慨陈词之后就问我"学部"的情况,我自然是事无巨细地把所闻所见全部掏空给他。他听完后挺高兴,说他最近又在整理旧稿写作新书,准备把《中国近代史》写出来。说完带我看了看他满院的藏书。所有的房间、过道都是书,有些书架太矮,我就蹲下来看,或趴着拼命翻阅。当时我真是羡慕极了。出门后我一路上走,一路上想:这么一个有思想有才华的党和人民的代言人,干吗到现在还老是想到一个"揪"字呢?一路上,我的脑子全被这个"揪"字揪住了。

因为牵涉"两个凡是",所以从70年代末到80年代初的三四年里,他经历了一段政治上的寂寞,却创造了他自身史学研究上的第二座里程碑,完成了《从鸦片战争到五四运动》的写作,这段期间我总是把自己刚出版的书和文章寄给他,也借此向他问候。1983年,《从鸦片战争到五四运动》由三联推出,他亲自签署了名字寄赠一套给我,是从邮局寄到我的劲松家的。我收到后立即就读,其中关于辛亥革命前前后后的细节,到了这时我才真明白。他的文笔真好,读他的书就像读小说。那时我还没有"告别革命",对他的全部论述只是接受,没有质疑。直到我出国之后再度阅读时,才发现他完全悬搁近代史中"建构现代文明"这一线索,视洋务运动和改良运动为"死胡同",把近代史描述成三大革命(太平天国革命、义和团革命和辛亥革命)的单线历史。我读后充满和他商讨的冲动,但只是写了阅读笔记和批评提纲,一直未写成论文。我总是把人与理念分开,对于愈敬重的人,愈想和他商讨。商讨虽是批评,但也是请教。

记得是1984年3月召开的人大、政协年会期间,我在人大会堂的大厅里见到了胡绳(他只是全国政协委员),那是会间休息的时候。他当时的精神很好。"两个凡是"案已经放下,新史著已经出版,危机已被新的学术成就所替代,他的精神重新焕发起来了。我们谈得很热烈,第二次入场的会议铃响之后,他的谈兴正浓,就说,没什么好听的,我们还是坐在后边说话吧。他的建议正中我的下怀,自由主义惯了的我,连说几个"好"字。于是,我们坐在最后的一排(最后几排没有人)小声又热烈地聊天了。谈起社会科学院的情况时,他非常熟悉,嘲笑建立社会学研究所是"没有和尚先有庙","一个空庙没什么意思"。这两句话我是记住了。因为当时我沉浸在忘年之交的情感中,没有把这句话和他过去曾指责资产阶级社会学复辟的理念联系起来(在《枣下论丛》中他把社会学全都界定为"资产阶级社会学复辟")。在此次交谈中,我特别和他谈起李泽厚要求入党而哲学所的党组织却不接纳的事。我说我已在1978年入党了,李泽厚也申请,但党支部讨论时却用一些古怪理由,如他从不去打开水等理由加以拒绝(当时每个房里都有集体用的热水瓶,每个人都必须主动去打开水)。我还特别和他讲了我们研究所(文学所)钱碧湘(我的同事与朋友)说了一句妙语:我有两个不理解,一个是李泽厚为什么要申请入党,另一个是既然他要求了,为什么党又不批准?胡绳听后笑了,说:不让李泽厚入党是不对的,李泽厚至少可以说,他不走邪门歪道嘛。没想到,过了一年多,胡绳被派到社会科学院当院长兼党组书记。他果然记得我说的这件事,就与哲学研究所的党委书记孙耕夫打招呼,应当欢迎李泽厚入党。但李泽厚早已撤回申请书,此次他就不再申请了。不过,胡绳还一直欣赏着李泽厚的过人才华。读了李泽厚的《美的历程》,还特地写信给李泽厚,说他特别喜欢关于苏东坡的那一段论述,苏东坡不仅回避政治,而且逃避社会。后来李泽厚当上了全国人民代表,也是在胡绳当了院长之后。

我是1984年年底被选为文学研究所所长的,当时的院长是马洪。我对马洪院长夫妇印象极好(马洪的夫人是中国社会科学出版社的奠基人,第一任社长,推出我的《鲁迅美学思想论稿》),他们对我又器重又关怀,因此胡绳的到来我并不感到特别兴奋。不过有一段情谊在,我还是指望胡绳能扶持。挑上所长这一担子实在太重,用吴世昌先生的话说:再复,你胆子真大,也敢当这个所长。期望"扶持",不是期望"提升",而是期望"保护"。我知道自己完全不适合于做行政工作,当了所长之后,常想起瞿秋白"多余的话"中所自嘲的"犬耕"形象。

和吴世昌先生合照(1985 年)

可是,所长换届之后院长也换届,胡绳和我都是"新官",都想把工作做好。我做的第一件大事是在 1986 年 1 月 21 日召开纪念俞平伯先生诞辰八十五周年、从事创作活动六十五周年的大会,规模很大。会前发出四百份通知,还发到全国各地。当然也发给胡绳和其他副院长。会前几天,所办公室通知我:胡院长有紧急事找你,让你立即到他的办公室。我放下笔,匆匆下楼梯跑到他的办公室。一开门,他就怒气冲冲地从沙发上站起来说:"再复同志,你就是自由主义,开俞平伯的会,这么大的事,通知都发出去了,我刚收到通知。连个请示报告都不写。你忘了毛主席的批示了吗?怎么办?"他满脸通红,着实生气了。看他气得这个样子,我只好装糊涂说,我当所长不久,不知道开这种会还得写请示报告。其实,我和何西来等几位副所长早就明白,一旦写报告肯定开不成会。胡绳听我辩解,更生气了:这是毛主席定的案,能不请示吗?他这么一说,我又只好装傻跟着说了几个"怎么办?"。他说:你通知都发到全国了,还能怎么办?赶紧补写一个报告,呈交中宣部。我立即说我不会写这种报告,他看了看我,或是相信我的话,或是担心我写得不好问题更麻烦,就说:那就由我替你写一个报告吧。我连忙握着他的手激动地说:"胡绳同志你真好。"我如释重负,赶紧往外就走。到了门边,他又把我叫住:等等,俞先生的会我还是会去参加的。这可把我高兴死了,我立即"得寸进尺"说:你可得讲讲话。他点点头:讲几句吧。在胡绳的支持下,纪念俞先生的会成功召开了。那天坐在主席台上的,除了俞平伯、胡绳和我,还有刘导生、钱锺书先生等。气氛热烈极了。散会时,钱先生从人群里挤过来,在我耳边悄悄地说:"会开得太好了!"

仗着过去的情谊,我常常直接闯入胡绳的院长办公室。1986年初我的《论文学主体性》在《文学评论》发表之后不久,他让秘书打电话找我去,见面时说:你看到《光明日报》的一篇《春天的反思》文章没有?是针对你的。我拿过来一看,就说:您不要支持他们!他有点不高兴。过了三天,他约我到他家(新家在木樨地的公寓里)。那天吴大姐也在家,见到我时非常高兴,说你们在这里好好谈谈,有电话来我会挡住。胡绳和我对坐在两张沙发上,边上是他的办公桌,一坐下来他就指着满桌的信件说,你看,满桌就是控告你的信。我从沙发上站起来瞄了一眼,看到除了信件、文件之外,还有一本刊载《论文学主体性》的那一期《文学评论》,文章上划了许多红杠杠,还有我看不清的许多眉批文字,显然,他是认真读了我的文章才找我谈话的。我当即意识到,今天下午我将会与我往日的偶像进行一场论辩,必须借此认真阐释自己的学术理念。

胡绳开门见山说,我不赞成有些人对你政治上纲,但也不支持你的观点。你的主体论与胡风的主观论有什么区别?我看没有太大区别。我是批判过舒芜的主观论的,不会同意你的论点。我听了之后,不说半句敷衍话,就直接答辩说:"主体论确实强调作家的内心和内在主观宇宙,但不等于就是主观论。主体是指人、人类,既有个体主体性,也有群体主体性。个体与群体的历史实践,尤其是人类整体历史实践,是主观活动,更是大客观活动。我虽强调个体主体性,但也是指主客体关系中的主体能动性,并不否定关系

中客体的那一面。再说,主体论即使涵盖主观性,也不应当因为胡风说过就觉得不对。"听了我这些话,胡绳开始激动了,脸色涨红。我知道他写过批判主观论的文章,这些话不能不刺激他。于是他又说:照你这么看,文学反映论也不对了,也该推倒了。我说,我讲主体论正是为了用主体论取代反映论,这个哲学基点不变,我们只能跟着苏联的教科书跑到底了。关于主体与主观的问题,来回辩了一个小时左右,声音愈来愈大,以致让吴大姐跑到我们的门口看了两回。这个问题讨论之后,胡绳又严肃地说:"我问你,列宁的文学党性原则难道也不对吗?你讲超越性不就讲超越党性吗?你是一个共产党员,带头质疑党性,可以吗?"我又认真地回答:作为现实主体的党员,当然应该讲党性,但从事文学活动,党员不应当以现实主体的身份去参加,而应以艺术主体的身份去参加。现实主体讲党性,艺术主体则要讲个性。我说的超越性,是指对现实主体的超越。看到我针锋相对,寸步不让,他的嗓门提高了:"总之,你的主体论是会腐蚀集体主义原则的。别人的意见你应当好好听听。"一说起别人,我更亢奋了,就说:"我就是不爱跟别人跑。"声音太大,把房外的吴大姐惊动了,她跑过来问:怎么回事,吵得这么凶?!胡绳从沙发上站起来,我也跟着站起来。他安慰吴大姐说:没什么,我和再复讨论问题,讨论得很认真,你看再复还送我们一瓶水仙花。他把水仙花从桌上提起,放在吴大姐手上,吴大姐眉开眼笑说:我就喜欢你们福建的水仙花!

在家中的这一场辩论之后,我才知道胡绳在理念上站在我的论敌一边,因此心里暗暗"恨"他,好几个星期都不到他的办公室。有什么公事,只让我的秘书找他的秘书。这次争论还只是学术争论,另一次争论就更激烈了。激烈到"剑拔弩张"的时刻是在1987年反自由化的运动中。当时中央点了刘宾雁、方励之、王若望三个人的名。社科院的干部集训表态了三天三夜(另租旅馆集中),气氛非常紧张。那一天,是星期二上午上班的时间,院部秘书突然通知我们,说胡绳在二楼办公室召开紧急会议,要文学所正、副所长,《文学评论》正副主编以及室主任和党支部书记以上的干部立即到会。如此紧急,是我担任所长以后未曾经历过的。一进会议厅坐下,胡绳和院党组的几位成员都已在座,我向赵复三、吴介民点点头,他们脸部的表情都极严肃,便立即感到不妙。院办公室的工作人员特别把我带到长方桌中间的一个位置上,正对着桌子那边的胡绳。我们一坐下,就宣布,这次院党组与文学所干部的紧急会议,要处理一件事,就是《文学评论》这一期开天窗的问题。我一下听不明白:"什么叫开天窗?"胡绳继续说:"这一期发表了刘宾雁的文章,中央文件下达后还继续出版,文章抽出了,但目录还留着,这不是开天窗吗?这是当年我们共产党对付国民党的办法,现在你们拿来对付共产党啦!"一下子就上纲上线到吓人的高度。"怎么办?大家讨论一下吧!"胡绳让我们表态。我兼任《文学评论》主编,自然是需要第一个表态。我说:"我不同意这样的批评。此事只是印刷厂技术上的疏忽,忘了在目录上删掉。中央文件下达之后,我们请示了赵复三副院长,他表示文章拿下来就行了。《文学评论》编辑部执行了指示,通知了新华印刷厂,这之后的事我们谁也不知道。何况刘宾雁的文章本只是一篇谈小说的文章,没有什么政治错误,我们能拿下来就已经和中央保持一致了。"胡绳听了,火气一下子上来了,眼睛瞪着我说:"你的政治敏感性到哪里去了?刘宾雁没有政治错误?你的政治敏感这么差,那你就别当这个主编了!"原来这个会是要免我的职。"好,我本来就不想做行政工作,所长也是你们要我当的,我现在就宣布,我不仅不当《文学评论》的主编,也不当文学所所长了。"胡绳没想到我如此顶撞,气得连忙划火柴抽烟,激动之下,竟把烟头倒反过来了,拿火柴的手颤抖着说:"我只说《文学评论》主编不要当,没说所长不要当!"这时,《文学评论》编辑部主任王信举手要求发言,他的第一句话就讲再复同志讲的是事实,我们通知了新华厂,而且刘宾雁的文章并不牵涉政治。听了这话胡绳忍不住打断王信的发言问道:你是不是共产党员?王信回答说:不是。胡绳立即表示:好,你不是共产党员,这次反自由化不牵涉非党同志。王信继续说得有条不紊。我当时非常激动,其他人的发言我已记不住了。现在只记得散会时我嚷了一句:"我回去就写辞呈,不干这个所长了。"第二天,我便向院部递交了辞呈。这个下午的争吵成了院里的大新闻,我每天都接到许多支持的电话。大约过了五天,赵复三副院长找我,说党组开了会,胡绳同志表示收回那天对你的批评,你也收回辞呈,还当所长、《文学评论》主编。你现在身体不好,党组决定让你到南方休息两三个月。为了慎重起见,明天就召开全所干部会,让我宣布党组的决定,把刚才这些话告诉全所,你可正常工作了。赵复三的态度非常诚恳。我真没想到胡绳会收回他的批评,那一刻,我不仅怨恨全消,而且觉得我昔日的偶像身上还保留着一种未被政治"异化"掉的书生人性,于是,我对赵复三表示,我愿意到广东休养三个月,那一天我也太激动,请胡绳同志也别生气了。这之后,我曾把此事的经过告诉北大的王瑶教授,他说:在党的高层领导人中,胡绳算是很难得的。在这之前的1985年,聂绀弩还拿出胡绳给他的赠诗以及他的和诗给我看,也说胡绳是个老实人,只是当了领导,不能不执行指示,说"开天窗"的重话,出处肯定在上头。《文学评论》事件后,我更认同聂老的这个评价。

  1987年秋天,我从广东休养回京后,胡绳约见了我,并交给我一份新的聘书,让我当社科院文学语言片学位委员会的召集人,也就是中国文学所、外国文学所、少数民族文学所、语言所等四所学位委员会的负责人。委员由冯至、吴世昌、唐弢等几位著名学者组成。这个学位委员会是裁决谁可担任博士导师和最后通过博士学位的学术机构,权力很大。这份聘书我至今还保留着,但从不张扬,只把它看作是胡绳对我的信赖。第二年又有一件事使我感到温暖。1988年中央决定打破历来人文科学与社会科学只有"挨批"的倒霉地位,想举办一次全国性的文、史、哲征文比赛,以表彰优秀的社会科学工作者,此事对社会科学院构成了压力,如果几个大所拿不到一等奖,就有失"面子",因此院领导十分重视,讨论了一下,决定文学所一定要我写一篇论文,由副院长汝信通知我。当时我也觉得必须尽点责任,便想了一个题目,叫作:"论八十年代文学批评的文体革命",正要着笔,又想到胡绳对我的主体论的批评,便犹豫起来,就跑到办公室问胡绳,说我选这个题目,你觉得合适吗?没想到他的态度极亲切,说:"这回你要放开手笔写,不要管别人的意见,你选这个大题目,关键是要能驾驭得住。"听他这么一说,我更有精神了,就在劲松寓所里闭门谢客,三易其稿,终于写出了近两万字的论文,而且获得一等奖,并得到五千块奖金(我把奖金都赠给文学所何其芳青年文学基金会)。当时全国各大学、各社科院共应征写出了将近一千篇论文,有二十二篇得了一等奖,分布于各学科,文学方面有两篇得一等奖,其中一篇是我的"遵命论文"。消息公布后,钱锺书先生特写给我一封贺信,说我的文章"有目共赏",让我高兴得一个晚上睡不着,觉得钱先生的四个字,一字千钧,是对我最高的奖励,奖金奖状倒在其次。颁奖仪式很隆重,发奖人是胡启立、芮杏文、王忍之、胡绳,我对坐在身边的科研局副局长陈韶廉说:我不要王忍之给我发奖。陈韶廉低声对我说:你不要胡来,我马上到后台去告诉他们,请胡绳给你发奖好了。果然,我从往日的偶像手里接受了奖品,并向他深深鞠了一躬。

另一次是胡绳召开讨论纪念"五四"七十周年国际学术讨论会的筹备会,人文学科的各所所长都参加了。那次会上,胡绳思想非常开放,说应当请钱穆、夏志清先生都来,不管过去持守什么政治立场,只要是真有学问的,就请来。我听了特别高兴。他还宣布了筹委名单,我也在其中。散会后,他让我留下,只说了一句话:再复,这次会你要写一篇有分量的论文,于是,我就写了《五四文学启蒙精神的失落与回归》。这篇文章,1989年发表在内地的报纸及香港、东京的纪念集子中。

最没想到的是,1989年我出国后他还继续牵挂着我。记得是这一年的冬季,原社科院美国所研究员董乐山先生来美国访问,他找到正在芝加哥大学东亚系担任研究中心主任的李欧梵教授,说李慎之有一句重要的话要转达给刘再复,欧梵问我要不要给董先生电话号码,我说:当然要给。第二天,我接到董乐山先生的电话。他告诉我:"胡绳、李慎之还有院部其他负责同志都很关心你,他们让我带给你一句重要的话:中央已指示社科院,希望你回国,但我们的意见是你不要回国。"我听了十分惊讶,既震动又感动。那一瞬间我感受到胡绳、李慎之的巨大关怀。这一想象不到的暖流使我挂下话筒时还激动不已。我知道无论是中央要我回国还是胡绳、李慎之要我暂不回国,都是好意,但胡绳除了关怀之外,还有个人的情意,他和李慎之知道我的肠子太直,遇事太任性太难转弯,一旦回国,肯定又会有一番"胡来",肯定又会"添乱"。因此他们的意见并非"抗上",而是在"化解"矛盾,既保护我,也免得让"上头"增加新的烦恼。此事在我心中震荡了很久,我最终没有回国,这完全是我个人的选择。但胡绳、李慎之的厚爱,却给我在海外孤独的生活中,注入了人间的温馨。此事让我确信在沧海的另一岸,还有许多真挚爱我的老师和友人。他们不但没有抛弃我,而且知道我需要赢得时间进入深邃的精神深渊。我虽然在理念上与胡绳常常发生冲突,而且还会抱着"吾爱吾师但更爱真理"的态度继续与他商榷一些重大论题,但是个人交往上的这些真切的情感体验,又总是压倒冲突,总是让我在大海彼岸对他缅怀不已和思念不已。此刻,我在落基山下,向他崇高的亡灵致以深深的问候与敬意,不知道他能听到和理解吗?

2009 年 10 月
于美国科罗拉多

李泽厚:海德格尔激情

  在科罗拉多州,除了在波德附近的朋友之外,稍远一点还有两位好友,一位是在一百多公里之外的李泽厚,居住在 Colorado Spring;一位是在三百公里之外的吴忠超,居住在 Grand Junction。忠超兄已到过我家两次,他邀请泽厚兄和我到他那里去玩玩。他所属的城市周围有神秘的黑峡谷,有著名的 Arches 国家公园,有别具风韵的滑雪名城 Aspen。今年 4 月初,泽厚兄游兴极高,就约我一家到忠超兄处。为了安全,忠超和他的爱友、《黑洞与婴儿宇宙》的译者之一的杜欣欣,特地来接我们,让我和菲亚坐在他们的车上,由欣欣开车,而李泽厚则自己驾车跟在我们的车子后面,边上坐着他的夫人马文君。此行必须驰车四百公里,中间又有横穿落基山脉的崎岖山间道路,我们担心的是李泽厚,他的智商虽极高,但开车技术却属中等偏下。开车之前,忠超和欣欣一再嘱咐:紧跟着我们,别走到岔路上去,有什么问题,打信号灯!但李泽厚很自信,一路开快车,先是紧跟着,后来竟独自高速前进,超越我们,直奔目的地。我们的车速已到达一百多公里,他居然还往前超,最后他先到达 Grand Junction,在城边的岔口上等了我们整整二十分钟。见面时马文君大姐埋怨说:今天我可生气了,开得那么快,心都快跳出来了。但李泽厚很高兴,他为自己创下飞奔四百公里的纪录兴奋不已。对着生气的马大姐,我指着李泽厚调侃说:泽厚兄的海德格尔激情上来了,这激情一上来就不怕死。李泽厚听了并不否认。我知道他在 20 世纪的哲学家群中认为海德格尔最了不得,海氏的哲学显然占据他的头脑。海德格尔认为一切都可能是虚假的,唯有死亡是绝对真实的。这是人生不确定中的确定。因为人必有一死,所以要把握生的意义,在短暂的人生中不妨往前冲击。今天李泽厚冲锋般地奔驰在高速公路上,潜意识里也许还澎湃着海德格尔的生死哲学。

  也许因为我提起海德格尔激情,这一天晚上,我们除了享受一顿中国美餐之外,又热烈地谈论了一阵海德格尔,李泽厚果然承认,读海德格尔的著作确实常使他激动不已。知道死的必然,才能把握充满偶然的人生,在有限的生命时间中努力进击。孔夫子的哲学是:"未知生,焉知死",而海德格尔的哲学观念正好倒转过来,变成"未知死,焉知生"。确认人一定要死,反而知道如何把握生的意义。因此,生中要有理性,但理性是为了使生命更加从容而不是扑灭生命的激情。正因为人最终要化为灰烬,所以在生时不妨痛痛快快地燃烧一阵。

带着"海德格尔激情",我们第二天就直奔位于犹他州东南部的Arches国家公园。这一天还是由李泽厚驾车,我们在山路上奔驰来回二百多公里,到了Arehes国家公园后,我们开始攀登十里之长的红山崖,把马大姐累得直叫唤,而李泽厚则一路兴致勃勃。这个由无数红砂岩构成的奇地,屹立着各种雄奇的石柱、石塔、石墙、石城,有的像女人私语,有的像英雄徘徊,还有一柱竟像苏东坡在赤壁前仰天长啸。而在各种石景中最奇的是赤红石拱门。这里拥有一百多个拱门,每个拱门的姿态都不同,有的像雕弓,有的像石桥,有的像大象鼻子,有的像苍鹰的双翼,有的像巨人的臂膀。每个拱门都有洞,洞框里是蓝天,像大自然美丽的蓝眼睛。我们的目标是山顶上一座最大最险峻的拱门,拱门之下是深不见底的悬崖。我们沿着陡峭的山路攀登到山尖时,绕过一墙石壁,便见到巨大的拱门顶天而立,如同神话里的雄伟天门。我因为素有恐高症,见到这一天险奇门,竟吓出一身冷汗。而李泽厚则往前攀登,一直登到"天门"墙底,然后干脆躺卧在石壁上,惬意地眺望着蓝空白云。学过地理并当过地学编辑的菲亚,更是着魔似的激动,一路上她滔滔不绝地讲述这里的地貌特征,红砂岩来历,她说大约三亿年以前,由于外力的作用,经过风吹雨打日晒,深切割成现在的风貌,中国的地理学者都知道美国中西部的大峡谷和闻名于世的"象鼻子"山,而所谓象鼻子山,指的就是这一座拱门,"他们只是在地图上看到,我可真的来到象鼻子山了"。忠超兄见到她如此高兴,一连给她照了好些相。

第二天,三位女子到Aspen游览风景采购山石。而我和泽厚、忠超兄仍带着海德格尔激情驾车攀越城南的另一个高峰,此次仍由李泽厚驾车,忠超坐在边上指路。我们在聊天中,竟不知不觉地把车开到险峻的山腰上,路面的斜度很大,路的边缘是看不见底的悬崖,我从窗口望了一眼山底,便一阵心慌,没想到此时泽厚兄也说:我感到有点心慌,有点把握不住。这可把忠超兄吓住了,他连忙说快找个拐弯的地方把车转过来往下开,可是路面很窄,根本没有地方停。于是,车子只好继续往山顶前行,愈高愈险,我们三个都紧张到极点,直到接近顶峰时才找到一个拐弯处,车子才调转方向往下开,此时,李泽厚海德格尔的激情完全消失了,他双手紧紧把住方向盘,速度降低到只剩下十里,然后一步步地"爬行"下来。由于速度过慢,后面的车子被堵住了。到了半山腰,我们才发现警车已跟在背后,他们不知道用什么方法发现我们的车子不正常。警车不断地拉响催促的喇叭,但李泽厚照样地把速度放在最低挡,紧紧把住圆盘地"爬行下来"。好容易挣扎到山脚下,我们才把车停下等待警察处置。警察是一个长着金色胡子的和善美国人,忠超兄连忙给他介绍,驾驶者是哲学家兼教授,从未开车进入险峰,这是第一次尝试,有点惊慌。李泽厚则拿出驾车执照,表示歉意。警察看到我们三个全是中国书生模样,便微笑着说:你们因为惊慌而违反交通速度,但没有造成损失,不必罚款,但要给你们一张警告纸票。我们三个都异口同声说谢谢,感谢他能理解我们冒险的艰难。

  回到家里,我们把冒险的故事讲给女伴们听,个个都哈哈大笑,我乘机调侃了泽厚兄的海德格尔激情在山顶上丢失了。说到这里,他一本正经地说:今天在山上有现实的危险性,可不能冲,一冲就冲到山谷底下了,激情也应是有理性的激情。听他这么一说,才想起他在进行历史分析时说过,中国现在应多些波普,少点海德格尔。在生命的感情层面上,本是需要海德格尔激情的,而一旦激情上升到悬崖边上,则需要一点波普了。

(选自《师友纪事》)

李欧梵：人文世界的精神漫游者

编按：今年5月7日至9日，哈佛大学在校园内为李欧梵教授举行有一百多人参加的隆重退休庆典仪式和告别性学术活动。在开幕式上，韩南、葛浩文、王德威、杜维明、廖炳惠等八位知名学者对李欧梵的多方面贡献作了很高的评价，当中有来自美国科罗拉多大学的刘再复教授。除了半天评价活动之外，其他时间均进行学术讨论，讨论的题目是"中国的世界主义者"，在讨论中，学者们就现代性与世界性、民族性的关系问题发表了许多新的见解。李欧梵在会上发表多次讲话，并告知大家，离开哈佛大学之后他将到香港"客座"一段时间。本刊现把刘再复在开幕仪式上的发言刊登于此。这一发言概述了李欧梵的精神特点和整体成就，在会上引起热烈反响。

一、最善于自嘲的人

当大家在热烈评价欧梵的时候，我倒是想起他多年前一篇谈论匈牙利当代作家康拉德（George Konrad）的小说《失败者》（*The Loser*）的文章，这是一部知识分子的自传小说，但他不写自己的成就，偏写自己一生的失败。对此，欧梵说，这正"合我个人的所好"，并且说了一句我一直难忘的话："当别人认为我功成名就的时候，我反而感到失败。"（《狐狸洞话语》）

欧梵已经获得很高的成就，但是他总是把自己界定为一个永远的未完成，一个永远没有终点的过客，一个经历过失败但又超越成败的人文世界里的永远的流浪汉，因此总是一直往前走。早在青年时代，他就对鲁迅《野草》中的"过客"有很深的领悟，认为生活就是一个不断"走"的过程，"走"是在"无意义"威胁下的唯一有意义的行动。也就是说，人生是悲剧性的令人绝望的存在，而"走"正是反抗绝望的唯一办法。欧梵把握了这一点，所以他绝不停步、绝不自恋。不像许多中国作家和学人那样，写了几部书，就自我膨胀，就自以为是"话语英雄"。我把作家分为两类，一类是愈写愈自大，一类是愈写愈自由。欧梵是属于愈写愈自由的人。

欧梵不仅不自恋,而且还常常自嘲与自省,他是我平生见到的一个最善于自嘲和自我反讽的人。他借用卡夫卡的《变形记》和雨果的《钟楼驼侠》中的意象描述自己的脆弱无助:一个在外界眼里的哈佛大学教授,常常工作得不像人样,变成一条甲虫,一个驼背的、不知钟为谁敲的钟楼怪人(《世纪末呓语·变形记》)。他在文学艺术研究中特别留意与"先锋"、"媚俗"不同的"颓废",因此也不断地谈论王尔德。然而,他却不是跟着去"颓废",而是在王尔德身上发现其真情,并反省自己可能面临失真的危险。1998年年底,他再次"读王尔德",说了一段感人肺腑的话:

> 我发现王尔德的这些妙语对现在的生活特别有警醒的作用;如果每一个人都只能在现实的物质生活中浮浮沉沉,在资本主义的金钱堆中追逐名利欲望,久而久之,岂不都麻木不仁?所以,我自己反而需要用王尔德的作品来警惕自己:愤世嫉俗容易,而在俗世中保持真性情难,我必须依靠自己的想象力和一点艺术上的涵养和情趣来超越现实。所以,当我愈觉自己逐渐世故的时候,愈感到王尔德那份天真的伟大。这一切都与他的同性恋及颓废无关,我最崇拜的反而是他的纯真。(《世纪末呓语·谈王尔德》)

欧梵不仅用极端的概念"伟大"二字来赞美"天真",而且敢于反省,正视自己"逐渐世故",有几个中国作家能做到这一点?这是欧梵最宝贵、最难得的精神品格,也是中国当代学人和作家最缺少的品格。

二、两栖狐狸、四维痴人

欧梵和以赛亚·伯林(Isaiah Berlin)曾有一次难忘的见面与倾谈,受其影响,他常以"狐狸型学者"自喻。伯林以刺猬与狐狸这两个意象划分精神价值创造者的两种基本类型,刺猬型专注一个系统,狐狸型则是多方旁敲侧击。伯林以此两个意象论述托尔斯泰的小说和历史观,认为托尔斯泰二者兼得,欧梵大体上属于狐狸型,涉及的领域十分宽广,但他在最近十几年中专注于上海与香港城市文化的探讨,又表现出刺猬的特征。

欧梵这一"狐狸",不是一般的"狐狸",而是典型的两栖狐狸。他栖于英语世界,又栖于汉语世界;栖于中国文化,又栖于西方文化;栖于理性学术文化,又栖于感性创作文化;栖于雅文化即贵族文化,又栖于俗文化即大众文化;栖于历史,又栖于文学;栖于文学,又栖于艺术等等。他的两栖性不是在两栖的表面浮动,而是生命、情感与真诚的投入。他说他是一向的"历史痴"(《世纪末呓语·读〈中国新音乐史论〉》)。几十年前胡适说过他是"历史癖","癖"还是嗜好,"痴"可是投入全生命。欧梵不仅是历史痴,而且是文学痴、电影痴、音乐痴,是确切的四维痴人。由于他出身于音乐之家,从小就有"听觉天赋",之后又派生出"视觉天赋",这种天赋给予他对电影具有特别的感受力与鉴赏力。这种天赋再加上他在后天勤奋的学习中培养的很强的"知觉"与"心觉",便形成了他的一种完整的感觉系统与认知系统,也使他拥有特别的精神个性。这样,就使他涉足多个领域时不至于浅尝辄止,而是多方面均有建树。我常跟朋友开玩笑说,欧梵可不是一般的"狐狸",而是"雪山飞狐"(金庸小说中的大侠),是"双洞大飞狐"与"多洞大飞狐"。

三、丰富多彩的"人生盛宴"

"狐狸型"的多方素养与多方探索,再加上欧梵本身的苦修苦练,使他获得两个大的成果:一个是他的精神创造与整体生活非常丰富,像是"人生的盛宴",另一个是使他在四五年前完成了集各种修养于一炉的代表作《上海摩登》。

"人生的盛宴"是林语堂先生的概念,他对自己最喜欢的作家苏东坡就用这个概念来描述。他在《林语堂自传》里给苏东坡戴上十九顶帽子:

> 苏东坡是个秉性难改的乐天派,是悲天悯人的道德家,是黎民百姓的好朋友,是散文作家,是新派的画家,是伟大的书法家,是酿酒的实验者,是工程师,是假道学的反对派,是瑜伽术的修炼者,是佛教徒,是士大夫,是皇帝的秘书,是饮酒成癖者,是心肠慈悲的法官,是政治上的坚持己见者,是月下的漫步者,是诗人,是生性诙谐爱开玩笑的人。

欧梵也是个秉性难改的乐天派和一个生性诙谐爱开玩笑的人,我也可以给欧梵戴上十几顶帽子,不过了避免落入俗套,我不讲大家都知道的诸如"鲁迅和中国现代文学的杰出研究者"、"中国当代文学批评家"、"学者型散文家"、"小说作家"、"芝加哥大学、加州大学、哈佛大学等一流大学教授"等等,但要提醒大家别忘了他的另一些重要角色。他是本雅明式的城市漫游者,是"东方《双城记》"的作者,是中国"公众空间"和"人文空间"的鼓动者和实践者,而且是芝加哥大学中国"流亡思想者部落"的"酋长"。这一部落存在于1989至1992年之间,我也是这个部落的一员,等会儿再细说。尽管欧梵行走的路上有过曲折和痛苦,但我相信他一定会感到人生是很丰富、很有意思的。

四、集修养大成的《上海摩登》

多种素养除了造成欧梵人生的丰富之外,还造成另一结果,这就是在世纪之交产生了他的学术代表作《上海摩登》。这部著作正是他多年探讨历史、文学、电影等的共同结果,这是一部非常精彩的学术著作,所谓"举重若轻",这就是一个典型例子。我读这部著作时,比读许多长篇小说还有兴趣。读了这本书,以后我恐怕再也没有耐心阅读那种千篇一律的英雄排座次的章回体文学史、小说史、思想史了。它完全打破了文化史书的写作惯性与格局,以致很难定义这是城市历史著作还是一部文学艺术著作,我边读边想,最后觉得这是一部城市精神生态史,也可以说是一座城市现代文化景观的大观园。这部著作在思想、语言、方法等三个方面都做出了重要贡献。

第一,在思想上,它突破了关于中国社会性质的"权威"见解和后殖民理论的时髦见解。书中指出,所有的后殖民话语都假设了一个殖民权力结构,其中殖民者对被殖民者,包括他们的代表,总是拥有无上的权力。这种理论构造源于以前英法在非洲和印度的殖民统治制度。这种理论还假设了殖民者就是话语的"主体",而被殖民者只能成为"受体"或"他者"。欧梵对此提出质疑,他说:

> 在上海,西方的"殖民"权威确实是在租界条约里被明文确认的,但中国居民在他们的日常生活里对此一概不予理会,当然,除了他们在租界里被捕。

而且说:

> 本书所论述的作家在中国这个最大的通商口岸里,相当自如地生

活在一个分裂的世界里。尽管他们和西人很少私下接触,他们本人在生活方式和知识趣味上却是属于最"西化"的群体。而他们中的任何人都不曾在任何意义上,把自己视为相对于一个真实的或想象的西方殖民主子而言的被殖民的"他者"。

欧梵最后还判断:

> 因为不同的历史遗产,中国的情形与殖民地印度很不同:除了一连串的自鸦片战争以来的失败,中国遭受了西方列强的欺凌,但她从不曾完全被一个西方国家据为殖民地。

第二,在语言上,《上海摩登》完全摆脱历史和文学史教科书那种教授腔、裁判腔、权威腔、新老八股腔,而把叙事性语言、评论性语言、分析性语言、感受性语言熔为一炉,形成一种史书写作的鲜活文体,使人读后既获得知识,又获得生命愉悦。

第三,在方法上,《上海摩登》自创一局,它以大见小,又以小见大,宏观中有微观,微观中有宏观,可查证的数字与不可查证的史识、诗识相映成趣,而文字背后则是历史与文学的对话,是文学与艺术的对话,是世俗之城与精神之城的对话,是看得见的城市与看不见的城市的对话,这些对话、这种方法使全书展示出来的上海是多重意义的上海,既是历史原型的上海,又是文学"重构"的上海,既是客观描述的上海,又是文化想象的上海。此书在方法论上的独创,特别值得注意。

总之,《上海摩登》堪称欧梵的代表作,这是中国现代文学、文化研究者和文科大学生必读的书。这部著作既体现了欧梵在精神创造上的狐狸型长处,又说明他已带有刺猬型专攻于一的特点。

五、一个很好的知识分子

谈了学术之后,我还想再谈谈"人"。无论是对古人还是对今人的评价,其实都应注意两点:一是不仅看其几篇文章或几本书,而是把握其精神整体(也可说是精神总和);二是不仅看其文字语言,而且看其行为语言,或者说,不仅应当阅读其话语文本,而且应当阅读其行为文本。我评价屈原,不仅阅读其诗,而且阅读其自沉汨罗江的大行为,有最后这一行为,才能更深地阐释他生前所作的诗中关于生死的思索所具有的形上意义,也才明白这位伟大诗人生命的最后瞬间并非延伸《离骚》的宫廷乡愁,而是质疑这种愁绪。也许是因为我个人的可靠体验,所以对欧梵的行为语言感受特别深刻。1989年夏天,在这个重要的历史瞬间中,欧梵以最高的热情帮助了我和其他从大陆漂流出来的朋友,形成了一个"流亡思想者部落",在自己的肩上,多压了一副重担,他不仅帮助我们在异国生活下来,而且帮助我渡过心理上的危机。这个历史时刻,我非常清楚地看到欧梵身上所具有的鲁迅的"硬骨头"精神,无愧是一个非常完整的鲁迅研究者。

萨依德在《知识分子论》中对于知识分子有两个精辟的定义:一是"敢对权势说真话的人",一是"业余人"。所谓业余人,就是从专业的围墙里漂流出来的关怀社会、关心民瘼的人。欧梵就是这种人,他是一个真正的、很好的知识分子。许多人对欧梵只看到他的"轻"的一面,而忽视他的"重"的一面,而他的"重"的一面,恰恰表现得很精彩感人。最后我还要说,他作为芝加哥大学"流亡思想者部落"的"酋长",和大家一起确认了一种精神取向,这就是既与当时的中国大陆权力中心保持距离,又与极端反对派保持距离,把芝加哥学群界定为黑白对立之外的另一人文空间,这就是我常说的"第三空间",而这一实践范畴的始作俑者其实是欧梵,他在芝加哥大学为我们设立的人文讲坛,就是超越非黑即白两极对立框架的第三空间。

(原载《明报月刊》2004年6月号)

想念您，樊骏好兄长

一

常与朋友说，到海外后还说，文学研究所三百人（二百六十个编制，之外还有退休离休的学人与干部数十人），共产党员过半，其中德才兼备的也有，但品格最为高尚无私的，是两个非共产党人，这就是樊骏与王信。

王信是《文学评论》编辑部主任，他真的是一辈子"为他人作嫁衣裳"，天天读稿，月月读稿，年年读稿。阅读，选择，判断，价值尺度只有一个，那就是文章水准。他有眼光，天生一身严正，敢于发现，也敢于淘汰。办公桌的玻璃板下压着一张写着"宁可反左死，不为反右生"的条幅，其精神指向也很严正。正是这一风骨，我这个"极左"派的"天敌"在担任所长后便特别信赖他，他也特别支持我。1989年分别之后，他缅怀我，特别刻了"海内存知己，天涯若比邻"的印章，托人送到北美给我。他知道我生活在科罗拉多高原的大风雪中需要友人的温暖。王信是樊骏的第一好友。2008年我辞国十九年后，第一次返回北京，正是王信带我去看望已经有了痴呆病状的樊骏兄。见面时彼此都有满腔的肺腑之言要说，却相对无言得很久。樊骏虽然不如从前灵活，但头脑仍然清醒，见到我时不仅有喜色，而且问话也都问到点子上。他问我能否像李泽厚那样，每年都回国一趟。我不愿意让他牵挂，只好点点头。当时我心里想，要是果真每年回北京，一定会每个星期看望他一次，至少一次。没想到他就这样远走，再也见不到他了。北京，北京对于我更加空疏了。那天见了他之后，王信送我下楼，在电梯里，我对王信说，樊骏兄不是共产党员，但他却是我们研究所里最有品格的人，他是一个高尚的人，一个纯粹的人，一个脱离低级趣味的人。人人都会背诵《纪念白求恩》最后这几句话，但做不到。而樊骏兄却做到了。"高尚"、"纯粹"这两个闪光的概念属于他。

樊骏不是共产党人,却有一种罕见的群体性格。他一生未婚,表面上看,生活得很"个人主义",而在骨子里,他却把文学研究所这个集体视为自己的家。爱文学所爱得要命。他是文学所的坚定守望者,从1953年守到2011年,将近六十年。所思所想全是文学所如何兴旺发达。他这个"爱国主义"者,首先是个"爱所主义者"。他总是让我想起孔夫子的话:君子群而不党,小人党而不群。樊骏正是一个典型的"群而不党"的现代君子。更可贵的是,无论是"群"或"不党",他都很自然,作为独立的"己",他的不党,是既不加入任何党派,又不和党派对立并可以和许多党员成为真挚的朋友,他尊重每个人的政治选择与存在方式,没有任何排他性。最有意思的是,他本是一个清高得近乎"洁癖"的"己",偏偏对"群"具有最真挚的关怀。对于文学所这个"群"的关怀,所有在文学所工作过的人,除了何其芳,恐怕没有人可以和他相比,包括我自己。我不可能像他那样完全献身于中国文学研究所和献身于中国现代文学研究事业。虽然我也爱文学研究所和爱现代文学研究事业。我在文学所里,见过党性与个性都强的人,但没有见过像樊骏这种群性与个性如此统一的人。有些人在文学所工作,只是把文学所当作经营自身事业的地盘,但樊骏却把文学所当作他生命本身的一部分,为了文学所,他几乎可以达到"忘我"的境地,可以放掉自己的著书立说。如果不是我当过研究所所长并感受过他的无私无我的关怀与帮助,我就说不出上边这些话,就不会了解一个人的优秀个性与优秀群性可以如此兼容而且可以同时表现出生命之美与灵魂之美。

二

2008年最后这一次见面,我想对他说的话很多,但因为知道他身体不好,一些已冒到口边的话也只好吞咽下去。但有一句感激的话则非说不可。我对他说:我真感谢你,在海外漂流的岁月里,你那么多年,总是和郝敏、刘福春一起给我写贺年卡。在刚出国的最感孤独的几个年头,我每年春节前夕都收到一张三个人共同署名的只写三个大字——"想念您"——的贺年卡。十九年来,每次想到这三个字,我总是禁不住要"独怆然而涕下"。我所寄居的科罗拉多高原,正是那种"天苍苍,野茫茫,风吹草低见牛羊"的风光。

陈子昂是因为"前不见古人,后不见来者,念天地之悠悠"而落泪的。我也有这种苍茫的形而上之泪,但几次落下的则是可触摸到的人间情义之泪。

樊骏不仅想念我,而且在全国政协会议上一次一次地替我说话,为我请命。他一次又一次地要求"中央"应当把我"召唤"回国。1992年,中国市长代表团访问美国,作为市长协会秘书长的陶斯亮随团访美,并给我打了电话。她也是个有情有义的好友,竟然找到我的电话又不怕违反"外事纪律",和我讲了一个多小时的话,所有的语言都是鼓励,其中有一个信息让我感动,并一直记在心里。她说:"再复,你有一点可以引为骄傲的是,虽然你已流亡海外,但国内许多朋友仍然想念你替你说话。你们研究所的樊骏,在这两三年的全国政协会上,年年都为您说话,年年都要'中央'把你找回国,他这个人真不错。"听了陶斯亮这句话之后,我虽感动但并不感到惊奇。因为我早就知道樊骏的为人。但是听了陶斯亮的话之后还是彻夜不眠。我知道,在那个特别的政治场合与历史瞬间,樊骏那么执着又那么动情地为我仗义执言,毕竟有危险,至少可能就会丢掉下一届"全国政协委员"的桂冠。学问与人品之间,人品才是第一要紧。著作等身,不如真品在心。人之高贵,还是贵在一个"格"字。可惜格调无形,肉眼看不见。

三

刚到文学所的头几年,即70年代末和80年代初的头几年,我和樊骏几乎没有交往。但如果见到他的文章,还是会认真读。他的文章不多,读了一定会有收获。虽然没有交往,但通过文字和所内友人的介绍,其严谨、认真、理性的学人形象,早已在我的心中形成。所以一旦接受"所长"担子,就想到必须去拜访他,向他请教。其实他就住在我的附近,劲松区大街那一边的一座楼房里。第一次见面是文轩兄(副所长何西来)带我去的。他见了我们,显得非常高兴,含蓄的笑容里透露出内心的欢喜。说了几句敬重的话之后,我就直说:"我不合适当所长,到现在还进入不了角色。"他好像什么都知道,一本正经地对我说了一席至今难忘的话:"你拜访所里的老先生之后,第一件事就是要准备好就职演说,把办所方针讲清楚,几个副所长都可以帮你想,我也可以发表一点意见。我们住得近,你有空就过来。我们所的几任所长,都具有学者与作家的双重身份,郑振铎、何其芳、陈荒煤都是双重身份,你也是。不过,挑起所长这担子,只能以学者为主。我觉得你当所长很合适。'文化大革命'中,你不在文学所,没有卷入两派的斗争,没有包袱,可以超脱一些。你放心,我会支持你的。"听他这么一说,我立即就"请求":"你可是我的近水楼台,今后要常常上这楼台。"他回答说:"你随时都可以来。"那一天见面之后,我果真每个星期都到他那里两三次。每次都谈得很久,而且只谈工作和思想,不谈人事,不臧否所内的人物。我原以为,他秉性持重,参与唐弢主编的现代文学史编写,观念也很"传统",可能很难支持我的以"学术自由、学术尊严"为中心的改革性很强的办所方针。没想到,他却衷心支持,只是怕我锋芒太露,会被人抓住辫子,所以他充当的是一个"智库"兼"保姆"的角色,时时建议,也时时提醒。担任"所长"前夕,我在《读书》杂志上发表了《文学研究思维空间的拓展》,他说我强调要高扬建设性文化性格、拒绝破坏性文化性格,非常对,这也应当是我们办所的方向。一个研究所总得"立"一些高质量、高水平的实绩。他建议,我们研究所应当召开几个推动思想解放和学术建设的全国性学术讨论会,每个会都要请一些有名望的老先生参加,要争取他们的支持。1986年,我们召开了两百人参加的"新时期文学十年"讨论会,因为他的提醒,我特别请了钱锺书、张光年等老人参加,他们确实减少我所面临的许多压力。这之前的同年1月,研究所召开纪念俞平伯先生诞辰八十五周年、从事文学活动六十五周年实际上是为俞先生平反的全国性大会,筹备期间,他心情比我紧张,为我想出好几点"保平安"细节。他建议会议主席台上就座的,除了胡绳、刘导生、钱锺书和我之外(俞先生自然是坐镇中心)还应当请当时思想"左"倾的臧克家。他说这位老诗人与毛主席亲密,如果他也支持,可以减少"抗上"的误会。我听了立即表示同意,尽管我实在不喜欢七八十年代的臧克家。在纪念会上,臧克家讲了话,我边听边想,连他也支持,说明我们不是刻意反对毛主席关于俞平伯《红楼梦》研究的批示,只是在呼唤学术自由与学术尊严。《红楼梦》研究是学人共有共享的精神空间,即使选择"唯心论"和"烦琐考证"方法,也应受到尊重。

1987年,何西来副所长提议召开纪念何其芳逝世十周年的学术报告会,并让我准备一个报告。樊骏知道后特别支持。他说何其芳既是前所长,又是文学所的灵魂,应当好好纪念一下。我在准备报告时认真征询樊骏的意见。他对老所长的生平与创作了如指掌,立即回答我说,这回你在报告中要提醒大家注意"何其芳问题"。这个问题是到延安参加革命的作家诗人普遍烦恼的问题。何其芳的问题是:我参加革命后,思想是进步了,但艺术为什么不仅不进步,反而退步了?这个问题出自《何其芳散文集》自序。樊骏一提醒,我就叫好,并说这是一个世界观能否决定创作水平问题,我一定好好讲讲。他知道我忙,当天就把何其芳自序找来给我。至今,我还记得樊骏指着那一段关键性的文字:"……我的心境实在不能用别的字眼来说明,只有叫做难过……我发现了这样一个事实:当我的生活或我的思想发生了大的变化,而且是一种向前迈进的时候,我写的所谓散文或杂文都好像在艺术上并没有进步,而且有时甚至还在退步的样子。"(收入《何其芳文集》第三卷,1956年)樊骏听了我读完这一段文字后又补充说,1959年他在给一位文学青年的回信中又重申了这一烦恼,可见这个问题一直在折磨着何其芳同志。我读完听完后激动地对樊骏说:何其芳是真诗人,说的是真话,提的是真问题。在樊骏的启发与帮助下,我以这一真问题为重心,在1987年12月15日纪念何其芳逝世十周年的会上作了一次"言之有物"的讲话,认真地讲了一下当代革命诗人的"时代性苦闷"。听者给我报以热烈的掌声,可是,没有人知道,我的讲话之"核"是樊骏提供的,我的长达一万多字讲话稿,也是他事先认真阅读并提过修正意见的,我在担任两届所长期间,所有的重要讲话都在事前请他过目,而他总是一句一句地琢磨推敲,不轻易放过任何一个重要提法。"世上竟有这样无私的、为他人作嫁衣裳的学人",我常常这样感慨。

私下作感慨,樊骏听不见,自然无法拒绝,倘若我说感激的话,他便立即制止。我知道他酷爱文学所,只有为文学所默默做好事,才能生活得快乐、自在。但有一回,我不能不正式地用文字向他表示感谢。

1985年我接受写作《中国大百科全书·中国文学卷》首条即总论的"繁重任务"。这本来是总主编周扬的职责,但他身体不好,只好由我来完成。在写作过程中,中国大百科全书出版社为我召集了两次座谈会,其中给我很大帮助的是在北京大学勺园召开的有宗白华、季羡林、王瑶、吴组缃、李泽厚、许觉民和出版社编辑梁从诫、杨哲等参加的座谈会,此次会议由王元化主持,每个老先生都贡献了极为宝贵的意见。除了上述这一名单之外,会下还有两个人给了我更具体的帮助：一位是钱锺书先生，一位就是樊骏先生。他们俩一个字一个字地审阅我写出来的长达一万五千字的初稿，面对他们的眉批文字和修改意见，我切实受到了"教育"：做好一个"学人"，不仅要搞好自己的研究，写好自己的文章，而且还要做好默默无闻的、毫无名利可图的公共事业。对于樊骏，后者总是放在第一位，所以他一生除了不结婚之外，还不写专著，因为他早已决定把构写专著的时间与才华奉献给国家与集体的文学事业了。在文坛上，我看到两种人，一种是有精神而缺乏学养，另一种有学养而缺少精神，而樊骏则二者兼备，慧善双修，他既有最扎实的文学学养，又有献身于文学的最无私的精神。在接到钱、樊二先生的阅读意见后，我很快就最后完成"总论"的写作。交稿之后我又立即写出《中国文学卷首条写作札记》，铭记援助我的师友，其中我特别记载了一段樊骏的工作和若干郑重的意见。这些意见包含着他对中国文学整体的宝贵见解。为了保持"札记"原貌，我一字不动把有关樊骏的一段文字抄录于下：

《中国文学卷》的责任编辑杨哲、姜逸清同志，把我的初稿分送给编委们审查。我很快地收到樊骏、陈伯海同志的审稿意见，两位同志都很认真，提出12条意见，而且共同发现我所概括的中国文学的若干特征（如抒情胜于叙事，表现多于再现，儒、道思想的影响等），只能说明我国古代文学而不完全符合现代文学。他们一位专攻现代文学，一位研究古代文学，不约而同地指出这一疏忽，自然使我格外注意。此外，樊骏同志还提了一些具体切实的意见，例如，他认为，初稿概述中国文学的发展过程时与中国社会的历史进程扣得不紧，事实上，两者的关系密切，而且这种关系在很大的程度上决定了中国文学的一些重要特征。他不仅指出这一点，并且把他思考的几个特点提供给我参考。如①大部分是封建社会的、小生产土壤的产物，并在这个时期取得了辉煌的成就；②几乎一直在中央集权的统一的国家中，在重视文化思想、并对之实施严格控制的国家中发展的；③连绵三千多年却始终没有中断过；④大部分时间在封闭的环境中自生自灭，与外国文学的联系相对说来比较少；⑤与宗教的关系相当淡漠等。他的这些概括，都已被吸收到定稿中了。

樊骏概括的中国文学的五个特点，说明他对中国现代文学的研究不是孤立的。他把中国现代文学放在中国文学整体语境中思考,而中国文学整体又放在中国历史进程的大语境中思考。这种宏观思索,使他准确地道破中国文学的几个重要特征:没有充分的自由,总是在集权控制下发展;尽管没有自由,但文学生命却异常坚韧,三千年中从未中断。与西方文学相比,中国文学与宗教关系淡薄,加上大门紧闭,文学总是自生自灭,与外国文学关系较少。这是古代文学的总状况,而五四运动开辟的现代文学则与外国文学关系紧密,相应地也广泛吸收外国文学的叙事艺术,不再是抒情胜于叙事,因此谈论中国文学必须把古代文学与现代文学的不同特征区分清楚。樊骏兄对我的初稿不知阅读了多少遍,也不知道思索了多少白天夜晚?!读了他的意见信,我立即对初稿的第二部分(《中国文学的基本特征》)作出几个重要改动。改动之后我把他的信读了又读,把五个特点想了又想,不禁暗自兴叹:像樊骏这样无私地把才华投入国家文化事业的人,愈来愈少了,这种智慧的稀有生命何等宝贵呵!

四

樊骏虽然对中国文学整体具有深刻的宏观思索,但其本色毕竟是现代文学的研究专家,他牢牢立足于现代文学,在80年代里对现代文学有许多新的思索和精辟的见解,可惜表述得很少。"广积薄发"的严谨态度固然好,但读者们却不能充分地享受他的思索成果与研究成果。当我与他共事多年之后才明白他所以少有专著与文章,一方面固然是学风上的持重,另一方面则是他把自己的思索想献给集体的现代文学史的编撰工作以及文学研究所的现代文学研究中。1988年10月,我在准备全国"现代文学研究创新会"的发言稿时有过一段难忘的体验。在准备过程中,我多次向他请教,他毫无保留,把他在80年代中新的思索全告诉我。他说他在70年代末参加编写的《中国现代文学史》(唐弢、严家炎主编),写得较早。虽然做了些"拨乱反正"的工作,但还未能摆脱时代的局限。十年过去了,提出"重写文学史"是必要的。重写的关键是要有当代学者的主体视角,但又要充分尊重文学史的基本事实。他说以往写的现代文学史,其致命伤是以为社会的进步一定会带来文学的进步,不敢正视社会进步和文学进步的不平衡现象乃至文学的退化现象。而且在解释文学现象时太强调历史的必然,忽视作家主体选择的责任。例如郭沫若参加革命之后进而鼓动革命文学,随之也彻底否定了"五四"时自己的诗作中的表现主义,这一否定,使得他只能生产一些标语口号式的诗歌。对于这种现象,以往文学史总以为郭沫若既然参加了革命投入了时代的激流,抛弃表现主义便是一种必然。其实不一定。樊骏给我举了布莱希特的例子。布莱希特信仰马克思主义,但他并没有因为政治信仰而否定现代主义艺术方式。他把信仰与艺术统一起来,既是马克思主义者,又是现代主义艺术大师。他创造了陌生化的间离效果,帮助人类从世俗中超脱出来。布莱希特的选择和成功,说明作家参加革命活动并不一定要付出艺术的代价。也就是说,制造标语口号式的作品不一定是革命诗人的宿命。樊骏举出郭沫若的例子说明,我们重写现代文学史时不应该一味地为现代革命作家辩护,而应该正视他们的弱点即他们主体选择的责任。

　　樊骏希望我在发言中,要强调认真阅读作品,对具体作家具体分析,任何优秀的作家诗人都是充分个性化的个案,都不是活在僵化的文化模式中。他特别以两大作家群为例,说明了这一观点。根据樊骏兄的提示,我在发言中写了这么一段话:

> 从文化现象看,在现代作家群中,有的作家群(如郭沫若、郁达夫、巴金等),就乐于和善于写学生,表现学生的热情,容易接受新思潮。而有些作家群,则乐于和善于写公务员、小人物。例如鲁迅、老舍、叶圣陶、张天翼等,公务员与小人物是另一种文化心态,他们没有学生的热情,不容易接受新思潮,比较世故,保守。但是,不管是写学生的作家群,还是写公务员、小人物的作家群,每个作家又不一样,他们都有自己的创作个性和审美个性,他们并不是生活在共同的文化模式中。

这段话正是出自樊骏的思想。我的这篇发言稿后来以"强化现代文学研究的学术个性"为题,发表在1988年11月22日的《人民日报》和同年11月号的《中国现代文学研究丛刊》上。记得《人民日报》刊出的当天下午,我在社会科学院的大楼里正好遇上赵复三副院长,他一见到我就热情地说:"今天拜读你在《人民日报》上的大作,写得真好!"听了赞赏自然高兴,可惜他没有时间听我心里滚动着的一句话:"此文是所里的无名英雄樊骏帮我写出来的。你们这些院长们认识我们研究所这个劳动模范吗?"

五

说樊骏有时是我的"智库",有时又像我的"保姆",一点也不夸大。他知道我太多"诗人气质",容易冲动,因此总是怕我"犯错误",总是左叮咛右叮咛。特别是在政治运动瞬间和出国访问的时候,他这个平常少言寡语的人也会变得啰唆起来。1988年我作为中国作家代表团的一员访问法国(此团规模甚大,成员有陆文夫、高行健、刘心武、张贤亮、韩少功、白桦、张抗抗、张欣欣、江河等),当时"反对自由化"运动刚结束,政治阴影还在徘徊,他特别叮咛我:你名声大,到法国免不了要演讲,接受访谈,你切记只讲文学,不讲政治。同年冬季,瑞典学院又邀请我作为中国作家兼批评家到斯德哥尔摩出席诺贝尔奖的全部颁奖活动,临行几天前他又叮嘱:你是瑞典学院邀请的第一位中国客人,要求你穿中山装,这涉及中瑞两国的文化关系,你要发表什么讲话,事前得想好。我说斯德哥尔摩大学已邀请我作一次演讲,我准备的讲题是"传统与中国当代文学"。他说这个题目不错,能否让他看看稿子,我当然很高兴,立即让所办公室打印并立即送给他。他读完亲自来到我家,并提出重要意见:要把"传统"分解为远传统与近传统。"五四"前的传统属远传统,也可称为旧传统;"五四"后建立的文学传统则是近传统,也可称为新传统。中国当代文学与这两个传统都有关系,但关系内容有所不同。经他点明,我遵照他的意见作了修改。

1989年3月,我应中美文化交流协会邀请,将赴美国并将到哥伦比亚大学、哈佛大学、芝加哥大学、斯坦福大学、加州大学圣地亚哥分校等院校演讲。此次学术旅行,又让樊骏兄操心得很久。他一再叮嘱的又是不要介入政治,他还具体地说,海外民运非常复杂,一定要和他们保持距离。我开玩笑说,其实我是五毒不伤,什么人都不怕。他却很严肃:你就是诗人气质。到了纽约后,《华侨日报》采访我,我想起樊骏兄的叮嘱,调子低了很多,还把临行前他说的话通过自己的口传达给媒体。在访谈时说:这十几年,中国最根本的成就是把国门打开了,只要中国的大门不再关上,中国就会有希望。樊骏兄不仅很有学问,而且很有思想。我觉得他讲到了要点,就把他的"思想"投向北美大地了。

六

  2011年1月18日,科罗拉多高原正飘着大雪,突然收到表弟叶鸿基转来的张梦阳兄的信,告知樊骏兄逝世的消息。我几乎承受不住这一打击,突然感到晕眩与虚空。打开窗户,我朝着东方默默地呆望着,呆望得很久。"想念您",这三个字又浮上心头。想念您,想念您!这回是我在想念永别的可亲可敬的兄长了。想念中我意识到无可挽回的事件已经发生,此后我将更加孤独。除了悲伤,只能用挽联来表达自己的无尽思念与敬意。这一挽联,是我的心碑,但愿它永远伴随樊骏兄高洁的亡灵。

  痛挽樊骏好兄长
  文研所诗书三百,品学一流无私卷,
  当铭当记当颂樊先生;
  宇环间星斗万千,慈慧双修有情族,
  最思最念最爱吾兄长。

刘再复敬泣于美国落基山下
2011年1月18日

上海,助我思想飞扬的上海*

——此文,谨敬献给已故的谢泉铭、高国平、
梅朵、徐启华诸先生高洁的亡灵

一

二十二年来,我走过三十多个国家,欣赏过一百多个城市,每到异乡的一城一池,总会联想起故土大地上的北京与上海。这才知道,"北京"与"上海"这两个名字已在自己的血液深处扎下根了。我在北京居住了二十七年,在上海则逗留不到二十七天,然而,拉开时间与空间的长距离之后,这两个城市在我的记忆中却同样深刻,同样难忘。不管世道如何沧桑,人生如何曲折,"上海"再也挥之不去了。

我常用"是否有灵魂"这一眼光来看城市。因此,总是把城市划分为"有灵魂的城市"和"没有灵魂的城市",或"灵魂微弱的城市"。《忏悔录》的伟大作者、中世纪宗教思想家奥古斯丁写过《上帝之城》一书。在此书中,他说上帝之城包括精神之城与世俗之城。我引申一下说,凡是精神之城非常发达的地方,都可称作有灵魂的城市。香港可以说是地球上最繁荣、最发达的世俗之城,但其精神之城却不够灿烂,以至让人们视为"文化沙漠"。我虽多次为香港辩护,但也不能不承认,它是一个灵魂微弱的城市。至于澳门、拉斯维加斯(美国)等处,尽管赌场的灯火格外辉煌,但我还是把它划入没有灵魂的城市。分类,本身就是一种话语权力操作,不免独断,因此朋友之间聊起来也不免会有争论。可是,对于巴黎、罗马、伦敦、北京、京都等城市,朋友们

---

* 此文乃应郏宗培先生之约,为纪念上海文艺出版社建社六十周年而作。

总是一致认定这是有灵魂的城市。这些城市的历史文化积淀太丰富了,那些教堂的尖顶、先贤的墓地、天才的名字、博物馆的珍品,样样都不容你否认这个城市是个巨大的精神存在。对于上海,则常有争论。

"上海是伟大的世俗之城",这一点没有争议。早在上世纪的30年代,上海就与纽约、伦敦、巴黎、东京等大都市"齐名",成为地球上稀少的"城市恐龙"之一,世俗生活丰富多彩到了极致。可惜从50年代到70年代,上海却陷入了萧条与贫困,霓虹灯下只有哨兵而没有夜市,甚至连霓虹灯本身也失去了斑驳的色彩。恐龙失落了血肉,只剩下了空疏的骨架。1980年我首次见到上海时,只拜访了我的散文诗习作《雨丝集》的责任编辑谢泉铭先生。他是上海文艺出版社的资深编辑,可是他的住房却是令人难以置信的狭小和简陋,特别让我惊讶的是床下还有床,其拥挤可想而知。谢先生就在这一小"蜗居"的灰暗灯光下一页一页地阅读那些无名作者的手稿,包括我傻乎乎地投给出版社的十分幼稚的诗集。我与他素昧平生,可他却在阅读中发现我有写作的"底气"——他在信上这样激励我,让我高兴得彻夜难眠。没有谢泉铭,就没有我后来的《读沧海》和《再读沧海》等,所以我到海外浪迹天涯时,总是对友人说,上海有个默默无闻无私的"神瑛侍者",他的名字叫作谢泉铭。可是他在破落的上海却几乎没有安居之所。从他身上,可知上海这一城市恐龙已消瘦干瘪到何等地步。幸而转机来了。1985年我到上海参加"文化战略"讨论会,看到的还是恐龙骨架,但那时恐龙之魂已经觉醒,正在翻身重吟之中。那之后的二十年,恐龙又长肉长肥长胖了。如今上海再次成为强大的世俗之城,其辉煌绝不在香港、东京、纽约、伦敦之下。

"那么,上海是不是伟大的精神之城?"关于这一点,朋友之间则总是争论不休。说"不是"的,理由很多。上海没有罗浮宫,没有先贤祠,没有大英帝国博物馆似的博物馆,没有罗马斗兽场似的历史遗迹,没有西敏寺那种埋葬着牛顿、达尔文、狄更斯的大教堂,没有剑桥、牛津、哈佛那样的现代大学,甚至没有北大、清华这种老牌大学。原先比较深厚的"圣约翰大学"已经消失,1949年后才浮上地表的"复旦"、"华师大"、"同济"等,历史毕竟太短。"交大"资格较老,可是分身一半到西安。上海虽然曾经"阔"过,但没有建设国家博物馆与城市博物馆的传统,艺术的珍品善品只是个人收藏,私藏者的"家"也许有魂,但公共的"城廓"还是没有魂,比不得北京故宫博物院那种长悠悠、沉甸甸的气象。

争辩中我总是属于"保海党"的一方,总是竭力论证上海乃是有灵魂的城市。1985年我到上海时曾接受上海电视台的采访畅谈上海。那时我就说,上海是中国近代史上最先打破海禁即最先打开门户的城市,是聚集着管理精英和工艺精英的中国现代化先锋城市。上海"敢为天下先",所谓海派文化便是敢开风气之先的文化。这一基本认识,我一直坚守着。在海外与朋友的争论中,我还说,别小看上海的"租界"与"十里洋场",没有这些租界与洋场,就不会有张爱玲,甚至也不会有完整的鲁迅。不是吗?鲁迅的《且介亭杂文》,就得益于半租界。整个左翼文学所以能蓬勃发展,也完全是借助上海的生存夹缝、社会氛围和心灵的温热。鲁迅被誉为"民族魂",而这一魂魄最后十年是在上海磅礴跳动的。鲁迅时代上海那么多文学刊物,其辐射的时代光芒覆盖全中国。这些刊物为什么能生存?因为有读者。那时的上海聚集着无数苦闷而有理想的中国青年,他们渴望读书,渴望新知,渴望真理。这种渴望,便是灵魂的骚动。在论辩中我也承认,上海的灵魂在上世纪下半叶之初的二十多年里受到摧残,多元文化变成一元文化,连原先左翼文化的首领潘汉年也被送进牢狱,而我的写作课老师(厦门大学中文系)、原上海市首任宣传部长彭柏山也被送上十字架,更不用说张爱玲彷徨无地,只能逃亡到海外了。上海呵上海,我能理解你,大有大的难处,大就让人注目,让人不放心,让人不能不看得更严,管得更紧。可是一旦严紧,灵魂就难以拥有活力,才子才女们就难以拥有天马行空的精彩了。

二

我所以竭力为上海辩护,还因为我和上海文艺界尤其是上海文艺出版社有一段富有诗意的"因缘"。"因缘"里蕴藏着我终生难忘的激励之情。

去年五六月之交,我应《东方早报》所属的"上海书评"陆灏兄的邀请,前去上海参加由"早报"主办的十年文化成就奖颁奖活动。很荣幸,我被尊为"颁奖人",给文化英雄们颁奖。除了参加颁奖活动之外,我还到上海图书馆讲述"红楼梦的哲学阅读",到华东师大文学院讲述"红楼梦与西方哲学",到译文出版社评述李泽厚的答问录新书。就在出版社的座谈会上,我和阔别了二十三年的好友、上海文艺出版社前副总编郝铭鉴相逢。这一相逢真让我喜出望外，高兴了好久。

郝铭鉴兄是改变我命运的一个上海出版家。让我"暴得大名"（胡适语）的《性格组合论》正是他推动出版的。他当时身为出版社的负责人，亲自来到北京，向我约稿。说他正在组织一套名为"文艺探索书系"的丛书，以探索为手段，以开拓为目的，一定要让我的论著打先锋，作为丛书的开山之作。他还运用手中的"权力"，说出版社租了旅馆，可让我在上海躲藏起来写作几个月（我果然也到上海躲着读清样），其真诚的态度令人感动。在他的敦促下，我很快写就最后三章，完成了这部理论著作。从1985年到1986年之间，我接到郝铭鉴兄许多电话和信件，每封信都是"你可放开写"一类的鼓励与叮咛，那两年，我从铭鉴兄身上，得到最多的温暖和力量，并通过郝铭鉴，我感受到来自上海的助我思想飞扬的暖流。除了铭鉴兄，还有一个让我永远难忘的已故的友人，这是徐启华。他那时在《文汇报》担任副刊主编。出国后他英年早逝，真让我的伤感伤到心底。我在2004年所作的悼念文章《文学殉道者的光明》中有一段这样的纪实文字：

　　……正是这个低调的《文汇报》副刊主编，在八十年代用他的全副心力支持我的探索，毫无保留地为我推波助澜。他对我说："你的文章，无论是理论文章还是散文诗，我都一律发表。"这种绝对态度，使我深受鼓舞。一九八五年六月，我应他所约，写了《文学研究应以人为思维中心》，他接到后立即打电话给我，说他将立即发出，并加编者按语，组织全国性讨论，声音是兴奋的。果然，七月八日，文章就见报，接着便是牵动人心的热烈讨论。在他的推动下，我进一步把中心论点学术形态化，写了《论文学主体性》，进一步引发更大范围的论争。今天国内外学界都知道我是八十年代"文学主体性"学案的主角，却很少人知道是启华拉开了"文学主体性"讨论的序幕。一九八六年秋，文学研究所在北京召开"新时期文学十年"大型研讨会，我做了"论新时期文学主潮"的报告，篇幅一万字，他竟然决定要在《文汇报》全文刊登，我说《人民日报》已决定刊登了，他却说，他们登他们的，我们登我们的。就这样，出现了南、北两大报同时刊登我文章的特异现象，而制造这一现象的正是那个腼腆的上海编辑。读了《文汇报》我才明白，这个说话声音柔和的启华很有大将风度,很有独撑灵魂的内在力量。……

《性格组合论》刚一出版,人民日报就在第一时间中报道"一抢而空"的消息,这之后,便一版再版,直至第六版,发行量近四十万册,成为1986年的十大畅销书,还得了几个主要报刊联合颁发的"金钥匙奖"。对于奖项和外部评语,我历来不在乎,觉得自己不受批判便是凯旋,最重要的是能够发出自己内心真实而自由的声音,但"金钥匙"这一名字实在很美,也很切合我的喜欢打开思想门窗的心灵走向,所以就记住了。

《性格组合论》第一版发行时,郝铭鉴和上海文艺出版社的郑煌等其他负责人,特在上海举行发布会,还要我作个"讲话"。面对一千多个好学的听众,我以最坚定的语言颂扬巴金所作的"忏悔录"(原书名《随想录》)。说明忏悔乃是民族新生的第一步。我们曾共同创造了一个错误的时代("文化大革命"),在错误中我们每一个人都有一份责任。对这份责任的体认,便是良心。"受蒙蔽"而进入"共犯结构"没有法律责任,但有良知责任。演讲后我收到几百张字条,其中那些感人的语言除了给我震撼之外还让我感到上海这个伟大城市显然跳动着一颗集体性的伟大的良心。演讲后,我开始签字,队伍排得很长,一些拥到讲台上的性急的年轻朋友差些把桌子挤倒。签书半小时后"拥挤"现象愈来愈烈,我坐不住了,郝铭鉴诸兄怕我不"安全",竟把我"驾走",匆匆逃离会场。那一天,我感到80年代的上海真是一团火,烧得我浑身是热,也烧得我思想更为动荡更为活泼。所以从上海返回北京之后,我便立即撰写《论文学主体性》,一发不可收了。

和巴老(巴金)在一起(1985年)

1986年10月的一天,钱锺书先生急着找我,说他得知《性格组合论》印数已超过三十万,让我要"知止",说"显学很容易变成俗学,不要再印了"。钱先生一言九鼎,我立即写信给郝铭鉴兄,请上海文艺出版社不要再增印了。出版社尊重我的意见,也就止于第六版。钱先生是个极有智慧的大学者,他深明"知止不殆"(《道德经》)的真理,劝阻我完全是为了保护我。

《性格组合论》让我"暴得大名"之后果然也让我进入多事之秋。而在此"秋季"里,又是上海把我推得愈走愈远。首先是《文汇月刊》记者刘绪源带着梅朵和肖关鸿的好意到北京采访我。开始时我还是逃避,但最终扭不过绪源兄的"执着",从而对他回应了姚雪垠先生的批评。姚先生在《红旗》杂志写了两篇数万字的长文,对我进行"炮轰"。此事非同小可,一旦回应,便会演成一件大事。果然,刘绪源的采访录在《文汇月刊》(1988年2月号)以头条的显著位置发表之后,引起了姚先生的愤怒,他声言要到法院起诉我。剑拔弩张之势形成了,事态严重化了。尽管那时我收到无数"声援"的电话与信件,包括律师的"自告奋勇",但我还是略感不安,觉得自己可能犯了和姚先生一样的错误:上纲上线。"文化大革命"的毒汁固然在姚先生身上有所反应,在我身上也有所反应。姚先生说我"反马克思主义",我还以姚先生"顺四人帮路线"。尽管双方针锋相对,旗帜鲜明,各显"政治正确"的姿态,但都没有在学术上进入真问题。不过,由上海《文汇月刊》发动的这场半论争半官司的戏剧,却让我更深入地思索文学与意识形态的关系问题,即让我更彻底告别文学顺从意识形态的悲剧,也更清楚地认清了把文学变成意识形态的转达形式,丧失审美自性,正是当代文学最根本的伤痛。出国后我和林岗合写的《广义革命文学的终结》,其论说主题及其彻底性的审美判断也得益于这场论争,所以我还是要感谢绪源兄,感谢梅朵、肖关鸿兄主持的《文汇月刊》和它立身的大上海。

出国十年之后,又是上海最先记起了我。上海文艺出版社再次"敢为天下先"向我约稿。此次是出版社的资深老编辑高国平先生向我发出热情的约稿信,说出版社愿意出版我在海外所写的《共悟人间》与《独语天涯》两书。我遵嘱把书稿寄给国平兄。不到半年,两书的简体字版一起问世了。每本发行量一万八千册,而且很快就售完。2002年,国平兄通知我,出版社决定推出第二版。那时出版社的总编是陈保平兄,副总编是郑宗培兄,两人都积

极支持。宗培兄还代表他主编的《小说界》向我约稿,而保平兄到香港时也特别约见了我,表示一定会把书出好。可是没想到第二版刚印好尚未上市,就被"上头"发现了。"上头"干预了此事,下令不许发行,第二版终于困死在摇篮中(印好的书可能至今还被囚禁在仓库里吧?!)。此事让真诚正直的高国平非常伤心。但我还是依然如故,因为我早已学会用平常之心对待一切,包括对待成就与苦难。但国平兄在电话上对我说的话,却让我落泪。他说:上海一直怀念你,你的书已长存在上海的心里了。这几句话出自一颗朴实而憨厚的心灵,它让我相信。他本是在安慰我,没想到,这句话却在我内心激起强大的思想波澜。近十年来,我每天黎明即起,笔耕不倦,思想进入新的飞扬时期,这个中有许多原因,但有一原因便是上海助我——上海的朋友助我。天地人间,情感毕竟是最后的实在。上海友人们给我的正是最值得珍惜的助我思想飞扬的真情感。此刻我想起给我激励之情的国平兄、启华兄和谢泉铭、梅朵先生已经去世,再也无法向他们说一声感谢,实在难过得难以自持,写不下去了。不过,最后还想说,倘若此刻我站在奥古斯丁"上帝之城"的门口,那我一定会面向东方充满感激地说:"上海,助我思想飞扬的上海,你是一个有灵魂的城市。"

2012年2月14日
于美国科罗拉多

第三辑

会友序文

凤凰树下随笔集

夏中义《朱光潜美学十辨》序

9月中旬还在Boulder（美国中部）时剑梅告诉我，上海交通大学中文系夏中义教授发来E-mail，希望我能为他的新著《朱光潜美学十辨》作序。无须多想，我立即答应了。因为，不管我作不作序，夏中义的论著我每部必读，而且总是被他的学术语言所吸引。读他的书没有痛苦，只有快乐。从读《新潮学案》、《九谒先哲书》、《王元化襟怀解读》到《王国维：世纪苦魂》，皆如此。现在可借作序的机会，先睹为快，说点读书心得，何乐不为呢？到了马里兰（美国东部）之后，剑梅把《朱光潜美学十辨》打印稿交给我，她印了两份，我们父女同时阅读。因为中义兄的新著很有密度，且长达二十余万字，我们读了整整一个星期。

读了之后，我告诉剑梅：我发现中国崛起了一个当代人文学术批评家，这就是夏中义。现在中国"文学批评家"（真假暂且不论）不少，但人文学术批评家却很稀有，甚至可以说几乎没有。大陆、台湾已出版了一些中国学术史，这也属人文学术批评，但都止于古代、近代，而对现、当代的人文学术，则缺少扎实、认真的批评家。剑梅问，您刚刚出版的《李泽厚美学概论》，不也是当代人文学术批评吗？我回答：不错，我也做了一些人文学术批评，但还不算人文学术批评家。一是因为我的工作重心是文学批评与文学研究，二是我没有夏中义那种人文学术批评的热情和清理20世纪学案的学术追求。这种追求，不是他自己宣告的，而是我从他的论著中读出来的。

一

要成为一个真正的文学批评家和人文学术批评家都不容易。各有各的难处。文学批评家之难，难在他们天生必须具有一种不同凡俗的艺术感。像别林斯基，他不到四十岁就去世了，但他凭借天赋，发现了人类文学的巨大天才果戈理和陀思妥耶夫斯基,其影响超越了文学,也超越了时代。我们以往文学批评的失败,是只知僵死的所谓"批评标准",不知艺术感,结果愈批评,文学愈遭殃。相对于文学批评家,人文学术批评家之难,则是难在后者必须学、胆、识兼备,诗、史、哲皆通。这种复合型人才很难找。在比我年轻一辈的学人中,我只遇到过两个人,一个是林岗,一个是夏中义。但林岗不像夏中义如此自觉地把全部生命与才华都投入当代人文学术批评,他常常跑到古代和近代。

学、胆、识"兼备",这是说批评家的主体条件。具备这一条件后要进入批评实践,又有另一番艰辛。人文学术批评总是少不了知识考证、概念辨析、史迹追踪、思想探究、语境比较、价值判断等基本环节。每一环节都牵涉主体眼光、学科背景。就以"朱光潜批评"这一课题而言,夏中义在"十辨"中所牵涉的就远不止美学,从"论"上说,它还涉及古典哲学、现代哲学、伦理学、心理学、文化人类学等;就"史"而言,它不仅涉及中国诗史,而且涉及西方文学史、艺术史、科学史、美学史。至于中国的儒学、禅学等,就不待多言了。中义兄的本事在于他能挫百科于笔端,无论谈古今还是说中外,都融会贯通。人文学术批评家首先是"通人",然后才是"专家"。夏中义之厉害也在一个"通"字。这绝不是那些玩弄学术姿态、显耀学位头衔、挥洒才子意气的论客可以比拟的。

我不能充当人文学术批评家的角色,是因为有自知之明,即自知自己缺少中义兄的这股认真劲和阅读耐心。就以"知识考证"和"概念辨析"这两个环节而言,这虽然不属"文物考古学",却属"知识考古学",夏中义天生就有一种追究词义发生、概念发生、范畴发生的嗜好。说起"形象思维",他可以追索到卢那察尔斯基,追索到别林斯基,追索到马林诺夫斯基(著《巫术科学宗教与神话》),追索到列维·布留尔(《原始思维》作者),追索到维柯(《新科学》作者)。在辨析中,他又把"形象思维"与"艺术想象"及"诗性智慧"的区别与长短说得一清二楚。在夏中义笔下,不仅学科有史,范畴概念也有史。有史才有深度,才有学问。我真佩服夏中义捕捉"关键性问题"和"关键性概念"的能力,一旦"被捕",则穷追猛掘,直达概念源与范畴源。

人文学术批评家除了需要具备学识之外,还必须具备学术品德。这种品德首先是指"胆力",即敢于面对真理,敢于说出自己的见解,不顾外在的

夏中义《朱光潜美学十辨》序

功利,"唯问知识之真伪"("十辨"书中语),尤其敢于挑战流行的风气和流行的理念,说出该说的话,道破该道的真知与新知。胆力属于判断力,不管是纯粹理性判断还是实践理性判断,都需要胆力。胆力不是"气",而是"理性"。除了决断之外,学术品德还少不了谦虚与敬畏,这是心力。夏中义的批评文章,之所以让我倾心,是文章中的气场,散发的皆是静气与祥气,而无轻狂气与浮躁气。这原因是评述中蕴含着一种很难得的、也是当代人文学术批评中阙如的耿直而谦恭的态度。这是对于学问的真诚,对于真理的崇尚,对于思想的敏感,对于知识的通透等几项气质的综合。要说人才难得,这种批评人才才真是难得。

二

尽管《新潮学案》、《九谒先哲书》、《王元化襟怀解读》、《王国维:世纪苦魂》等著作皆表现出学术才华与学术品格,但《朱光潜美学十辨》更近完善,更能代表夏中义水平。此书的基本贡献有两个:一是对朱光潜的以美学为中心的学术道路进行了一次缜密的史论结合的评述。从"史"即从纵向上说,"十辨"把朱先生六十年学术的来龙去脉勾勒得异常明晰,不仅骨架清楚,而且细部也清楚。从"论"即从横向说,"十辨"又把朱先生"这个人"的人格结构、精神矛盾、学术曲折描述得真真切切。让人读后,完全深信朱光潜先生确实是中国最典型、最优秀的人文知识分子,但在20世纪的时代大风浪和知识分子的共同大悲剧中,也无可逃遁地充当一个悲剧角色。朱先生所以令人尊敬,是不管他在什么时候,都是那么认真,那么真诚,那么谦和,即使在1949年后,他对自己文艺观进行自我批判和引入青年马克思的哲学—经济学手稿,及其用"马克思主义"重新阐释西方美学史,也是认真与真诚的。唯其真诚,他留下的心灵轨迹与著述轨迹,才足以见证20世纪这个动荡的历史时代。夏中义对于自己的批评对象,充满敬意。但他还是以"吾爱吾师但更爱真理"的态度,站在比批评对象高一些的位置上进行评述,颂其功德而不媚,揭其失误而不伤,肯定时不以讴歌代替研究,针砭时不以嘲讽代替阐释。对于朱先生的贡献,夏中义给予充分开掘,对于朱先生的自我"掏心"则给予同情的理解。其态度之虔诚,质疑之委婉,评说之精彩,文笔

123

之圆润,常常令人拍手叫绝。

《朱光潜美学十辨》另一个贡献出乎我的意料,这是它对克罗齐的二度发现(这是指中国学界对克氏的发现。第一次发现当然属于朱先生)。朱光潜先生的人生整体与学术整体是很丰富的,但其主要贡献还是对西方美学的译介与评说,他自己虽然独钟《诗论》,但此书虽属精品却不能与他译介西方美学这种补缺中国现代学术之"天"的功劳相比。朱先生的"西石补天"工程,最值我们铭记的应是如下:(1)引进克罗齐和文艺心理学;(2)汉译黑格尔的《美学》;(3)阐释青年马克思哲学—经济学手稿;(4)撰写《西方美学史》;(5)汉译维柯的《新科学》。五项中又以第一项为最早也影响最深远。克罗齐的"直觉—表现"说,可以说是颠扑不破的文学艺术真理。朱先生凭借他对西学尤其是美学的真知和对文学艺术本性的真知,选择了克罗齐,真为中国文学艺术提供了一盏西方明灯。至今我仍然时时受到这一明灯的照耀。可惜朱先生在大时代的压力下却在50年代告别了克罗齐,对克罗齐展开了完全错误的批判,和克氏演了一部"啼笑因缘"的悲喜剧(夏中义书中语)。尽管这一故事可以理解,尽管这一悲喜剧以朱先生汉译克罗齐的精神先师维柯的《新科学》落幕(补偿错误),但我们毕竟要叹息,如果朱先生未遭历史给予的打击和限制,让他把克罗齐的美学思想充分阐释和充分提升,他一定能在这块很高的基石上创造出属于中国的原创性美学体系。这一点,不必说朱先生自己,连我们这些后来者,一旦想起,不仅感到遗憾,而且感到忧伤。

幸而夏中义给了我们心灵慰藉。他用两章(第二章与第三章)的篇幅重新论述克罗齐。尤其是第三章"重读克罗齐:从《美学原理》到《美学纲要》",更是超越了朱光潜而着眼于"灵魂水平"重新把握了克罗齐。通过夏中义的阐发,我们才充分明白克罗齐的直觉主义不仅是美学,而且是心灵哲学,而"直觉"乃是心灵哲学的逻辑起点,它包括"心智性"、"整一性"、"文化性"三大特征。前期朱光潜就说克罗齐是康德和黑格尔哲学的"集大成者",可惜对这论断,朱先生却未曾说明。夏中义在"十辨"中把朱先生的"未完成"化作"完成"。他说:

1948年朱光潜对心灵哲学有过一个总体评价,说克罗齐是对康德和黑格尔哲学的"集大成者"。(朱光潜:《克罗齐哲学述评》,载《朱光潜全集》第四卷,安徽教育出版社1983年版,第332页)然笔者更想弄清的疑点是:克罗齐是怎么做到对康德和黑格尔的"集大成"的?"集大成"这三个字含义不浅,颇需思量:"集"是指综合;"大成",则指给定学术的标志性特征或经典性实绩。就黑格尔而言,其标志性特征当是他那过于恢宏的思辨视野,因为他竟把有关绝对理念的自在自为的演绎历程,虚拟成宇宙万物、世间历史赖以演化的本然程序。对康德来说,其经典性实绩恐莫过于他对人为何有认知能力之追问。因为当西方哲贤纷纷沾滞于"物质—精神"孰先孰后之争议时,康德却别具慧眼,率先沉潜于心灵水平去探究"纯粹理性"的底蕴。于是疑云渐渐散去,原来所谓克罗齐"集大成",是指其心灵哲学在学术上把黑格尔的思辨路径"康德化"了。说得再落实些,克罗齐是把黑格尔有关绝对理念演化的宇宙模式,转换且缩微成人类精神的自我体认程式(所谓"双度复合"结构),"软着陆"于人性——心智水平,从而把只有天才才配把玩的圣哲玄想,变成了凡人也可能以日常体悟来感应的生命智慧。这大概既是康德为何比黑格尔更具人间气息的原因,也是克罗齐为何要把黑格尔"康德化"的原因。

　　夏中义解开了克罗齐的学术密码,还其崇高的学术地位。原来,是克罗齐的心灵哲学在学术上把黑格尔的思辨路径"康德化"了,正是他把黑格尔绝对理念演化的宇宙模式,转换且缩微成人类精神的自我体认程式而"软着陆"于人性——心智水平。在阅读夏中义的再论"直觉"之前几年,我因悟证《红楼梦》(写作《红楼四书》),一再说明我的悟证乃是用"直觉的方式"(而不是用逻辑推理方式)去把握对象。也可以说是多年来念念不忘"直觉"二字。在论说"直觉"时,我既引述庄禅,也想到克罗齐与胡塞尔,因此,阅读夏中义此书的第三章时,我便是读得如饥似渴,而且是"带着问题"阅读,所以读得很有心得。曾经煎熬过我的关于直觉与逻辑、直觉与传达、直觉与表现、情感与灵魂、幻想与想象、相与心、日常情感与艺术情感、常人境界与诗人境界等对立项,在此章中都得到学术的说明。我一再说,文学离不开"心灵"、"想象力"、"审美形式"三大要素,读了夏中义对克罗齐的阐释,我更"坚定"了自己的信念。当我读到"直觉论只想在心智水平质朴地陈述人对世界(信息)的主动觉知的发生,诸如其形态、性质、对象、条件以及后续演化,而不曾奢望提供能穷尽人类认知的底蕴的终极答案"时,我与书作者产生了强烈的共鸣,我知道我的"红楼梦悟"也只有希望,并无奢望。而夏中义所指出的克罗齐的艺术的非物理、非概念、非功利、非道德的"思维洁癖",我也难以避免。

三

阅读夏中义的新著之前,我暗自想到,此书一定会提供一个中国现代美学史框架。因为中国现代美学史并不复杂,能够成为框架中的骨骼人物的,恐怕只有朱光潜与李泽厚二人。在我心目中,朱先生是中国现代美学的拓荒者与奠基者,李泽厚则是创造者与完成者。朱先生曾作诗赠李泽厚,称之为"长江后浪推前浪"。这固然是朱先生的谦和,但也是事实。朱先生对于中国现代美学的建构(尤其是译介与研究近、现代西方美学)功劳很大,但因为时代未能提供他足够的自由表述的条件,因此,我们总觉得他的美学系统缺少原创性。夏中义是从史案对朱光潜进行评论,但不愿意从总体史上作此判断。也许不是不愿意,而是从根本上不这么认为。我虽然作这种判断,但也不是苛求,只是认为,像朱先生这样渊博勤奋的学者,对中西文化均有如此深厚的素养,本可以产生更多的创造性研究成果,但是,在他生命最后三十七年,却基本上只能"照着说",很难"接着说"(两"说"皆借用冯友兰的描述语言)。而且"照着说",只能照着"马克思主义"一家说,至于"接着说",则必须小心翼翼,一出轨就有危险,在这种语境下,朱先生能写出《西方美学史》,真是奇迹,但这部著作毕竟只是具有规模的"照着说",其价值也在"照着说"之中。至于"接着说"部分,则因为具有潜在意识形态准则的制约反而不可靠。因此,可以说,朱先生的前期虽有"接着说"的新见识,一生虽有译介和著述西方美学史的业绩,但总是让我感到"创着说"的稀少,甚至可以说是阙如。这不是朱先生一个人的问题,他之外的冯友兰、金岳霖、贺麟等哲学家也有这个问题,他们在1949年前有所创造,而之后则忙于自我否定和依据新的意识形态标尺"照着说",结果反而"后"不及"前"。在他们那一辈的人文学者中,钱锺书先生几乎是唯一的例外,他在不能为的语境中找到一种大有可为的著述方式,写出了又似堡垒又如深渊的《管锥篇》,而且蕴含着可让后人阐释不尽的"接着说"与"创着说"。

夏中义兄的新著分为十章,构成一部具有系统性的专著。但因为是多

夏中义《朱光潜美学十辨》序

年逐步写成,因此,观其内里便令人感到纵线比较(朱先生本人的学术、思想的前后比较和发展线索)很强,而横线比较(与同时代的其他哲学家、美学家)稍弱。第八章在描述1956年第一次"美学热"中,以朱光潜、蔡仪、李泽厚、高尔泰为人物坐标,进行了比较性批评,有如审美法庭,褒贬一点也不含糊,对李泽厚、蔡仪的批评相当尖锐,此时的中义颇有点包公味。可是1956年这场各方都在论证自己符合"主义"的论辩,意识形态阴影太重,唯心唯物的"法执"太过,难以进入学科的核心,并不能完全呈现20世纪的美学风貌。以其中的李泽厚而言,他在1956年后的五十多年中,就打破50年代的"法执",走得很远,以至形成自己的美学体系。如果夏中义兄能够把描述语境放大一些,把批评眼光射向朱先生的身后,那么《朱光潜美学十辨》将更接近中国现代美学史论。

四

《朱光潜美学十辨》出书之后,我还要再读一遍,重读的重心将是论著中的批评语汇。夏中义在过去出版的几本书和这一本书中引进和自创了许多人文学术的批评语汇,例如"角色丛"、"美感链"、"全息胚"、"心灵真实"、"灵魂水平"、"前直觉"、"后直觉"、"直觉因"、"形式因"、"材料因"、"直觉品"、"纯粹直觉"、"模式思维"、"审美廉耻"、"反差转合"等等。他并不生造概念,更不滥用概念,所有的批评语汇都自然涌出,成为论述的细胞与肌理。我称夏中义为中国当代的人文学术批评家,当然不仅是指他拥有自己的一套批评语汇,但是,这套语汇的自然运用,却也可以窥见他在批评中是何等用功,何等周密思索。

20世纪中国人文科学的实绩并不理想,这显然与中国人文环境缺少思想自由、表述自由关系极大。幸而在艰辛的人文环境中,还出现了陈寅恪、冯友兰、钱锺书、李泽厚等杰出个案以撑点门面。自从15世纪"文艺复兴"发生,五百年来人类社会最优秀的人文成果都是欧洲提供的,中国能拿出手的恐怕倒是文学上的《红楼梦》和现代的鲁迅,而不是人文学术著作。20世纪中国掀开了人文学术崭新的一页,虽有成绩,但能给世界提供原创性论著的,还是太少。这与一个积累数千年文化的大国很不相称。我所以支持夏中义的人文学术批评,便是希望他的探索能成为他书中所说的"心灵驱动力",从而把中国人文学术推向应有的高处与深处,也让中国人的现代心灵多些"安顿"之处。

2010 年 10 月 18 日
于美国马里兰

梁归智《周汝昌传》二版序

一

曹雪芹是中国文学的第一天才,即最伟大的天才,而他的著作《红楼梦》则是中国文学的第一经典。首先如此肯定曹雪芹的无比崇高地位的是周汝昌先生。他在1953年出版的《红楼梦新证》,其"引论"就如此判断:

> 曹雪芹是中国第一流现实主义的小说家之一,《红楼梦》是世界伟大文学作品行列的一部非凡作品。正如意大利人民一提到但丁,英国人民一提到莎士比亚,苏联人民一提到托尔斯泰而感到骄傲一样。我们中国人民也就以同样的骄傲感而念诵曹雪芹的名字。

但丁、莎士比亚、托尔斯泰都是他们的祖国所确认的第一天才也是永远引以骄傲的精神天空。五十多年前,周汝昌先生对《红楼梦》的认识就如此走上制高点,五十年后,这一认知成了共识之后,他又道破《红楼梦》的四项伟大究竟,即:"曰思想情感之伟大;曰学识广博之伟大;曰气味品格之伟大;曰才情诗境之伟大。"(《红楼十二层》,书海出版社2005年版,第82页)所以我称他为中国第一文学天才的旷世知音。然而,周先生作为知音还不仅是这一崇高而准确的判断,更令人感动的是,他从少年时代开始,就不喜欢《三国演义》而热爱《红楼梦》,并从青年时代开始就把全部生命、全部才华贡献给《红楼梦》研究。六十年钩沉探佚,六十年呕心沥血,六十年追求《红楼梦》真理,真是可歌可泣,可敬可佩。

本就敬佩周汝昌先生,现在读了周先生的私淑弟子梁归智教授的《周汝昌传》,才知道周先生原来就是一个贾宝玉,一个贾宝玉式的赤子,一个贾宝玉式的婴儿,一个贾宝玉式的痴人,一个"真真国"里的真真人。难怪他一生都做曹雪芹这一伟大"神瑛"的赤诚痴心"侍者"。梁归智先生这部传记写得真好,不仅写出周先生这个"学者",而且写出周先生这个"人"、这颗"心灵"。

很惭愧,由于沧海之隔,再加上自己的方法是"直觉"红楼文本,极少参照国内红学研究著作,因此,在读"传"之前,我竟然没读过梁先生的著作。近日连续读他的三部著作(除"传"外还有《红楼疑案》、《禅在红楼第几层》),才惊讶于周先生竟有这样一个有学问、有见地、考证悟证功夫兼备的"接班人",更高兴的是梁先生对"红楼"的认知,尤其是对禅在红楼的重要位置的认知,完全和我相通。说"秀才不出门,全知天下事",看来不对,我躲藏在落基山下的"象牙之塔"之中,就完全不知梁先生早已"紧跟"导师开创了《红楼梦》探佚学,也不知道他不仅有师承的高强考证功夫,而且早已意识到,百年来的《红楼梦》研究,缺少的是灵魂,是主体精神,是文化哲学,此一见解何等宝贵! 这次阅读归智兄书很有收获,虽隔重洋,但我与他产生了一次灵魂的共振,他的"传"写得这么好,我相信,其意义将远超于对周汝昌先生个人的评价。《红楼梦》对中华民族未来的影响不可估量,梁先生参与的是这一不可估量的事业。

二

对于周汝昌先生,一般的认识是只知道他是《红楼梦》的考证家而不知其余。不错,周先生首先是以《红楼梦新证》而名闻天下,但是,这部"新证"可是非同小可。这部巨著超越了它之前的任何考证成就,包括超越胡适先生与俞平伯先生。胡先生与俞先生是值得我们敬重的,经过胡适的考证,鲁迅与我们这些后人才知道《红楼梦》的作者是曹雪芹,才知道《红楼梦》是一部文学化了的"作者自叙"(鲁迅语),贾宝玉即曹雪芹的人格化身。然而,此说是不是真理,还是有很多人不相信,不仅不相信,而且还大规模地声讨此说乃是异端邪说,在此语境下,周汝昌先生以惊人的毅力和惊人的实证本领,开掘出曹家历史和抄本、文物等大量材料,再次证明,曹家乃是小说《红楼梦》的生活原型,曹雪芹本人又是主人公贾宝玉的原型。《红楼梦》开篇就写"甄士隐"和"贾雨村"两个人物,曹雪芹以此暗示,这部小说是"真事隐"和"假语存",在小说语言(假语)覆盖下是真实的故事。当然,既然是文学,故事情节与生活原貌不可能完全相等。不过,所有醉心于《红楼梦》的读者,都天然地渴求知道小说故事背后到底还"隐"了什么真事,曹雪芹没有写完的

梁归智《周汝昌传》二版序

故事是什么故事,这就形成考证的文化心理前提。对此,胡适敢为天下先,第一个吃了螃蟹,其功永不可没。俞平伯先生和周汝昌先生显然都受其影响,都继续胡适"开创"的事业。可惜俞先生的考证太重情趣,格局不够大。而周汝昌先生则以《红楼梦新证》闯出新格局,也形成考证的大气象。到了周汝昌先生这里,人们再也不能不承认《红楼梦》乃是曹雪芹的自传体小说,是加上"想象"与"审美形式"的艺术化了的"自传"。周汝昌先生从"新证"开始,接着又用数十年的功夫深化研究,结果创造了曹学、版本学、脂学、探佚学互参的红学四维结构,把"考证"推向高峰。可以说胡适是《红楼梦》考证的开创者,而周汝昌先生则是总集成者。

读了梁归智先生的《周汝昌传》,我还明确了原先的一个看法:周先生的成就不止是考证。今天借此作序的机缘,我想用八个字来评价周汝昌先生,这就是"总成考证,超越考证"。周先生的超越,是他对《红楼梦》的伟大价值具有真知灼见的发现,他不像胡适那样,虽有考证功夫却无敏锐的艺术感觉,胡适竟然认为"《红楼梦》比不上《儒林外史》;在文学技术上,《红楼梦》比不上《海上花列传》,也比不上《老残游记》",甚至认为"原本《红楼梦》也只是一件未成熟的文艺作品"(1960年11月20日致苏雪林信)胡适这话未免离真理太远。与胡适相似,俞平伯先生也怀疑《红楼梦》是不是一流作品。而周汝昌先生则一再论证,说明《红楼梦》乃是"一部空前奇丽、石破天惊的伟著巨构",曹雪芹乃是"前无古人,后无来者"的天才,他的这些出自心灵深处的认知,其文学眼力和思辨能力都远在胡、俞之上,也远在当今许多红学家之上。深刻的真知逼迫他不得不对胡适和俞平伯两先生提出质疑。他感激胡适,又批评胡适,这完全是"吾爱吾师但更爱真理"的情怀。至于在全国性的批胡批俞的大潮流中,他的某些悲剧性表态,我想,我们只能给予理解的同情。

就我个人的体验而言,我在著写《红楼四书》时,固然重新阅读《红楼梦新证》,沉浸于生活原型的想象快乐之中,也常常与李泽厚先生谈论《新证》中的趣事。泽厚兄不研究《红楼梦》,但在《美的历程》中对《红楼梦》作过精彩的评价,此后也对《红楼梦新证》作了高度的评价,可惜后者仿佛只对我一个人发表。二十年来,他多次对我说:"《新证》考证功夫远超前人与今人。我比较相信《新证》中所讲的史实。《新证》说明,曹家的衰败,完全是政治变故的结果,而不是胡适所说的自然趋势。周汝昌显然比胡适深刻,比胡适更有见解。"我非常认同李先生的评价,觉得周先生不仅开掘出他人难以企及的史料,而且具有不同凡响的史识与诗识。二十年来,我无论是读周先生的《新证》,还是读周先生的《曹雪芹小传》、《曹雪芹新传》、《红楼家世》、《红楼梦与中华文化》等著作,都从中吸取了丰富的思想营养,这些营养概括起来,大约有三点:(1)确认《红楼梦》乃是空前启后的中国文学的最伟大的作品;是人类世界精神水准的伟大坐标之一。(2)一切考证、探佚的最终目的是为了把握《红楼梦》的无量文学价值。(3)感悟《红楼梦》关键是感悟其无人可比的精神境界,而不是什么"文学技术"之类。最后一点,周先生直接启发了我和女儿剑梅进行一场"关于第三类宗教的讨论"(参见《共悟红楼》第九章)。我完全没有想到,周汝昌先生竟然提出一个在我心中久久回荡的"大问题",给我以极大的震撼。周先生在纪念曹雪芹逝世230周年的学术讨论会上说,曹雪芹是一个抵达创立宗教水平的思想家、哲学家,是相当于释迦牟尼和孔子一级的大哲士。他坦率地说:

> 曹雪芹文化思想,在十八世纪初期,对中国文化是一种启蒙和革命的思想,其价值与意义和他的真正历史位置,至今还缺乏充分深入的探索和估量。整整九十年前陈蜕先生提出了曹雪芹是一"创教"的伟大思想家的命题,创教者,必其思想境界之宏伟博大异乎寻常而又无古人,如孔子、释迦等人方能膺此光荣称号者也,陈蜕所见甚是,而九十年中,并无一人知其深意而予以响应支持,则不能不为民族文化识见之趋低而兴叹致慨。

(引自《东方赤子·周汝昌卷》,华文出版社1999年版,第291页)

周先生这篇文章,我在出国之前仿佛读过,但没有特别留心。出国后,我把《红楼梦》作为"生命体认对象"(非研究对象),把自己的情感、心灵参与其中,才读出贾宝玉乃是准基督、准释迦,才明白《红楼梦》具有宗教式的博大情怀和大慈悲精神。在此基础上,我重读周先生这篇文章,真是激动不已。阅读后的瞬间,我真想告诉所有热爱《红楼梦》的朋友一句话:"我和周汝昌先生在《红楼梦》的天地大境界上相逢了。"相逢后可能会有论辩,但最重要的是我和"中国最伟大的特异天才小说家"(《曹雪芹新传》自序)曹雪芹的旷世知音在一个类似宗教的大境界中相逢了。上边引述的那段话里,周先生找到一种可以表述《红楼梦》之无比宏伟的语言。这不是"超越考证"是什么？

周汝昌先生能抵达这一境界，不是考证的结果，而是悟证的结果。换句话说，这不是"头脑"的结果，而是心灵的结果。正如归智先生在"传"中所说："周汝昌研究《红楼梦》，只是凭着一颗天赋以诗才、哲思、史识的心灵，在搜集的大量史料和小说文本之间游弋感受，与作者曹雪芹作心魂的交流，这样得来的所感所见，自然与那些在新旧教条笼罩下的研究者大为不同。很自然，他的所感所见，也就不能为那些研究者所认同和理解了。"周先生用的"天赋的心灵"去和曹雪芹交流，以心传心，以心发现心，这便是悟证，便是超越考证的悟证。所以我除了用"总成考证，超越考证"八字之外，还要用另外八个字来评价周先生，这就是：

考证高峰，悟证先河。

二十年来，我在阅读《红楼梦》和写作《红楼四书》时，用悟证取代考证与论证，着意使用另一种方法和语言，使悟证更具规模，但这种"以心发现心"的方法，其实周汝昌先生已开了先河。他在《红楼十二层》中说：悟性——比考证更重要。为表达这一意思，他特作诗云："积学方知考证难，是非颠倒态千般。谁知识力还关悟，慧性灵心放眼看。"说得多么好！倘若局限于考证或实证，周先生绝不可能重新提出陈蜕九十年前的大问题与真问题，也绝对不可能成为中国文学第一天才的卓越知音。

三

我如此高度评价周汝昌先生研究《红楼梦》的成就，并不等于说，我和周汝昌先生的学术观点完全一致。很可惜，我一直未能赢得一个机会直接向周先生请教，如果有这样的机会，我一定会坦率地告诉他，有三个问题老是让我"牵肠挂肚"，很想和他讨论，也可以说是商榷。第一，关于后四十回即高鹗续作的评价。众所周知，周先生以极其鲜明的态度彻底否定高鹗的续作，认定高氏不仅无功，而且有罪。而我却不这么看，我认为周先生的否定只道破部分真理，也就是高鹗续书确实有许多败笔，例如让宝玉与贾兰齐赴科场而且中了举，让皇帝赐予"文妙真人"的名号与匾额，这显然与曹雪芹原有的境界差别太大。但是,后四十回毕竟给《红楼梦》一个形而上的结局,即结局于"心"。(当宝钗和袭人还在寻找丢失的通灵玉石时,宝玉声明:我都有了心了,还要那玉干什么?)第一百二十回写"急流津觉迷渡口",贾宝玉早已觉悟而远走高飞,贾雨村却徘徊于江津渡口,虽与甄士隐重逢,并听了甄的"太虚"说法,但还是不觉不悟,昏昏入睡。至此,是佛(觉即佛)是众(迷即众),便见分野了。这种禅式结局乃是哲学境界,难怪牟宗三先生对后四十回要大加赞赏。第二,周先生自己的研究早已超越考证,不知道为什么在定义"红学"时,却把红学限定于考证、探佚、版本等,而把对《红楼梦》文本的鉴赏、审美、批评逐出"红学"的王国之外,这是不是有点像柏拉图把诗人和戏剧家逐出他的"理想国"。第三,周先生发现脂砚斋可能就是史湘云。在"真事隐"的故事中最后是贾宝玉与史湘云实现"白首双星"的共聚,这很可信,但周先生却由此而独钟湘云,以致觉得《红楼梦》倘若让湘云取代黛玉为第一女主角会更好。这类细节问题,我心藏数个,很想与周先生"争论"一番,可惜山高路远,这种求教的机会恐怕不会有了。想到这里,真是感到遗憾。出国之前,一代红学大师就在附近,我在北京二十七年,竟未能到他那里感受一下他的卓越才华与心灵,这是多大的损失呵。此时,我只能在落基山下向他问候与致敬,并想对他说:"周先生,您是幸福的,因为您的整个人生,都紧紧地连着中华民族最伟大的生命与天才。"

2010 年 8 月 31 日
于美国

解玺璋《梁启超传》序

三十年前,大约是 1980 年前后,我读了北京出版社的一部《梁启超传》。那时新书很少,能见到这么一部传记书,真是高兴,因此立即就买下阅读。可是读了之后,我非常难过,甚至愤怒。梁启超,中国近代的伟大思想启蒙家,中国从古代社会走向现代社会的历史杠杆式的伟大改革家,竟被传记作者说得一无是处,以致被描述成阻碍历史前进的反动人物。这部传记只是一例,在上世纪下半叶的前三十年,"革命神圣"的思潮压倒一切,激进主义覆盖学术界,梁启超自然也成了"历史罪人",受尽冤屈,受尽凌辱,受尽贬抑,受尽"革命大批判"。自从有了 1980 的阅读经验之后,我再也不读其他新出的《梁启超传》了。因为我害怕会再次产生阅读的恐惧,只愿意独自沉浸在《饮冰室文集》里。尤其是在国外,我的阅读研究一直处于沉浸状态。我常说唯有在沉浸状态中,才能和伟大的灵魂相逢。同样,因为沉浸于《饮冰室文集》中,所以我也一再和梁启超的伟大灵魂相逢。所谓相逢,便是请教、对话、商讨、质疑、提升。在相逢中,我愈来愈觉得梁启超了不起,愈来愈觉得他不愧是一个伟大的中国现代社会的开山巨匠。有了三十年前的"恐惧",此次阅读解玺璋的新著《梁启超传》,仍然"心有余悸",没想到,一打开目录,就被他新的构架与写法所吸引。此书除了前三章讲述梁启超的出身、婚姻、家庭生活之外,其他皆以梁启超与近代中国的历史性人物的关系为章节。"梁启超与康有为"、"梁启超与黄遵宪"、"梁启超与谭嗣同"、"梁启超与孙中山"、"梁启超与章太炎"、"梁启超与袁世凯"以及梁启超与汪康年、唐才常、杨度、蔡锷、蒋百里、丁文江、胡适、徐志摩等等,如此构筑传记,便是以"人"为中心,相应的,便是历史以"人"为主轴。这种传记构思与传记框架与《史记》那种以"世家"、"列传"为历史之核的写法相似,但多了一个贯穿始末的主角中轴,从而主客兼宜,脉络清晰,既有历史性,又有文学性。翻过目录,进入文本,才知道此书竟达一千页,面对这样的长篇,我又生了畏惧,可是,一读进去,却放不下了。没想到,解玺璋对中国近代史如此了如指掌,对梁启超如此深知深敬,更没想到的是,他的笔法竟与梁启超极为相似,可称为"梁文体"。梁氏文体是中国古代文言文向中国现代白话文过渡的文体创造,可谓五四白话文运动的先驱。梁文体的产生,本身就是一种巨大文化变革。这种文体冲破故作"古奥"的学问姿态,既冲破桐城派,也冲破章太炎、吴汝伦,力求明白畅达,再加上他自己于说理中掺入情感,"笔端常带情感",便形成一种深入浅出、痛快淋漓、势如破竹的文风,从而震撼了整个中国。解玺璋的千页大书,因为有"梁文体"支撑,又有梁氏那种把义理和考证相结合的方法配合,便赢得古今两种语言韵味兼有。于是,愈读愈放不下,不知不觉,三天三夜过去,竟把全书读完。此次虽读得双眼昏花,却也读得心花怒放,一扫我三十年来的郁闷。谢谢你,玺璋兄,虽然我从未见过你,也从未读过你的文字,但此次拜读,却一阅倾心,觉得"你属于我热爱的那个世界",那个世界是真实的,是深邃的,是有胆有识的。那个世界所展示的梁启超也是真实的,而且是丰富的、伟大的。

常说历史是公平的。但要实现历史的公平并不那么简单,至少需要时间。梁启超逝世至今已八十多年,生前他经受过追捕、通缉、痛斥、谩骂,死后又经受过谴责、嘲讽、贬抑、批判,但是近二三十年来,随着改革之风重新吹遍中华大地和"暴力崇拜"之风逐渐减退,梁启超的名字又重新放出芳香。国内评述梁启超的文章又如"风起云涌",历史终于还给梁启超一点公道。但是要真正还给梁启超以崇高的历史地位,恐怕还为时尚早。因为这与中国近代史的宏观把握有关。2010年我在《读书》杂志上发表了《爱怨交织的往事》,表达了对胡绳的缅怀之情,同时也表示,我将用"吾爱吾师但更爱真理"的态度与他商榷,他的中国近代史名著《从鸦片战争到五四运动》,发行量数百万册,影响巨大。我多次细读此书,受益匪浅,尤其是胡绳那种严谨而流畅的文字表述更是让我仰慕。可惜,全书的框架却有一个致命的根本性缺陷,这就是把中国近代史写成"太平天国革命、义和团革命、辛亥革命"三大革命的单轨暴力革命史,丢失了"建构现代文明"这一重大线索,即无视洋务运动、改良运动、立宪运动的历史,变成一部片面残缺的单轨近代史。从解玺璋的《梁启超传》,我们可以看到,建构现代文明的历史包括工艺器械建构、社会制度建构、思想文化建构等三个层面,第一层面的建构,曾国藩、李鸿章、张之洞等做了巨大贡献,第二层面和第三层面,梁启超则功高盖世。

解玺璋《梁启超传》序

他不仅研究、考察、介绍了世界各国的社会制度,而且直接参与中国从专制走向共和的制度变革,其历史作用有目共睹;除了在制度变革中充当急先锋之外,他在思想文化的变革中,更是发挥了第一启蒙家的作用。至少可以说,他的启蒙广度(包括启蒙内容的广度和社会影响的广度)无人可比。严复的《天演论》固然敲响了启蒙的第一钟声,影响了整整一代人,但那之后,他的其他文章,其影响力就远不如梁启超,何况他不像梁启超那样始终在历史前沿激流勇进,始终站立于大时代的启蒙中心。解玺璋的《梁启超传》,其价值,不仅在于它展示了梁启超个人的历史,而且展示了中国近代"现代文明建构"的历史,补救了胡绳近代史的缺陷。我们从解著中可以看到中国近代新制度、新文化的建构是多么艰难、多么曲折,其中的斗争是多么壮烈又是多么残酷。这是中国近代史重大的、不可忽略的、不可抹杀的一脉。解著不是近代历史事件编年史,而是以梁启超为中轴的历史人物活动史(其实也包含着历史事件)。人是历史的载体,以人为中心的历史,才是活的历史,也才是最真实的历史。过去常说"历史必然性",其实,历史充满偶然。其所以偶然,就是因为历史是人创造的,它不是机械运动,而是人的能动运作。解著摒弃章回体的编年写法,而以人物及其交往纠葛为纵横骨架,这就把历史的偶然更真实地展示出来。展示中,不仅有丰富翔实的史料、有冷静公正的史识、有对历史人物"理解同情"的史德,而且还有布满全书叙述中的"历史肌理"即历史血肉和历史的悲喜歌哭。

把一个人的传记几乎写成一部中国近代史,只有通过梁启超的传记才可能。因为梁启超作为一个巨大的历史存在,他打通了中国近代史各类关键性人物关系,包括政治层面、思想层面、文化层面、国内层面、国外层面的关系。在各层各类能够呈现历史风貌的重要人物关系网络中,他是独一无二的起承转合、承上启下,而且举足轻重的人物。这除了得益于他先进的思想和巨大的多方面的才华之外,还得益于他本身的两大特点:(1)他是一个拥有巨大书面文字语言又拥有巨大行为语言的双重存在,他既创造了巨大的"知"的体系,又创造了巨大的"行"的体系。因此,他既与思想界、文化界、学术界的人物关系密切,又与政治界、军事界、外交界、教育界、财政界的人物关系密切。也就是说,创造中国近代史的各类创造主体都与他相关。(2)另一特点,他除了拥有罕见的知行兼备的能力之外还拥有一种无人可比的极为"谦和"的性格魅力。中国近现代史上有三个突出的推动历史前进又极为"谦和"的人物,这就是梁启超、蔡元培、胡适。他们成就巨大,但从不称霸,"但开风气不为师"。梁启超大事有决断,小事又谦让,能与各类人物坦诚交往又不丧失原则。这种性格魅力使他能够与袁世凯这种人相克相生,从而构成近代史变化万千又有主线的极为精彩的活生生的一页。如果写"康有为传",就很难选择以传主及人物关系为基本构架的写法。因为康有为虽然比梁启超更有原创性(指思想理念)也更有深度,但他性格专断、固执、主观,名声很大又霸气十足,远离"谦和"作风(谦和包容是中国最缺少的文化性格与文化情怀),所以朋友很少,人际交往既缺乏广度,更没有如梁启超与黄遵宪、谭嗣同等交往中所蕴含的如歌如泣的诗意。解玺璋正是敏锐地发现梁启超的特殊地位与特殊性格,所以才选择"主客融合为一"的写法,并获得虽只写人物却覆盖大面积近代史的效果。毫无疑问,这种构思与写法是成功的。

通过梁启超传的写作而把握中国近代史的骨架与筋脉,这在海外的中国史研究中,也曾有人感悟到,值得一提的是约瑟夫·列文森(Joseph R. Levenson)。他在1953年完成的重要著作(有人甚至认为是天才著作)的题目就叫作"梁启超与近代中国思想",其内容也是通过对梁启超传的写作与生发勾勒出中国近代思想史的基本风貌。尽管列文森英年早逝(1969年四十九岁在河上荡舟时不幸落水身亡),但他留下的这一著作却一直是海外的中国近代史研究绕不过的重要史学里程碑。他在书中留下一句著名的评价梁启超的话:"如果一个人拥有能打开他所在囚笼的钥匙,那么他早已不在他的囚笼之中。"确乎如此,梁启超早已冲破专制囚笼,并遨游于思想自由的普世天空与大地中。梁氏的思想体系,充满自由点,少有固定点。有人因此而攻击他"善变",其实,他的所谓"善变",恰恰是与时俱进,恰恰是在寻求真理的过程中,不断地破"我执"、破"他执"、破固定点,不断地向真理靠近。他那么敬重自己的老师康有为,但是,当康有为与张勋勾结一起妄图复辟帝制时,他能不改变一下"忠于老师"的角色吗?袁世凯"借助共和"而和平终结帝制时,他与袁世凯妥协合作,而袁世凯"埋葬共和"复辟帝制时他则反戈一击,给袁氏以致命打击,这种变迁,在近代风云变幻多端的时代里,不正是唯国家利益为重,个人面子不予计较的伟大人格表现吗?梁启超多次

以今日之自我反对昨日之自我,表面上看,这是变,而究其深层,他始终不变而一以贯之的则是他的爱国之心,他的救国激情,他的把中国从专制引向共和、引向富强、引向自由的努力。列文森在其著作中认为,梁启超在理念上认同西方的价值取向,而在情感上则认同中国的传统人文系统。这一论断可以涵盖梁启超的早期与中期,但是到了五四运动发生,他的生命进入后期即"踱进研究室"之后,他则不仅在感情上而且在理智上也完全认同中国文化尤其是儒家文化的基本价值理念。这并不奇怪,一个人,尤其是一个历史巨人,其人生是非常丰富复杂的,很难用"激进"、"保守"、"革命"、"反动"这些本质化的概念来描述和判断,解著的好处恰恰在于它远离本质化即简单化,而把力气用于对史实的考证与描述,在对待近代史人物的评价中,超越党派眼界,超越意识形态眼界,只着眼于历史人物为中国的进步做了哪些实事,这样的史书,不仅还以历史公平,而且也比较可靠。见到有此可读而可靠的书,能"不亦乐乎"。所以便在读后写了上述心得,以见证解玺璋兄的立传之功德。

2012 年 3 月 15 日
于美国马里兰

杨健民《艺术感觉论》再版序

此次回国参加母校厦门大学九十华诞的纪念活动,又见到比我年轻的老朋友杨健民。人是会变的,但健民似乎什么也没有变,仍然是那样一见面就讲学术,讲书本,讲刊物,仍然是二十多年前那一副深度眼镜和那一种让人信赖的书生气。见面时,他提到海峡文艺出版社即将再版他的《艺术感觉论》,请我作序。我想了想,便答应下来了。

所以答应作序,第一原因是《艺术感觉论》写得好,二十多年的岁月激流竟然没有冲走我对这部著作的好印象。第二原因是此书与我有关。1985年我担任文学研究所所长之后,想做点实事,就建立了一个新的研究室,命名为"新学科研究室",由董乃斌担任室主任,由程麻担任副主任,并由我作为主编(董、程担任副主编)着手组织编辑一套"文艺新学科建设丛书"。丛书的内容一部分是翻译,一部分是研究专著。翻译方面有罗曼·英加登的《对文学的艺术作品的认识》(陈燕谷译),杜夫海纳的《美学文艺学方法论》(朱立元等译),巴赫金的《文艺学中的形式方法》(邓勇等译),海德格尔的《诗歌、语言、思想》,洛特曼的《艺术本文的结构》,伊塞尔的《阅读行为》,威奇的《元小说》,玛莉·伊格尔顿的《女权主义文学理论》,舍斯塔可夫的《美学范畴论》。而学术专著则有杨春时的《艺术符号学》和《系统美学》,赵毅衡的《文学符号学》,程麻的《文学价值论》,陈植锷的《诗歌意向论》,畅广元的《主体论文艺学》等,还有一部就是杨健民的《艺术感觉论》。很可惜,这套丛书被1989年的意外事件所打断而未能继续下去。

这套丛书的名字特别用上"建设"二字,是为了与破坏性的文化性格相区别而突显建设性文化性格,在此宗旨下,我和乃斌、程麻收到杨健民的《艺术感觉论》时,都感到惊喜,觉得这部专著非常符合我们的学术诉求,它有中心范畴,有学科形态,有概念系统,自成一座带有体系性的思维建筑。读了《艺术感觉论》初稿,我独自寻思,如果能再产生十部到二十部杨健民似的论著,我们的"新学科研究室",就不怕人家说三道四,就真的能立足于学术之林了。

我让程麻向杨健民约稿,自然是对杨健民的学术水平和思维能力十分信赖,而这种信赖感最初是产生于读了他的论文《论艺术发现》。以往只知有科学发现,经健民点破,才意识到,文学艺术的创造也来源于"发现"。艺术发现不是来自理念,而是来自作家的感觉体验、感觉反射和意象直觉等等。尽管我对论中的"发现本质、规律"等说法有所保留,但还是被健民的新鲜论说所启迪。读了国内的无数文学论,多数是读了就忘,但读了杨健民的这篇论文,"艺术发现"便积淀在心中了。无论是写散文还是写论文,我都会想到,有发现才写,没有发现就不写。我曾劝告作家不要阅读国内的所谓"文学理论",因为这些自己也昏昏然的理论八股只能扑灭作家的灵性悟性。但健民的理论不属于此列,它倒是会启发作家去体验,去感觉,去发现,去悟前人所未悟。

健民的《艺术感觉论》实际上是"艺术发现"的进一步提升和系统化。但是经过一番精心建构之后,此书却成了20世纪下半叶少见的高质量的理论著作了。我真希望从事文学批评的人能读读这本书,读了之后,将会更明确,文学批评的关键就在于它一定要从"艺术感觉"出发,而不可从什么"标准"、"主义"即理念出发。倘若天生没有"艺术感觉",最好早一点离开"文学批评"这一行。伟大的俄国文学批评家别林斯基不到四十岁就去世了。但他的文学批评却影响和造就了几代俄国作家,这其中的秘密就在于别林斯基天生有一种艺术感觉器,他凭艺术感觉从事批评,从未做过"标准"与"主义"的俘虏。杨健民的论著抓住了文学批评的要害。穴位点中了,整个理论系统也活了,这大约正是《艺术感觉论》值得再版的理由。

刚刚返回美国的落基山下,时差尚未克服,只能匆匆说些话,算是共鸣吧,与故乡的一颗质朴而有才华的心灵产生一点形而上的共鸣。

2011年7月9日
于美国科罗拉多

刘剑梅《庄子的现代命运》序

剑梅的第一部英文著作《革命与情爱》于2003年出版。这之后便开始第二部英文著作的研究、构思和写作。第一部只用英文书写,在夏威夷大学出版社出版后,由国内中山大学郭冰茹教授译为中文,然后由"上海三联"推出中文版。第二部著作《庄子的现代命运》,则是中文、英文同时写作,今年年初她把大约二十万字的中文书稿传给我,我见到后自然格外高兴,并立即读了一遍,读后总体印象很好,这才写信祝贺她又有了一项新的完成。

一部著作写了将近十年,几乎可以说是"十年磨一剑"了。这十年,她向马里兰大学申请了两次"写作假",共一年半时间。其他几年,她只能边教书边写作,还得照顾两个孩子,实在非常辛苦。她一肩三挑,教学、研究、家庭,三副担子无一样可以偷懒取巧。教学这一项,她面对的是两个班级一百二十名美国学生。有一回期中考后,她告诉我:爸,你帮我看住孩子,别打扰我。无论如何也得把这一大叠考卷一篇一篇读完。我瞥了一眼堆在桌子上的考卷,像座小丘。每份六页,共七百多页。学校规定,只能百分之二十五的试卷得"A",评分时须格外小心,否则学生会举起牌子进行抗议。每一次发布评分结果后,总有一大排学生列队等着和她见面"讨价还价",剑梅得耐心和他们说明何以给"B",何以给"C"。无论是讲"中国现代小说"课还是"中国古代诗词"课,都得备好课,倘若用汉语讲述,那些诗词可以脱口而出,而用英文讲述,则不能不先费一番心思。从学校回来后,两个孩子的功课又得让她操心,白天当大学教授,晚上当小学老师,两个孩子便是两个人质,侵占了她的时间,也剥夺了她的自由。教学教子两项工作已耗费掉许多精力,"研究"只能借助"剩余时间"和"剩余精力"。现在看到剑梅用剩余时间所创造的"剩余价值",不免要感慨一番"现代知识女性"的艰辛,也总要调侃一下剑梅的"女性主义理念":女性解放了,解放的结果是双肩挑甚至三肩挑。

剑梅选择"庄子的现代命运"这一课题,有点沉重。这一选择和我逼迫

刘剑梅《庄子的现代命运》序

有关。我一直认为,既然走上人文科学这一行,最好是把"文、史、哲"三者打通。在我心目中,文学只是呈现人文的广度,历史才是呈现人文的深度,而只有哲学才可建立人文的高度。剑梅的文学感觉还不错,但历史与哲学的根底则不够厚实,所以我希望通过这一课题的研究,能深化一下对中国哲学的认知,进而能站立在哲学的高度上审视中国现代文学的精神内涵和中国现代作家的思想脉络。剑梅果然不负期待,在这八九年中,认真地阅读了中国古代文化经典,儒、道、禅各家,她都认真地学习、领悟一番,也有些心得。她自己也觉得:有中国哲学"提着",看什么问题都比较清楚了。对于中国现代文学,也能说出一些新话了。使用"提着"一词,是受《红楼梦》影响,薛宝钗说:"不拿学问提着,便都流入世俗去了。"

我读了《庄子的现代命运》中文初稿,有两点较为满意。第一是对庄子的基本认知相当明确,毫不含糊。剑梅非常崇尚庄子,认为庄子的核心精神是争取个人大自由、大自在的精神。她也高度评价孔子,但孔子思想重心毕竟是重群体、重秩序、重教化。人类社会要维系下去,没有孔子这套思想是不行的,但是由于孔子思想系统中缺少个体飞扬的空间,"自我"没有立足之所,所以就逐步变形为统治者的意识形态。幸而有庄子"个人自由"思想的补充,才使中国人有思想喘息和自我伸张的哲学根据。李泽厚先生讲"儒道互补",正是因为庄子提供让自我从群体秩序中解放出来的理念,所以才起到补充儒家缺陷的历史作用。剑梅紧紧抓住庄子的"重个体重自由"特点,认定庄子的存在是中国知识分子尤其是中国作家的幸运。而庄子的现代命运实际上也正是"个人自由"、"个性飞扬"精神在现代中国的命运。剑梅还认为,《齐物论》和《逍遥游》是庄子真正的代表作,前者论平等,后者论自由,两者在二千五百年前分别占领了人类世界"平等"与"自由"的思想制高点,而两者之中,《逍遥游》更是核中之核,属于庄子的"第一精神"。

让我满意的第二点是全书对庄子的现代命运提供了一个历史性的描述。从庄子在五四新文学运动中被讴歌(被郭沫若尊为与斯宾诺莎同等地位的泛神论者)一直到上世纪下半叶庄子被"专政"以及80年代后的回归与凯旋这一线索勾勒得相当清楚,而在被讴歌与被专政的历史时期中,一些现代作家也曾做过庄子梦,但这些乌托邦均一一破灭,这也反映了个性精神在中国缺乏生长条件。庄子梦只能演化为悲剧。在剑梅笔下,庄子的现代命运史折射的正是个体自由精神的命运史。

　　剑梅从写作《革命与情爱》进入写作《庄子的现代命运》，实际上是从文学跨入了文化。这对她来说，是从较为熟悉的领域进入较为陌生的领域，但她能知难而进，"知其不可为而为之"，也的确难得。也许是受我的影响，她无论写什么，都要求自己不仅要敢说真话，而且还要能说出一些新话。在此书中，我很高兴地看到，她的每一章节，即对每一现代作家学者的庄子评述作出再评述的时候，她都敢于叩问，敢于质疑。例如，她对前些年的颂扬周作人的学术倾向（颂其既儒且释）就作出严厉批评，认定这是无视人类道德绝对性的诡辩。周作人在五四时期高举人文旗帜固然确有"儒"的表现，在五四后构筑"自己的园地"也确有"庄"的表现，但他在日本侵略中国之际附逆投敌这一巨大行为语言，说明他对社会没有真的关怀（非儒），对众生没有真的慈悲（非释）。他"惹不起"日本军队的铁蹄刺刀，但完全可以"躲得起"，但他不顾国内作家诗人联名的呼吁，硬是不躲避，什么都放不下，空不了，最后充当日本侵略的面具与工具，连"近庄"也变成"非庄"，更不用说离儒离佛有多远。评价作家的双重文本（书面文本与行为文本），在这里运用，倒是自然而合情合理。剑梅对1949年后这段"庄子的厄运"，则用"关锋的政治审判与刘小枫的宗教裁判"来描述，这也颇有新意。关锋从政治上宣判庄子为"没落奴隶主阶级"的代言人，连"封建阶级"都不给，无疑是要把庄子打入最黑暗的地狱，更可怕的是连五六十年代最优秀的诗人郭小川写了《望星空》也被关锋视为庄子没落思想的反映而大加挞伐。连星空也不许望，连一星半点的孤独感也不许表达，还谈什么大鹏的逍遥和大鲲的浮游。庄子已被专政得牵连九族十族百族，这真是中国旷古所未有的文化现象。"文化大革命"结束之后，庄子的厄运本该结束（也的确在某些作家如汪曾祺、阿城、韩少功的笔下开始转运，剑梅称这些作家为"回归自然，返回庄子"），但仍然没有终结。其中出现一个特别现象是刘小枫的著作《拯救与逍遥》出版，此书以基督教的"神圣价值"为绝对尺度审视中国文学史，把具有"逍遥价值"即靠近庄子精神的文学精华（包括庄子、陶渊明、曹雪芹等）一概骂倒，甚至连鲁迅也不放过。对于基督教，剑梅是尊重的，她一直支持她妹妹的信教，这一点我可作证。但她所以批评刘小枫，并非针对"神圣价值"，而是不赞成把神圣价值绝对化和标准化。她称这种绝对化乃是"神圣独断论"，实际上乃

天岸书写——刘再复学术文化随笔选集
刘剑梅《庄子的现代命运》序

是宗教专制。她尤其不能同意把"拯救"与"逍遥"二者绝对对立起来,即把信仰价值与自由价值绝对对立起来。用这种二极对立和一元独尊的眼光评论中国文学,就一定会产生"傲慢与偏见",就会对中国的隐逸文学、山林文学、田园文学及其他一切靠近自然的文学产生误断和苛断。剑梅在与刘小枫的商榷中认为,中国的逍遥精神即自由精神,固然缺少基督那种"拥抱苦难"的崇高救世情怀,却有通过"自救"并在更高的精神层面上对人世的关怀。其"逍遥"正是对"污浊"的抗争和对权势的拒绝。这除了具有"独善其身"的道德意义之外,还有"良知拒绝"的正义意义以及赢得个体时空进行精神价值创造的审美意义。总之,剑梅不仅把"逍遥"看成是一种充当"局外人"的消极自由的存在形式,而且看成是审美创造的一种积极自由的存在形式,也就是说,"拯救"有其存在的理由,"逍遥"也有存在的理由。"神圣有道,逍遥也有道",两者的正常关系并不是"非此即彼",而应是"亦此亦彼"。东方未曾用庄子贬斥基督,西方也不可用基督审判庄子。剑梅认定,"条条道路通罗马",宗教可以通向宇宙境界,审美也可以通向天地境界。庄子、陶渊明、曹雪芹等最后的觉悟都不是走向宗教,而是走向审美,但他们留下的文学作品却永远给人以温暖,并非刘小枫所说的,会把人的心灵变成"冰冷的石头"。

《庄子的现代命运》一书涉及评论对象,包括鲁迅、郭沫若、胡适、周作人、林语堂、废名、施蛰存、沈从文、汪曾祺、阿城、韩少功、阎连科、高行健等。在评论中,她既重视语言(即各作家的文学文体),又特别重视语境。因此,她对鲁迅的批庄、刺庄便给予充分的理解。她认为在二三十年代中国面临内忧外患的历史场合中,也就是在"风沙扑面"、"狼虎成群"的民族危亡的时代语境中,鲁迅撰写"小品文的危机"等,反对周作人的隐士选择,批评林语堂的"幽默"与"闲适"(林语堂把庄子尊为中国幽默的祖师爷)都是有充分理由的。在民不聊生之际,确实不宜在血泊中寻找闲适,也确实不宜"化凶残为一笑"。剑梅对鲁迅的这种评论,我较能接受。实际上,就其思想深层而言,鲁迅也并非真对整个庄子深恶痛绝。他自己也说过他曾"中了庄周的毒",也想"躲进小楼成一统,管他冬夏与春秋"。他最喜欢嵇康人格,肯定"魏晋风骨",而阮、嵇等魏晋诸子,其实正是源于庄子,追求的也正是从儒家的群体秩序中跳出来的自我逍遥精神。关于鲁迅深层的一面,剑梅未作太多分析，但能注意鲁迅拒绝庄子的"语境"原因，倒也可取。尤其让我认同的是她还提醒，不可把鲁迅在特定语境中的合理批评普遍化与绝对化，不可笼统地否定隐逸文学和幽默闲适文学。

剑梅的新著，以《高行健：庄子的凯旋》作结，也让我感到意外。这可能与剑梅把逍遥精神视为庄子的第一根本精神相关。高行健在中国现当代作家中对庄子的认识的确最为彻底，他的小说《灵山》以及所有的剧本，乃至诗歌、电影创作，其核心精神只有一个，这就是求得大自在即求得大自由的精神。高行健把自由视为人自身的一种"觉悟"，自由不是他给的，也不是上帝赐予的，而完全是"自给"的。意识到（觉悟到）自由可以自己掌握才有自由。高行健把庄子的个体飞扬精神充分意象化，充分文学化与艺术化。他的作品不仅"回归自然"，而且"创造自然"——创造了一个拥有逍遥可能、自在可能的精神世界。高行健的成功，倒真的是庄子的凯旋。

我出国已二十二年。在海外留心看看欧美学界，觉得他们对孔子和老子的翻译、研究较多，对禅宗的阐释也愈来愈丰富，相比之下，对庄子的研究倒是比较薄弱，我真希望剑梅这部著作的英文版能在海外学界起些影响。西方学者从事人文研究的认真态度与细密功夫，常让我衷心佩服。但他们对中国文化的认知，尤其是对儒、道、庄、禅的认知，终没有中国学人那么真切。中国学者如果意识到自己的"优势"，在学习西方理性文化的长处时又充分发扬自身传统文化的长处，那么，其人文水平就一定不会在西学之下。

2012 年 3 月 16 日
于美国马里兰

学术自述

第四辑

凤凰树下随笔集

学术自述

——《性格组合论》北京版附录

中国人民大学出版社准备再版拙著《性格组合论》,作为"当代中国人文大系"的一种。按照编辑体例的要求,每个作者都必须写一"学术自述"。此事我并不太乐意做。一是因为在学术上我还是个"未完成",自述似乎还不到时候;二是我正在进行"双典批判"的写作,无暇回顾过去。但是,为了尊重编者的总体设计,我还是遵命写一简要提纲,待将来再细说或进行深一些的自我评说。

我的学术路程大约可用三句话概说:(1)从"三书"到"三论";(2)从性格探究到灵魂探究;(3)从"关注现代"到"返回古典"。现分别说明于下:

香港科技大学杰出学人讲座"返回古典返回自然"(2013年)

一、从"三书"到"三论"

"三书"是指鲁迅研究三书,即《鲁迅与自然科学》、《鲁迅美学思想论稿》、《鲁迅传》。"三论"是指性格组合论、文学主体论、国魂反省论(指《传统与中国人》)。华东师范大学教授夏中义先生曾在香港中文大学主办的《21世纪》杂志上发表过文章评介"刘氏三论",我这里说的"国魂反省论"和其他两论,便是借用他的命名和概括。

鲁迅研究是我学术的出发点。我过去认定现在仍然认定,鲁迅是中国新文学史上最伟大的作家。他的巨大思想深度和天才文笔在20世纪中国无人可比。但是,写作《鲁迅与自然科学》时是"文化大革命"的后期,写作《鲁迅美学思想论稿》和《鲁迅传》是70年代末和80年代初思想刚刚"解冻"的时期,因此,这三书,尤其是后两书,一方面呈现出思想冲破罗网的某些锋芒,一方面又留下思想禁锢的阴影。尽管《鲁迅美学思想论稿》的章节在《中国社会科学》发表后,经王瑶、周振甫、季羡林、郭预衡等五位前辈的推荐获得该刊首届青年论文奖,但我有自知之明。1991年我在日本东京大学纪念鲁迅诞辰一百一十周年的学术讨论会上,我的讲述题目是"鲁迅研究的自我反省",说的是我的研究没有摆脱瞿秋白的"两段论"和政治意识形态的影响。

"三论"写于80年代中后期,虽然与三书仅差几年,但几年中我的思想确有个"飞跃"。我先写《性格组合论》,后写《论文学主体性》,但无论写哪一本,我自己的"主体意识"首先觉醒了。在当时的语境下,我的所谓主体意识,其实就是解构意识与超越意识。"从苏联那里搬来的那套理论模式中走出来",是我强烈的自我呼唤,所以我要用"人物性格二重组合原理"去解构"典型环境中的典型性格",要用"主体论"的哲学基点去解构"反映论"的哲学基点,同时,要用"艺术主体"的个性去超越"现实主体"的党派性。写"三书"时,我还受研究对象所驾驭,写"三论"时,我则驾驭所论述的一切对象,包括鲁迅,尽管我一直崇敬他。

二、从性格探究到灵魂探究

出国之后,因为生命的需求,我花了不少时间从事散文写作,仅《漂流手记》就写了十卷(九卷已出版,第十卷也将出版)。但是,我仍然继续深化自己的学术研究。在海外近二十年中,我除了出版《告别革命》(与李泽厚合著)、《思想者十八题》这两部以"思想"为重心的著作外,还出版了《放逐诸神》、《罪与文学》(与林岗合著)、《现代文学诸子论》等三部文学论著。其中由香港牛津大学出版社出版的《罪与文学》,是林岗和我精心思考与写作的代表作,可谓"十年磨一剑",从1991年一直写到2001年。此书,以"忏悔文学论"而立意,其实是对中国文学尤其是中国现当代文学作一次总结性的评论,也是对中西文学作一次宏观性的比较。总的来说,我们认为,中国文学精神内涵的基调是"乡村情怀",而西方文学的基调则是"旷野呼号"。中国文学追求的是和谐,缺少的是灵魂的深度。《罪与文学》正是一部研究文学灵魂维度的专著。与《性格组合论》相比,它走进形式性格的精神深渊;与文学主体论相比,它更具体地走进主体的内在世界。我把文学的基本要素界定为三种,即心灵、想象力与审美形式,而首要因素是心灵,如何从心灵的表层进入深层,如何在文学创作中切入灵魂,中国文学与世界文学的差距在哪里?《罪与文学》作了一些回答。可惜此书至今未能在大陆出版。

三、从"关注现代"到"迈回古典"

出版《罪与文学》之后,我又完成了《高行健论》的写作。高行健的《灵山》以人称代替人物,以心理节奏代替故事情节,在小说文体上成功地进行了一次大创造。我在论述中注意到"你"、"我"、"他"三人称,正是内在主体的三坐标,其三人称复杂的语际关系正是内在主体性和内在主体间性。当代的哲学家所讲的主体间性都是外部主体间性,包括哈贝马斯的交往理论,也局限于外部,而《灵山》却提供了一个内部主体际性的活生生的范例,也让我的"文学主体性"的思索走进一个全新的深度。可惜我的思索,只能在文学批评中呈现,未能在理论上作出系统建构。

在写作《高行健论》之前，我的学术重心已转向中国古代文化与古代文学，自称"返回古典"。这一方面是工作的逼迫，从 2000 年到 2002 年的两年多时间，我担任"客座"的所在单位——香港城市大学中国文化中心要求讲座的题目必须是古代的，于是，我就从《山海经》一直讲到《红楼梦》，除了讲解《道德经》、《南华经》(庄子)、《六祖坛经》、《金刚经》之外，我又认真地讲解了《中国的贵族文学》、《中国的放逐文学》、《中国的挽歌文学》、《中国的颂歌文学》等之。其中还特别开设了《红楼梦》的系列讲座。因此，《罪与文学》与《高行健论》完成后，我便开始写作《红楼四书》(《红楼梦悟》、《共悟红楼》、《红楼人三十种解读》、《红楼哲学笔记》)，并于 2008 年全部完成，算是返回古典的成果。不过，写作《红楼梦》不是工作的要求，而是我自己的生命需求特别是心灵需求，出国之后，我一直背着曹雪芹浪迹天涯。关于《红楼梦》的探讨，去年《书屋》杂志委托朱优君博士访问我时，曾问：你能否概述一下你的《红楼梦》研究在原来红学的基础上有哪些新的拓展，或者说，有哪些新的发现与新的方法、新的视角？我回答说：这个问题本应留待读者去评说。我只能说我自觉想做的(也许以前的研究者尚未充分做或尚未充分发现的)几点：(1)想用"悟证"的方法去区别前人的"考证"方法与"论证"方法。我不否认前人的方法与成就，只是自己不喜欢重复前人的方法，不喜欢走别人走过的路。禅宗与《红楼梦》对我最大的启迪，是要破一切"执"，放下一切旧套，包括方法论上的"执"与"套"。何况《红楼梦》本身是一部悟书，连曹雪芹自己也说有些情思只能"心会"，不可"口传"，只能"神通"，不可"语达"。这是第五回在解释"意淫"时说的。除了意淫，《红楼梦》中的许多深邃情思都难以实证、考证、论证。真理有实在性真理，也有启迪性真理。各大宗教讲的都是启迪性真理，不可证明，也不可证伪，文学很接近宗教。许多大哲学家，也把世界的第一义视为不可知、不可证，如康德的"物自体"，黑格尔的"绝对精神"，老子的"道"，庄子的"无无"，朱熹的"太极"等，都只是形而上的假设，很难考证与实证。文学中的深层意识(潜意识)、心理活动、想象活动、梦幻印象、神秘体验等也都难以实证。《红楼梦》中这种描写很多，通过悟证，往往可以抵达考证与论证无法抵达的深处。(2)揭示《红楼梦》不仅是大悲剧，而且是一部大荒诞剧，它不仅呈现美的毁灭，而且呈现丑的荒诞。荒诞是与现实主义、浪漫主义等概念同一级的文学艺术大范畴，不是讽刺、幽默等一

类的艺术手法。20世纪的西文文学,其主流之一是荒诞小说与荒诞戏剧。荒诞作家有两大类,一类是侧重于现实的荒诞属性(如加缪、高行健、阎连科),另一类是用理性对反理性现象的思辨(如贝克特)。荒诞对于曹雪芹,不是艺术理念,而是现实属性,他天才地揭示了社会现实中那些不可理喻的价值颠倒、本末颠倒。(3)提示《红楼梦》这部文学大书具有极丰富的哲学内涵,这不是哲学理念,而是浸透于文本中的哲学视角、哲学思索和美学观,尤其是大观哲学视角与通观美学。(4)说明《红楼梦》系中国文学第一正典(经典极品)和人类文学最高水准的坐标之一的理由,如永恒性、史诗性、宇宙性等理由,进一步确立《红楼梦》在世界文学史上的崇高地位。

我在回答中忘了应当说一句最重要的话,那就是,《红楼梦》的探讨,标志着我个人真的把学术与生命衔接起来了,这一直是我的心愿。除了有意识地努力打通中西文化的血脉之外,还努力打通生命与学术的血脉,这是我今天的学术状态。

2009年4月13日
于美国科罗拉多

尝试《红楼梦》阅读的第三种状态

——《红楼梦悟》自序

  第一篇序,是年初交稿时写下的文字,接到清样后,和香港三联责任编辑舒非兄谈起我近年《红楼梦》阅读的方法,她听后很赞赏,并希望我能写入序中。为了不负她的鼓励,便遵命再说点话,作为序言续篇。

  对于书籍的阅读,我确实非常广泛,但能让我身心整个投入的中国古典文学作品只有《红楼梦》。真正做到阅读与生命连接了。林黛玉和贾宝玉常常借禅说爱,以心传心。有一次,林黛玉逼着贾宝玉交心而问道:"宝姐姐(指宝钗)和你好你怎么样?宝姐姐不和你好你怎么样?宝姐姐前儿和你好如今不和你好怎么样?今儿和你好,后来不和你好你怎么样?你和他好他偏不和你好你怎么样?你不和他好他偏要和你好你怎么样?"面对这一串问题,宝玉呆了半响,突然大笑道:"任凭弱水三千,我只取一瓢饮。"在当时的语境下,贾宝玉表达的"专情于一"意思分外明白。

  这一意思也启迪了我对《红楼梦》的选择。人类文化史积存下来的书籍有如大海,正是"弱水三千"。人的心力有限,自然是应当取其精华。经过选择,我终于明白中国文学中国文化最大的宝藏就在《红楼梦》中,这里不仅有最丰富的人性宝藏、艺术宝藏,还有最丰富的思想宝藏、哲学宝藏。取出《红楼梦》这一瓢独自饮啜,全生命、全灵魂都受到泽溉。

  阅读《红楼梦》,我大约经历了四个小段:(1)大观园外阅读,知其大概;(2)生命进入大观园,面对女儿国,知其精髓;(3)大观园(包括女儿国与贾宝玉)反过来进入我自身生命,得其性灵;(4)走出大观园审视,得其境界。王国维说读书应"入乎其内,出乎其外",他是出乎其外地领略到《红楼梦》的宇宙境界了,但他似乎未经历"生命进入大观园女儿国"和"女儿国进入阅读者自身"的阶段,所以在《红楼梦评论》中也未能开掘贾宝玉和其他少女的生命内涵。与他不同,我则经历了生命投入和生命吸收的过程,并感到生活与灵魂一旦被《红楼梦》中的诗意生命所参与、所照明,那才真的幸运,那是连吃饭睡觉、游山玩水都感觉不一样了,此时,才觉得栖居于地球上的一点诗意。海德格尔曾说,今天的人类已经难以和本真自我相逢。确乎如此,在被财富、机器、权力异化之后的人类已丢失了本真状态。正如《红楼梦》中的甄宝玉(世俗状态中的人类符号)见到本真的自我(贾宝玉)时已不认识,还对这个真我发了一通"酸论"。我阅读《红楼梦》也如甄宝玉与贾宝玉相逢,然而,自己感到欣慰的是,我还不是"纵使相逢应不识"(苏东坡语),而是充满与本真己我重逢的大喜悦。

和俞平伯先生合照(1986年)

有了一段特别的阅读经验之后,我禁不住要写下心得。一段一段地写,便发觉自己在走一条《红楼梦》阅读的新路,或者说,在尝试《红楼梦》探索的一种新的形态。两百多年来,《红楼梦》的阅读与探讨,有三种形态:一是《红楼梦》论,二是《红楼梦》辨,三是《红楼梦》悟。严格地说,直到王国维才有第一种形态,才称得上论。《红楼梦评论》有观点,有逻辑,有分析,有论证,一出手就如空谷足音,自创一格。可惜百年来"论"虽日益丰富,但受政治意识形态浸染太甚,影响了收获。与论相比,《红楼梦》辨这一形态不仅历史长,而且成就也高。所谓辨，乃是指辨析、注疏、考证、版本清理。度过索隐派这一比较牵强的阶段，从胡适起，直至俞平伯、周汝昌等，都下了功夫作考证，他们为《红楼梦》辨创造了实绩，其功难没。我缺少考证功夫，无法走《红楼梦》辨的路，至于"论"，倒是在二十年前写作《性格组合论》时就有一章论述《红楼梦》的性格描述（此文作为第二辑附录收入本书中），近年也与林岗一起论证《红楼梦》的忏悔意识和超越视角，但总觉得"论"太逻辑，难以充分表述自己对此巨著的诸多感受，无法尽兴，于是，就自然地走上悟的路子了。以往的《红楼梦》阅读与探索，其实也有悟，脂砚斋的批注，其中论、辨、悟的胚胎都有，历年的论者辨者也都有所悟，然而，把"悟"作为一种基本阅读形态、探讨形态和写作形态，似乎还没有。所以我才冒昧地称"悟"为第三种形态，并给拙著命名为《红楼梦悟》，与俞平伯先生的《红楼梦辨》作一对应。"悟"与"辨"的区别无须多说，而悟与论的区别则是直觉与理析的不同。实证与逻辑，这一论的主要手段，在悟中被扬弃，即使出现，也只是偶尔为之。悟的方式乃是禅的方式，即明心见性、直逼要害、道破文眼的方式，也可以说是抽离概念、范畴的审美方式。因此，它的阅读不是头脑的阅读，而是生命的阅读与灵魂的阅读。其实，这也与中医的点穴位差不多，一段悟语、悟文，力求点中一个穴位，捕住一个精神之核，至于细部论证，那只能留给他人或自己的论文了。

　　那天与舒非兄说的就是这一些，现在用文字写下了，也许有益于自己今后更自觉地走"红楼梦悟"的第三条路，把很快就要出版的这本书，仅仅作为问路之石，尝试而已。

2005 年 9 月 29 日
于美国科罗拉多大学校园

不为点缀而为自救的讲述

——"红楼四书"总序

去国十九年,海内外对拙著《漂流手记》(散文九卷)有不少评论,其中我的年轻好友王强所作的《漂泊的哲学与叩问的眼睛》一文道破了我的写作"奥秘":讲述只是拯救生命的前提和延续生命的必要条件。他以讲述《一千零一夜》故事的动因为喻,说明我的作品不是身外的点缀品,而是生命生存的必需品。相传萨珊国国王山鲁亚尔因王后与一奴隶私通,盛怒之下将王后及奴隶处死。这之后又命令宰相每天给他献上一少女,同寝一夜,第二天早晨杀掉,以此报复女人的不忠行为。宰相的女儿谢赫拉查德为拯救少女,自愿嫁给国王。她每夜给国王讲一个故事,国王因为还想听下一个故事就不杀她,结果她讲了一千零一个故事。她的讲述是生命需求,是活下去的需求。

我的《漂流手记》第五卷《独语天涯》,副题叫作"一千零一夜不连贯的思索",全书写了一千零一则随想录。王强的评论击中要害,说明我的讲述理由完全是谢赫拉查德式的生存理由。王强讲的是我的散文,其实,我的《红楼梦》写作,也是同样的理由、同样的原因。动力也是生命活下去、燃烧下去、思索下去的渴求。不讲述《红楼梦》,生命就没劲,生活就没趣,呼吸就不顺畅,心思就不安宁,讲述完全是为了确认自己,救援自己。正因为这样,在写作《红楼梦悟》之前,我就离不开《红楼梦》,喜欢和朋友讲述《红楼梦》,与那个宰相之女一样,不讲述就会死。至于讲完后要不要形成文字,倒不是那么要紧。倘若不是学校、朋友、出版社逼迫,我大约不会如此投入写作,几年内竟然写了"红楼四书"(包括《红楼梦悟》、《共悟红楼》、《红楼人三十种解读》、《红楼哲学笔记》)。这一点,剑梅也可作证,如果不是她的逼迫,我大约不会对她讲述,而且讲完还认真地整理出《共悟红楼》对话录。

除了个体生命需求之外,还有没有学术上的需求呢?当然也有。不过,这不是缔造学术业绩的需求,而是追寻学术意境的需求。说得明白一点,是想把《红楼梦》的讲述,从意识形态学的意境拉回到心灵学的意境,尤其是从历史学、考古学的意境拉回到文学的意境,做一点"红楼归位"的正事。《红楼梦》本来就是生命大书、心灵大书,本就是一个无比广阔瑰丽的大梦(有此大梦,中华文化才更见力度)。梦可悟证,但难以实证,更难考证。在人文科学中,我们会发现真理有仰仗逻辑分析的实在性真理与非逻辑非分析的启示性真理,后者就难以实证。熊十力先生把智慧区分为量智与性智,前者可实证,后者则只能悟证。世上几个大宗教和中外文化中的一些大哲学家都发现第一义存在(上帝、道、无等)难以言说,既不可证实也不可证伪。康德说"物自体"不可知,与老子的"道可道,非常道"相通。文学蕴含的多半是感性的启示性真理,是难以考证实证甚至是难以论证的无穷意味。《红楼梦》中的所谓"意淫",是一种想象活动。这种想象本身就是神秘的、反规范的、无边无际的心理过程。这恰恰是典型的文学过程。贾宝玉和他的许多"梦中人"的关系,都包含着这种"在想象中实现爱"的关系,这是《红楼梦》很重要的一部分精神内涵,但很难实证与论证,只能悟证。再如小说文本中多次出现的"幽香"、"香气",也无法实证。第五回宝玉梦中到太虚幻境,"但闻一缕幽香,竟不知其所焚何物。宝玉遂不禁相问。警幻冷笑道:'此香尘世中既无,尔何能知!'"第十九回中,宝玉在黛玉处,又"只闻得一股幽香",于是"一把便将黛玉的袖子拉住,要瞧笼着何物。黛玉笑道:'冬寒十月,谁带什么香呢?'宝玉笑道:'既然如此,这香是那里来的?'黛玉道:'连我也不知道,想必是柜子里头的香气,衣服上熏染的也未可知。'宝玉摇头道:'未必,这香的气味奇怪,不是那些香饼子、香球子、香袋子的香。'"到底警幻仙子和黛玉身上飘散出的是什么香味,有的学人说,这是美人身上的体香,也有人说是衣服中的物香,而我却通过悟证,说明这是警幻、黛玉"灵魂的芳香",对于黛玉,也许正是其前世"绛珠仙草"的仙草味。这种不可实证却可让人通过感悟进行想象和审美再创造,便是文学,便是历史学、考古学和其他学科难以企及的文学。我在"红楼四书"中使用的"悟证"法,既不同于知识考证与家世考证,也不同于逻辑论证,虽近乎禅的通过直觉把握本体的方式,但我却在"悟"中加上证,即不是凭虚而悟,而是阅读而悟,参悟时有对小说文本阅读的基础,悟证过程虽与"学"不同,却又有"学"的底蕴与根据。这算不算独立的自性法门,只能留待读者去评论。

《红楼梦》的情思浩如渊海,有待一代一代读者去感悟,而悟证又有益于《红楼梦》研究回归文学。期待"红楼归位",自然是有感而发。20世纪红学兴旺,但也发生一个文学在红学中往往缺席的问题。以意识形态判断取代文学研究且不说,上世纪一些具有代表性的红学家,固然有王国维、鲁迅、聂绀弩、舒芜等拥抱文学的学人,但无论索隐派、考证派、新证派都忽略了文学本身,所以才有俞平伯先生晚年"多从文学哲学着眼"的呼唤。蔡元培是我最为敬爱的知识分子领袖人物,但以他的名字为符号的"索隐"研究,却把《红楼梦》的无限自由时空狭隘化为一个朝代的有限时空,尽管其经世致用、以评红服务于反满的目的可以理解,但其结果毕竟远离了文学。在考证上开山劈岭的胡适,其功不可没,没有他的努力,我们可能还不知道我国最伟大的小说,其作者叫作曹雪芹,也不知道《红楼梦》大体上是作者的自叙传,作品的故事框架与曹雪芹的人生家世框架大致相合。可是,胡适作为一个"历史癖",却不会欣赏《红楼梦》的辉煌星空,他竟然认为《红楼梦》比不上《儒林外史》;在文学技术上,《红楼梦》比不上《海上花列传》,也比不上《老残游记》"。他甚至认同苏雪林的论断:"原本《红楼梦》也只是一件未成熟的文艺作品。"(1960年11月20日致苏雪林的信,引自《胡适论红学》,安徽教育出版社2006年版,第267页)胡适这种看法十分古怪,他断定《红楼梦》"未成熟",恰恰暴露了自己文学见解的幼稚。鲁迅说,"博识家的话多浅,专门家的话多悖"(《且介亭杂文二集·名人和名言》)。专门家胡适倒应了鲁迅"多悖"的评价。把胡适的考证推向更深广也更见功夫的周汝昌先生给我们提供了非常丰富的曹氏家族沧桑的背景材料,使我们在阅读文本时更明白曹雪芹在处理"真事隐"与"假语村"两者关系时费了怎样惊人的功夫(这可能是世界文学史上独一无二的个案)。周先生的《红楼梦新证》成了20世纪红学的一个里程碑,可是,周先生竟然把对《红楼梦》的文学批评、文学鉴赏排除在"红学"之外,把红学限定在曹氏家世的考证和遗稿的探佚之中,这又一次使红学远离了文学。俞平伯先生早期也错误地认为"《红楼梦》在世界文学中底位置是不高的"、"应列第二等"(《红梦辨·红楼梦底风格》)。后来他做了修正,认为可列"第一等"。可是,在1980年5月26日的国际研讨会上他却说:"我早年的《红楼梦辨》对此书评价并不太高,甚至偏低了,原是错误的,却亦很少引起人注意。不久我也放弃前说,走到拥曹迷红的队伍里了,应当说是有些可惜的。"(见王湜华编:《红楼心解》,陕西师范大学出版社2005年版,第276~277页)连俞先生也未能理直气壮地肯定《红楼梦》为世界一流一等作品,勉强肯定之后又发生摇摆,这不能不令人感到困惑,不过前贤的努力毕竟为我们提供了再思索的前提,即使偏颇也提供我们再创造的可能,无论从哪一个角度上说,我们都应当铭记前人的功劳与足迹。说要把《红楼梦》研究从历史学、考古学拉回文学,这只是我个人的意愿,并没有"扭转乾坤"、"改造研究世界"的妄念。

德国天才诗人海涅曾把圣经比喻成犹太人的"袖珍祖国",我喜欢这一准确的诗情意象,也把《红楼梦》视为自己的袖珍祖国与袖珍故乡。有这部小说在,我的灵魂将永远不会缺少温馨。

是为序。

2008 年 7 月 10 日
于美国科罗拉多大学校园

《双典批判》导言

一、文学批评与文化批判

今天讲的题目是"双典批判"。

所谓双典,指是的中国文学的两部经典作品《水浒传》与《三国演义》。所谓批判,是指文化批判,即价值观批判,不是文学批评。

文化批判与文学批评是两个很不相同的概念。文学批评的对象是文学,其批评标准,一是考察文学的精神内涵,二是考察文学的审美形式。我所理解的文学包括三大要素,一是心灵,二是想象力,三是审美形式。文学批评乃是对这三者的把握。而文化批评的对象则是蕴含于文学作品文本中的文化意识。它只涉及精神内涵,不涉及审美形式,它与心灵有关,但与想象力、审美形式无关。换句话说,在进行文化批判的时候,必须悬搁审美形式、想象力等要素,而直接面对文学作品的精神取向、思想观念、文化意识、人性原则等价值要素。对"双典"的批判,正是对其核心价值观以及相关的思想文化意识的批判。

无论是文学批评还是文化批判,都是一种判断。前者的重心是审美判断(美),后者的重心是伦理判断(善)。审美判断不设置政治法庭与道德法庭,它的基本性质是康德所说"无目的的合目的性"。所谓无目的,是指无直接的、具体的功利目的,即无世俗的政治目的和道德目的。但是,它又合目的性,也就是符合人类生存、温暖、发展、延续的总目的,也符合人性向真向善向美靠的总趋向。因此,真正美的东西,总是包含着最广义的善。说文学"以美储善",指的正是广义的善;说文学不是以美"扬善惩恶",指的是狭义的善恶。文学不可把自身蜕化为道德说教。

伦理判断不同于审美判断。它是"有目的的合目的性"判断。它不隐瞒自己的伦理目的。伦理作为巨大的体系,它至少应作政治性伦理(以"正义"、"权利"为目标)和宗教性伦理(以"善"为目标)之分,两者均有鲜明的价值内涵,因此,伦理判断实际上是一种价值判断——价值观、价值取向的判断。文学批评乃是审美判断,它的出发点是艺术感觉,不是概念。其关键是进入文本展示的审美世界,领悟其中的心灵内容和审美特点,不作政治道德价值判断。而文化批判则要把作品中的伦理内涵抽离出来,作为审视对象。它的批评出发点不是艺术感觉,而是维系人类社会的共同的价值规范,即最广义的"善"。

初步区分之后,我们又会发现,文学批评与文化批判都涉及文学作品的精神内涵,两者又有交叉与联系。以日本当代文学为例,要说文学的震撼力与影响力,首席作家应是山岛由纪夫。但是,瑞典学院的诺贝尔文学批评家们宁可把光荣授与川端康成和大江健三郎,也不能给予山岛由纪夫,这是因为山岛的暴力倾向,特别是他所鼓吹的武士道精神,不符合诺贝尔的价值理想(可理解为最广义的善)。尽管三岛由纪夫的作品具有艺术魅力,但他的暴力主义价值观恰恰与人类永久和平的理想主义和普世价值观背道而驰。因此,我们可以承认山岛由纪夫是日本二战后最有魅力的作家,但完全不能接受他的作品所蕴含的思想观念与文化意识。相应的,我们也会作出判断,他不属于托尔斯泰这种建构精神高峰的伟大作家。

对于《水浒传》和《三国演义》这两部小说,从文学批评的角度说,应承认它们是非常杰出、非常精彩的文学作品,不愧是文学经典。金圣叹曾说,《水浒传》写了一百零八将而有一百零八个样。仅此一点,就是了不起的文学成就。除了塑造一百零八个个性形象,还写了其他数百个人物,要驾驭这么多形象,很不容易。文学批评既带有主观性,但并非完全没有客观标准。文学作品确实有高低之分、优劣之分。"劣"的小说写一千个人物,也是"千人一面";"优"的小说,哪怕只写两个人物、三个人物,也是两个人两个样,三个人三个样。《水浒传》写一百零八个人物,能写出一百零八个样,这就是艺术,这就是文学才能。金圣叹称之为"大才子书",它当之无愧。我们对《水浒传》的文化批判,是在肯定其文杰作的前提下进行。

《三国演义》也是一部精彩的长篇小说。这部小说的语言、结构、战争场面描写等方面的艺术成就,评价高低不一,但它塑造的人物形象,不管你喜欢不喜欢它,都应当承认,写得非常成功,其主要人物诸葛亮、曹操、刘备、关羽、孙权、张飞、赵云、周瑜、吕布、鲁肃、司马懿等,个个都可称为别林斯基所说的"典型"形象。成书几百年后,这些形象没有被时间所冲淡,仍然活生生地站立在亿万中国读者的眼前,这就很了不起。这部小说的战争场面、战争幕后的斗智场面、宫廷斗争场面以及种种阴谋诡计都写得十分精彩,令人难以忘却。像貂蝉这样一个"佳人"斗败两个"猛人"(董卓、吕布)的场面,便是中国文学史上未曾见到的美人"与狼共舞"的艺术性很强的场面。这位美人在极其险恶的场景中上演的是东方"阴谋与爱情"的政治戏,随时都可能人头落地,但她冷静应对,展示其千姿百态,无论是故作悲伤状、故作惊讶状,还是故作自杀状,皆装得出神入化、无懈可击。小说描写她"大闹凤仪亭",对吕布又是言情,又是提醒,又是逼迫,又是装着要跳水自尽,刺激其自尊心,每一步都在俘虏吕布和离间吕布与董卓的关系。这种美人征服英雄、弱女子捕获凶猛虎狼的戏剧描写,的确引人入胜。从文学批评的角度上看,应当肯定,这种叙事艺术已达到很高的水平。但是,如果从文化批判的角度上看,我们则会发现貂蝉这个女子只是政治马戏团里的精彩动物,她很漂亮,很聪明,但没有内心,没有个体意识,没有自由意志,只是政治斗争的工具,权力较量的棋子,并无自身的灵魂。说到底,她只是一个忠于主人(王允),甘心以姿色和身体报效主子的女奴。

《三国演义》和《水浒传》这两部作品,在中国文学史上,是小说成熟的标志。中国小说的发展,大体上可划分为三大阶段。一是故事阶段,二是话本阶段,三是叙事艺术阶段。双典之所以能成为文学经典,就在于它标志着中国小说进入叙事艺术的成熟时期。所谓叙事艺术的成熟,是指小说写作已有语言的自觉、结构的自觉、手法的自觉,尤其是人物形象塑造的自觉。中国向来都把诗歌与散文视为文学的正宗,戏剧与小说则属邪宗。《水浒传》、《三国演义》问世之后,被视为"大才子书"(金圣叹评语),小说的地位得到很大的提高。作为文学作品,今天我们仍然应当肯定它的杰出性和艺术魅力,不可否定。然而,正因为双典具有艺术魅力,蕴藏在作品中的毒素就更难发现发觉,危害就更大。从这个意义上说,"愈是经典,愈要批判"的理念是对的,不管这是谁第一个说出来的。这一理念的意思是说,因为经典作品带有巨大的艺术性,因此在时间风浪的刷洗中其魅力一直经久不衰,读者按其习惯性的思维代代相传,默默接受,在欣赏的快乐中已遗忘叩问与质疑,在无意识中已完全接受经典中的价值取向和精神毒素。这种毒素影响之大,是一般性作品无法比拟的。正是这样,对经典进行必要的批判,指出经典中的黑暗面,质疑其价值取向的严重问题,便成了当代文化人的重要使命。

因此,可以承认《三国演义》与《水浒传》是有才气、有艺术魅力的大才子书,但是,我们又要拒绝这两部作品中所蕴含的毒气与血腥气,从价值观上指出:这两部作品,固然是大才子书,但又是大灾难书。一部是暴力崇拜,一部是权术崇拜。两部都是造成心灵灾难的坏书。《水浒传》、《三国演义》大约产生于明代永乐之后、嘉靖之前,即公元1522年前后。五百年来,危害中国世道人心最大最广泛的文学作品,就是这两部经典。可怕的是,不仅过去,而且现在仍然在影响和破坏中国的人心,并化作中国人的潜意识继续塑造着中国的民族性格。现在到处是"三国中人"和"水浒中人",即到处是具有三国文化心理和水浒文化心理的人。可以说,这两部小说,正是中国人的地狱之门。

二、天国之门与地狱之门

以往谈论中国古典小说,总是笼统地讲"四大名著"(《三国演义》、《水浒传》、《红楼梦》、《西游记》)或五大名著(再加上《金瓶梅》或《儒林外史》),没有分清这几部名著在精神内涵上的巨大差异。以《红楼梦》为坐标,《水浒传》、《三国演义》和它的区别可用"霄壤之别"与"天渊之别"来形容。袭用这两个常用的概念来描述还不足以反映笔者个人感受到的差异。因此,我必须借用西方两个著名的雕塑的名字来表述。一个是15世纪意大利基伯提所作的"天国之门",另一个是法国罗丹制作的"地狱之门"。对于中国人的人性之路而言,《红楼梦》可称为"天国之门"。什么是人性?人性是人对自身动物性的理性提升与诗性提升。人怎样从欲进入情又从情进入灵?《红楼梦》全作了回答。如果"天国"是指美好人性的终极归宿,那么《红楼梦》正是导引我们走向天国的"天国之门"。书中的贾宝玉、林黛玉等,都是把我们引向天国的诗意生命,即帮助我们走出争名夺利、尔虞我诈之地狱的诗意生命。而《水浒传》与《三国演义》却是中国人的地狱之门。中国人如何走进你砍我杀、你死我活、布满心机权术的活地狱?中国人的人性如何变性、变态、

变质？就通过这两部经典性小说。

罗丹的"地狱之门"，制作了三十七年，直到逝世还未完成。创作的灵感首先来自但丁，据说，坐在地狱顶上中央点的"思想者"就是但丁。但丁在《神曲》的开篇里，根据贝德丽采（以往的情人，现在的女神）的嘱托，跟随诗人维吉尔来到地狱的门口，看到地狱之门刻着可怕的铭文，也就是地狱的定义："从我这里，进入悲惨之城的道路；从我这里，进入永恒痛苦的道路；从我这里，进入永劫人群的道路……你们走进这里，就放弃一切希望吧。"按照但丁的定义，地狱便是希望之死，地狱之门便是毫无希望之门。说《水浒传》与《三国演义》是地狱之门，也正是说，如果中国人没有意识到这两部经典的巨大病毒，继续在其中沉浸，那么，中国的人性将毫无出路。关于罗丹的《地狱之门》，写过罗丹专著的里尔克（1875—1926）曾作如此描述："罗丹放了几百件手掌大小的人物塑像，表现了形形色色的激情，表现了满足欲望的欢欣与自觉罪孽的深重。他创造了许多许多躯体，像群野兽般吃咬扭缠在一起。又如重物般往深渊里坠落；这些躯体谛听一如脸庞，跃动宛如胳膊，环环相扣，看上去仿佛花环与蔓枝。从一串串沉重的人体，从痛苦的根蘖，升起充满活力的罪之津渡。"（《罗丹：激情的形体思想家》，台北中译本第41页，时报文化出版公司1998年版）整个《水浒传》和《三国演义》中的形象与情节，就像里尔克所见到的地狱之景，表面上看去仿佛是花环与枝叶，实际上是一串串沉重的肉体环环相扣，相互吃咬扭缠，像重物般地往深渊里坠落。

面对地狱般的生存状态，作为思想者的罗丹与里尔克，头脑是清醒的，他们展示与描述时，其基本点是批判的，其情感是悲哀的。而"双典"的作者与读者的态度恰恰相反，其基本点是讴歌的，其情感是礼赞的。也就是说，无论是作者还是读者都没有意识到"水浒中人"与"三国中人"处于地狱般的生存状态之中，其价值观念和文化观念如同地狱一般沉重与黑暗。这种无意识，也就是潜意识。它说明，《水浒》与《三国》已进入中国人的深层文化心理结构，成为中国国民性的一部分。正是看到"双典"严重地影响中国人的文化性格并成为中国人的集体无意识，所以笔者不得不面对双典，对其核心价值观提出根本上的质疑。这里应当特别说明的是，第一个发现双典与中国国民性相通的是鲁迅。他在1935年就说：

> 中国确也还盛行着《三国演义》和《水浒传》，但这是为了社会还有

三国气与水浒气的缘故。

(《且介亭杂文二集》叶紫作《丰收》序)

鲁迅这一论断极为深刻,可惜没有引起注意。鲁迅的意思是说,中国人喜欢《水浒传》与《三国演义》,是因为有其国民性基础。即中国人的文化心理与之相通合拍。说得刻薄一点,是气味相投。但鲁迅只讲到中国人乐意接受《水浒》、《三国》的原因,而未讲另一面:《水浒》、《三国》产生之后又反过来强化中国的水浒气与三国气,又在塑造新的国民性格。这是一种恶性的互动:原有的国民性造成《水浒》、《三国》的心理基础;《水浒》、《三国》产生后又使原有的国民性进一步恶质化。毫无疑问,这两部小说正在创造大群的、与自身气息相通的读者,这就是水浒中人与三国中人。特别是现代电影电视技术产生之后,穿越阅读的障碍,这两部小说更是大规模地掌握人心与同化人心。影片中"该出手时就出手"的主题歌正在成为新的人生基调,也正在塑造新的人格。可惜少有人反省。像李逵那样出手排头砍去却毫无心理障碍,这意味着什么?少有人反省。

多年前,笔者曾经写过一篇文章,谁在统治中国?自从《水浒传》、《三国演义》诞生后,我们中国的统治表面上看好像是属于帝王将相在统治,是总统元首在统治。其实不是。因为这些帝王将相,总统元首又被这两本书所统治,所以真正在统治中国人心的,是这两部书。我现在引证其中一段:

谁在统治中国?

谁在统治中国?笔者在这里提出的是文化问题,不是政治问题。在政治层面上,无论是古是今,谁当皇帝谁执政,自然就是统治者,这是无须论证的。但在文化层面,谁是统治者,谁在统治中国,却是一个大问题。谁在统治中国?我要回答:是两部书的文化价值观在统治中国,一部是《三国演义》,一部是《水浒传》。可以说,从明代这两部书产生之后,中国就逐渐被这两部书所统治。到了现代,从上到下,都被这两部书所塑造、所改造,并被书中的基本观念主宰着。毛泽东虽然批判过《水浒》,但他批判的是宋江只反贪官、不反皇帝的投降主义。而脑子却被《水浒传》中的"造反有理"的基本理念所统治。至于《三国演义》,他有数以百计的"批示",从诸葛亮的精致战法到张鲁的道教社会主义,都极为欣赏。"五四"之后,中国从西方引入各种主义、各种学说,但都未

能真正统治中国。惟有一九四九年革命成功之后,马克思主义才在思想上取得几十年的统治地位,被执政党宣布为统治思想,但是,马克思主义在文化层次上真的统治了中国吗?怕未必。或者说,在意识的层面上,中国人接受马克思主义,但在潜意识层面上,则仍然被《三国演义》与《水浒传》所统治。在"文化大革命"中,马克思主义意识形态被推向历史高峰,马克思主义的千头万绪被归结为一句话,就是"造反有理",骨子里还是《水浒传》的基本思路。至于"文化大革命"中和这之前历次政治运动中的暴力、权术、阴谋、横扫一切的气势等更是来自《三》、《水》无疑。当年红卫兵、造反派拉山头、结帮派,打得你死我活,其残忍程度让人瞠目结舌,讲的"革命路线",实际上是《三国演义》中桃园结义的行为模式与准则。马克思主义之外的其他主义与思潮,包括当今在大陆还常常谈论的存在主义、结构主义、后现代主义、后殖民主义等等,都只能在很小的范围内(主要是知识分子中的一部分)产生影响,可说是"无关大局"。而真正在影响、感染、掌握中国的世道人心的是《三国》与《水浒》。特别是这两部小说改编为电视连续剧之后,其影响之大,更是难以估量。通过电视,《三国》与《水浒》再一次征服了中国的男女老少,再一次塑造中国人的文化性格。这种塑造力与影响力是看不见的,但它胜过千军万马。一九四九年之前,中国人的文化心理,就被《三国》、《水浒》所塑造,广大的乡村中到处都有关帝庙、赵公元帅庙。但是,这些人格神主要活动在乡村,难以进入城市。而现在,《三》、《水》通过最先进的科学技术走遍世界上所有华人居住的地方,所到之处,都像英雄降临,华族的新一代人再次被《三》、《水》所统治。

三、原形文化与伪形文化

笼统地讲四部古典名著,从人类文化学的角度上说,其错误是没有分清一个民族的原形文化与伪形文化。本书要郑重地说明:四部典籍中的《红楼梦》与《西游记》属原形文化,而《三国演义》与《水浒传》则属于伪形文化。

原形文化是指一个民族的原质原汁文化,即其民族的本真本然文化;伪形文化则是指丧失本真的已经变形变性变质的文化。每种民族文化在长期的历史风浪颠簸中都可能发生蜕变,考察文化时自然应当正视这一现象。

把文化划分为原形文化与伪形文化,首先是受到史宾格勒(Oswald Spengler)的名著《西方的没落》一书的启迪。此书的第十四章"阿拉拍文化的问题之一:历史的伪形"和第十五章"阿拉伯文化的问题之二:马日的灵魂",讲的正是文化的变形,也就是文化如何发生"伪形"现象。史宾格勒在论述阿拉伯文化与俄罗斯文化发生"伪形"的原因时,强调的是外因,是外来文化的入侵与影响。《西方的没落》台北中译本的译者陈晓林先生把史宾格勒的伪形文化思想作了如此概说:

> 阿拉伯的宗教与文化,一直错综复杂,迷离恍惚,为历史学家所不敢问津。可是史宾格勒却以两个概念,"历史的伪形"与"洞穴的感受",一举澄清了阿拉伯文化种种的迷雾。"伪形"本是一个矿物学上的名词,意指:一个矿坑中原有的矿石,已被溶蚀殆尽,只剩下一个空壳,而当地层变化时,另一种矿质流了进来,居于该一壳内,以致此矿的外形与内质,截然不同。所谓"历史的伪形",即是指在阿拉伯文化尚未成形时,由于古典文明的对外扩张,武力占领,以致整个被古典文明覆压于上,不能正常地发展,故而其文化型态与宗教生命,皆一时被扭曲而扼抑,但古典文明其实已经血尽精枯,只剩下一个空壳,故而一旦阿拉伯文化在重荷之下脱颖而出,其基督教便立刻征服了整个的希腊世界。这同时也完满解释了伊斯兰教,何以能以一个沙漠中的小派,倏忽兴起,如飙风骤雨,席卷了偌大的领域。

(引自齐世荣:《西方的没落》中译本,北京商务印书馆2001年版,第330页)

2001年,北京商务出版社再版齐世荣等六位先生的中译本。关于"历史的伪形"这一重大概念,此译本则用"历史上的假晶现象"来表述。且看定义"假晶现象"的一段文字:

> 一种矿石的结晶埋藏在岩层中。罅隙发生了,裂缝出现了,水分渗进去了,结晶慢慢地被冲刷出来了,因而它们顺次只剩下些空洞。随之是震撼山岳的火山爆发;熔化了的物质依次倾泻、凝聚、结晶。但它们不是随意按照自己的特殊形式去进行这一切的。它们必须填满可填的空隙。这样就出现了歪曲的形状,出现了内部结构和外表形状矛盾的

《双典批判》导言

结晶,出现了一种石头呈现另种石头形状的情况。矿物学家把这种现象叫作假晶现象。

(引自齐世荣:《西方的没落》中译本,北京商务印书馆2001年版,第330页)

大陆的译本第一版问世于1963年,台湾译本问世于1985年。尽管从矿物学上说,译为"假晶现象"十分准确,但我得到启迪的则是台译本的"伪形"概念。因为事关重大,我们不妨把陈晓林先生关于"假晶现象"的另一种译法,也录示于下:

在岩层中,本已嵌入了某一矿物的结晶体。当裂缝与罅隙出现时,水流了进来,而结晶体逐渐洗去,所以在一段时间之后,只剩下了晶体留下的空壳。然后发生了火山爆发,山层爆炸了,熔岩流了进来,然后以自己的方式僵化及结晶。但这些熔岩,并不能随其自身的特殊形式,而自由地在此结晶,它们必须将就当地的地形,填入那些空间中。故而,出现了扭曲的形态,晶体的内在结构与外在形式互相抵触,明明是某一种岩石,却表现了另一种岩石的外观。矿物学家称此现象为"伪形"或"假蜕变"(Pseudomorphosis)

(陈晓林:《西方的没落》中译本,台北桂冠出版社)

尽管两种译法使用不同的概念,但都没有离开原著的一个基本信息,这就矿物的晶体在某种外部条件下会发生"假蜕变"现象,即出现歪曲的形状,内部结构与外表形式相矛盾的现象。这种现象无论是称作"假晶"现象也好,"假蜕变"也好,都是原晶体的"伪形"。史宾格勒把矿物学上的"伪形"现象引申到大文化的考察之中,用这一视角说明世界上多种文化变异现象,的确精彩而令人信服。

史宾格勒论述的重心是异质文化介入之后使原质文化发生"伪形"。中国文化也经受过异质文化的介入与冲击。最重要的有两次,一是古代佛教文化的传入,一是近代西方文化的传入,两次都使中国文化发生某些变形,但是不是已造成"伪形",则需认真研究后才能下结论。笔者现在可以说的是,第一次虽发生某些变形,但因为中国文化本身具有巨大的同化力,并没有造成伪形。佛教文化在中国传播后演化成中国的禅宗,它作为一种独立的文化存在,并没有导致儒、道这一主流文化的瓦解与彻底变质。至于边陲少数民族文化(如蒙、满文化)的入侵并在政治上获得统治地位,更是被汉文化所同化。第二次异质文化的介入,以"五四"为大规模的起点(之前严复、梁启超诸子的引介为小规模),至今虽有九十年,对中国的传统文化的冲击,猛烈空前,但如何估量中国文化的变形变质,还需要时间。

  应用原形、伪形文化区分的视角观察中国文化,我们会发现一点,不仅是外来异质文化的冲击会产生变动力,而且民族内部的沧桑苦难,尤其是战争的苦难和政治的变动,也会使文化发生伪形。以儒家文化而言,孔子的《论语》属于儒家原形文化,但是经过汉代帝王的"独尊"之后,变成统治阶级思想之后便发生了第一次变形。到了宋明,经过几派大儒的阐释与发现,儒家文化进一步制度化,并发展成许多严酷的行为规范模式,如三纲五常、三从四德等等,尽管其中有王阳明伟大心学的出现,但儒家原典(原形)已经发生"伪形"了。五四新文化运动的先锋们本意应是批判儒家的伪形,但在打倒孔家店的笼统口号下,有时分清,有时则没有分清。分清时批判了妇女节烈观和二十四考图等等,反而使儒家原典的本来面目更清楚,分不清时则把孔子揭示的真理一起付之斧钺。今天我们有了原形、伪形区分的意识,倒是可以继续清除儒家伪形部分而重新开掘儒家原典的丰富资源。

  如果说《论语》是儒家文化的原形,那么《山海经》则是整个中华文化的原形原典。它虽然不是历史(属神话),却是中华民族最本真、最本然的历史。它是中国真正的原形文化,而且是原形的中国英雄文化。《山海经》产生于天地草创之初,其英雄女娲、精卫、夸父、刑天等等,都极单纯,他们均是失败的英雄,但又是知其不可为而为之的英雄。他们天生不知功利、不知算计、不知功名利禄,只知探险、只知开天辟地、只知造福人类,他们是一些无私的、孤独的、建设性的英雄。他们代表着中华民族最原始的精神气质,他们的所作所为,说明中华民族有一个健康的童年,所作的大梦也是单纯的、美好的、健康的大梦。关于《山海经》所体现的中国原形文化精神,笔者在2002年就说过:

  《山海经》所凝聚、所体现的中国文化精神是什么呢?这里,我必须用非常决断的语言说,它体现的是一种"知其不可为而为之"的精神。"女娲补天"、"精卫填海"、"夸父追日"、"后羿射日"等等,全是这种精神。天可以补吗?海可以填吗?烈焰可以追赶吗?太阳可以射落吗?

都不可能。但远古的英雄却偏偏说：能！偏偏把不可能的事当作可能去争取，去奋斗。这就形成一种大精神。精卫是一只小鸟，它嘴上所嗮的树枝那么细微，而沧海却那么深广浩瀚，这是何等巨大的反差，但是坚韧的生命不在乎这种反差。因为他们有一种原始的天真，不知计较成败，不知计较得失，只知一往无前地进取。进取的过程是最重要的，结果倒在其次。生命的精彩全在争取另一可能生的过程之中。我国古代的神话英雄，不仅知其不可为而为之，而且其所作所为的一切都是建设性的，都是为人间造福的。要么是为世界填补空缺，要么是为生民创造绿洲，要么是为天下赢得安宁，要么是为百姓治理洪水。这与后来《水浒传》、《三国演义》中那些杀人英雄和玩弄权术阴谋的英雄完全不同。……其实，真正的英雄是救人。而鲁迅先生在《拿破仑与隋那》一文心批评过英雄崇拜的淆乱与颠倒。隋那是牛痘疫苗的发明者，救活了无数孩子，而拿破仑则侵略了大半个欧洲，杀了无数人，也把自己的国民当作炮灰，但人们总是不断地赞颂拿破仑而忘记隋那。所以鲁迅批评说："拿破仑的战绩，和我们什么相干呢？我们却总是敬佩他的英雄，甚至于自己的祖宗，做了蒙古人的奴隶，我们还在恭维成吉思汗"；"自从有了这种牛痘以来，在世界上真不知救活了多少孩子——虽然有些人大起来还是去给英雄们做炮灰，但有谁记得这发明者隋那的名字呢？杀人者在毁坏世界，救人者在修补它，而炮火资格的诸公，却总是在恭维杀人者。"《山海经》中的女娲、精卫、夸父、后羿等都是世界的"修补者"，全是救人英雄。他们知其不可为而为的，全是修补世界的创造行为。

（参见拙着：《沧桑百感》，香港天地图书有限公司2004年版，第216～217页）

我们说《红楼梦》是中国的原形文化，不仅因为这部小说一开篇就紧连着《山海经》（故事从女娲补天说起，主人公乃是女娲淘汰的石头），而且因为《红楼梦》中的主人公和他心爱的诸好，以及浸透于全书的精神，都是《山海经》的精神与赤子情怀，都远离《山海经》之后的泥浊世界，特别是巧取豪夺的世界。贾宝玉这个人也是知其不可为而为之，他用他的天真挑战着一个庞大的泥浊世界，与夸父、精卫一样呆傻。《山海经》所呈现的中国原形文化精神是热爱"人"、造福人的文化精神,是婴儿般的具有质朴内心的精神,《红楼梦》连接、呈现并丰富化了的正是这种精神。《西游记》的主人公孙悟空及其唐僧所呈现的也是这种精神。孙悟空与唐僧所形成的心灵结构,是童心和慈悲心融合为一的结构。孙悟空如同不死的刑天,而唐僧则给他以慈悲的规范,只能保护人,不可杀人的规范。唐僧所要造就的英雄是造福人的英雄。这一基本精神与《山海经》完全相通。因此,《西游记》完全属于中国的原形文化。

《水浒传》与《三国演义》则不同。以《山海经》为坐标和参照系,我们便可发现这两部小说发生了严重的"伪形"。其英雄已不是建设性的英雄,而是破坏性的英雄,其生命宗旨,不是造福人,而是不断地砍杀人。他们不是要去"补天",而是自己想成为"天"(《三国》)或打着替天行道的旗号无法无天(《水浒》)。他们已失去《山海经》时代的天真,或把天真变质为粗暴与凶狠(如《水浒》的李逵与武松),或埋葬全部天真与全部正直,完全走向天真天籁的极端反面,耗尽心术、权术与阴谋(《三国》),把人的全部智慧不是用于补天与填海,而是用于杀人与征服。《水浒传》与《三国演义》这两部书有袭用传统的"忠义"理念,但没有灵魂。两部书都没有精神指向。鲁迅用"三国气"与"水浒气"来描述,实在是太恰当了,两书中只有气,没有灵魂;只有情绪,没有信念;只有政治沙场,没有审美秩序。中国文化的原始精神,走到了"双典",便走到了"伪形"的高峰。

《水浒传》与《三国演义》,一方面是中国英雄文化的伪形,另一方面又是中国女性文化的伪形。中国文化大系统中,它的早期有一个女性文化的原形。在此原形中,女性具有创世的崇高地位。这里有上文已提及的《山海经》中的女娲,这个既补天又造人的创世者是女性。这是中国文化原形的伟大象征。在《山海经》中另一女性是填海的精卫,她原是炎帝的女儿,化为精卫鸟之后以填海为自己的目标,是"补天"的对应性行为。这说明中国女性在远古时期地位非凡。而在西周时期,周人始祖后稷的母亲姜嫄,又是神似的偶像。传说她于郊野践巨人足迹怀孕生稷。《诗·大雅·生民》载:"厥初生民,时惟姜嫄。"《史记·周本纪》又记:"周后稷,名弃。其母有邰氏女,曰姜原。姜原为帝喾元妃。姜原出野,见巨人迹,心忻然说,欲践之,践之而身动如孕者。"这一传说,与《圣经》中的耶稣诞生的故事相似,耶稣的母亲也是因神迹而受孕,后来成为圣母。可见在周代,中国生民只认女性为真正的创生者。到了战国时期,最早出现的由老子创造的伟大哲学著作《道德经》,更是崇尚柔性、崇尚雌性、崇尚牝性的文化。其中"弱之胜强,柔之胜刚","以天下之至柔克天下之至刚"的思想,早已是众所周知,而"知其雄,守其雌"(第281章)和"牝常以静胜牡"(牝,雌性动物;牡,雄性动物。参见第61章)的"雌性优胜"理念则容易被忽略。老子虽然没有直接谈论妇女,但《道德经》的哲学整体的精神指向是重"水"性、重柔性、重雌性、重牝性则极为明显。这位伟大哲学家在二千五百年前就牝能胜牡,雌能制强,柔能胜刚,这就为女性能站立于大地而立下根本的哲学基础。这一哲学启迪我们,英雄文化不等于就是雄性文化。真正的英雄必须把握柔与刚、雌与雄、牝与牡的合情合理合势关系,作为男性英雄,更应当充分尊重女性,看到自己往往不如女性。这种雌性优胜的哲学,是中国的原形哲学,是中国文化的真正的精华。而《水浒传》与《三国演义》则是这种哲学的变形变质。两部经典都在崇尚雄性暴力的同时蔑视、仇视雌性,砍杀和利用女性(下文再细说),从而展示中国文化中最黑暗的一页。

四、人性文化与非人的文化——聂绀弩的假设和我的补充

区分原形文化与伪形文化之后,笔者想起我所崇敬的著名诗人作家聂绀弩关于"五四"新文化运动的一个假设。这一假设他多次对我表明。他说,五四新文化运动要是高举《红楼梦》的旗帜就好了。"五四"新文化运动的基本点是批判的——批判非人的社会与非人的文化,但是,缺乏正面的旗帜(只好把尼采、易卜生等当旗帜),其实,《红楼梦》就是产生于中国土地上的关于人的伟大旗帜。他说:"《红楼梦》是人书,人的发现的书,是人从人中发现人的书,是人从非人(不被当作人的人)中发现人的书。"(参见《人民日报》1986年1月20日碧森的文章:《老幼情深》)聂绀弩这一见解是极其深刻的见解。"五四"高举人的旗帜,以空前的力度揭露中国标榜仁义道德的旧文化乃是吃人的文化,但是,"五四"的思想先锋忘记,自己的文化系统中却有一部高举"人"的旗帜的大书,可以作为正面的旗帜和参照系,这就是《红楼梦》。聂绀弩晚年体弱难以走动,背靠小床只读几部古代小说,正如他

的"自遣"诗所说的"自笑余生吃遗产,《聊斋》《水浒》又《红楼》"(参见罗孚编:《聂绀弩诗全编》,学林出版社,第113页)聂绀弩对《红楼梦》和《水浒传》均有许多精辟的、独到的见解,而发现"五四"这场批判"非人"、"吃人"文化,以人为主题的文化大变革却未能把《红楼梦》这部人书作为旗帜的缺陷,更是了不起的极其深刻的见解。这一见解从根本上启发了我。所以我写了"红楼四书",把他的思想贯彻其中,期待《红楼梦》虽不能成为"五四"旗帜但能成为中国人永远的心灵旗帜。

把《红楼梦》这部人书作为"五四"的正面旗帜,这是聂绀弩的假设。被他的假设所启发,我则作了第二假设:如果"五四"新文化运动不是把孔夫子作为主要打击对象,而是把《水浒传》和《三国演义》作为主要批判对象就好了。"五四"作为一个发现人的运动,包括三个层面的发现,即发现人、发现妇女与发现儿童(这是周作人的概说)。而《水浒传》恰恰是不把人当人,无论是官府还是造反者均如此。水浒英雄直接吃人肉的有王英、张青和孙二娘等,更不说官府间接"吃人"了。至于妇女,无论是"水浒"还是"三国",她们要么是政治马戏团里的动物(如貂蝉、孙权妹妹孙尚香等),要么是被杀戮的对象(如潘金莲、潘巧云、李巧奴等),要么就是哑巴工具和武器(如扈三娘),只是打仗工具,没有语言。至于儿童,连四岁的无辜小衙内,也被李逵一斧砍成两段。

因此,如果说,《红楼梦》是真正的"人"的文化,那么,"双典"则是"非人"的文化,是人任人杀戮的文化。"五四"新文化的价值核心,用一公式表述是"人=人",而在双典中,我们则看到"人≠人"的公式,公式里包括集团之外的人不是人,女子不是人,儿童不是人。"五四"新文化运动高举的是人的旗帜,而且还突出个人,尊重每一个体生命,是一个很伟大、很了不起的运动,它如果在树立对象与打击对象上作一转换,以曹雪芹取代尼采,即以《红楼梦》作为正面旗帜,而以双典代替孔子而作为主要批判对象,那么,它同样会有震撼,而且能严格地分清中国文化的精华与糟粕,原形与伪形,其张扬的核心价值(人——个体价值)和打击的核心观念(人变成非人)都将更为明确而无可争议。

笔者作这样的假定,并不是想入非非。实际上在新文化运动展开的前夕,运动的旗手陈独秀在1916年已和康有为论辩过。在康有为看来,中国风俗人心的颓败,是"不尊孔"之故。陈独秀不同意,写了《孔子之道与现代生活》一文驳斥他。有意思的是,在驳难的文章中他却透露出一个信息,认为风俗人心败坏,莫大于淫杀,就是黄巢、张献忠之辈的淫杀。只是这种淫杀属于过去,在文明社会的今天已不再发生。他这样写道:

> 康先生与范书曰:"夫同此中国人,昔年风俗人心,何以不坏?今者,风俗人心,何以大坏?盖由尊孔与不尊孔故也。"是直瞽说而已!吾国民德之不隆,乃以比较欧美而言。若以古代风俗人心,善于今日,则妄言也。风俗人心之坏,莫大于淫杀。此二者古今皆不免,而古甚于今。黄巢、张献忠之惨杀,今未闻也。有稍与近似者,亦惟反对新党赞成帝制孔教之汤芗铭、龙济光、张勋、倪嗣冲而已。古之宫廷秽乱,史不绝书。防范之策,至用腐刑。此等惨无人道之事,今日尚有之乎?古之防范妇人,乃至出必蔽面,入不共食;今之朝夕晤对者,未必即乱。古之显人,往往声妓自随,清季公卿,尚公然蓄姬男宠,今皆无之。溺女蛮风,今亦渐息。此非人心风俗较厚于古乎?

[引自《陈独秀文章选编》(上),北京三联书店1984年版,第156页,原载《新青年》2卷4号]

关于世道人心,是今不如昔还是今胜于昔?暂且不论。但陈独秀既然认定"风俗人心之坏,莫大于淫杀",并认为黄巢、张献忠属于淫杀惨杀之名手(只是"今未闻"),那么,把《水浒传》中的"淫杀"作为主要批判对象,便不是奇想天开。陈独秀拒绝康有为"尊孔"的妄说可以理解,但走向另一极端把孔子作为风俗人心败坏的总根而放过黄巢、张献忠等,则大可商榷之处。

聂绀弩"假设"虽然没有使用原形文化与伪形文化的概念,但他作为一个热爱《资本论》(其读本至今还保存在笔者手里)、相信马克思主义的作家,实际上是信奉一个民族具有两种文化的观点(列宁提出过两种文化思想)。也就是相信,中国在自己的传统中具有最优秀的文化资源。"五四"新文化运动的历史功勋不可抹杀,但它对传统文化缺少真伪的分辨却是巨大的缺憾。如果当时的新文化先觉者能用"原形"与"伪形"的视角去观察传统,那么,他们一定会发现,不仅上述的中国的英雄文化和柔性文化发生了"历史的伪形",而且中国的道德文化也发生严重的伪形。以孔子、孟子为代表的在先秦时期创造的道德文化是这一文化体系的"原形",到了宋明,则有一部发扬了原形,无论是程朱理学还是陆王心学,都有一大部分是孔孟伦理学的发扬光大,但是也有一部分发生"假蜕变",例如"存天理、灭人欲"观念,"饿死事小,失节事大"的观念,三纲五常、三从四德行为模式等等,就属伪形,至于后来所形成的妇女节烈观(包括立牌坊的反人性的行为)以及"二十四孝图"等愚孝行为语言,更是拙劣的变形。"五四"新文化运的初衷,打击的其实是伪形的孔子和伪形儒家伦理,并非孔子的原典(《论语》原形),可惜由于理论准备不足,只能笼统地提出"打倒孔家店"的口号,从而把儒家的原形与伪形一起扫荡。《水浒传》与《三国演义》中的英雄及枭雄们不像后来的太平天国革命,公开打击儒生,摧毁孔庙,他们倒是纷纷高举忠义的伦理旗帜,但是,其伦理文化却全面变质,无论是《水浒》的"聚义"、"忠义",还是《三国》的结义,都是"义"文化的伪形。当然,聂绀弩的假设和我的补充假设,只是假设而已。历史已翻开新的一页,我的假设也超越了"五四",而从广阔的角度说明正在进行的"双典批判"的意义。

五、黑暗王国与光明个案

尽管我以明确的语言进行"双典批判",但仍然必须说明,除了肯定小说的文学成就之外,在价值观的批判中,我也并不是否定小说中一些具有人性光辉的人物与细节,可惜这种人物与细节过于稀少。就《水浒传》而言,能让人感到人性温暖的只有一个人,这就是鲁智深。他是唯一的一个,第一个道破这"唯一"二字的,是台湾大学中文系的乐蘅军教授。她在《古典小说散论》里如此论说鲁智深,很值得我们整段引证而加以细读:

> 鲁智深原来是一百零八人里唯一真正带给我们光明和温暖的人物。从他一出场不幸打杀郑屠,直到大闹野猪林,他一路散发着奋身忘我的热情。固然鲁智深同样不能免于杀戮,但"时常行善而不犯罪的义人,世上实在没有。"(旧约传道书);况且有甚于此的,他正义的赫怒,往往狙灭了罪恶(例如郑屠之死,瓦官寺之焚),在他慷慨胸襟中,我们时感一己小利的局促(如李中之卖药和送行)和丑陋(如小霸王周通的抢亲),在他磊落的行止下,使我们对人性生出真纯的信赖(如对智真长老总是坦认过失,如和金翠莲可以相对久处而无避忌,如梁山上见着林冲

便动问"阿嫂信息",这是如武松者所不肯,如李逵者所不能的),而超出一切之上的,水浒赋给梁山人物唯一的殊荣,是鲁智深那种最充分的人心。在渭州为了等候金老父女安全远去,鲁智深寻思着坐守了两个时辰;在桃花村痛打了小霸王周通后,他劝周通不要使刘太公养老送终,承祀香火的事"教他老人家失所";在瓦官寺,面对一群褴褛而自私可厌的老和尚,虽然饥肠如焚,但在听说他们三天未食,就即刻撇下一锅热粥,再不吃它——这对人类苦难情状真诚入微的体悟,是水浒中真正用感觉来写的句子。这些琐细的动作,像是一阵和煦的微风熨帖地吹拂过受苦者的灼痛,这种救世的怜悯,原本是缔造梁山泊初始的动机,较之后来宋江大慈善家式的"仗义疏财",鲁智深这隐而不显的举动,才更触动了人心。水浒其实已经把最珍惜的笔单独保留给鲁智深了,每当他"大踏步"而来时,就有一种大无畏的信心,人间保姆的呵护,笼罩着我们。金圣叹认为鲁智深虽是上上人物,却总有一大段不及武松、李逵(读第五才子书法)完全是任性的评论。

(《古典小说散论》,台北大安出版社2004年版,第88～89页)

乐教授这段精辟精彩的论说比金圣叹高明,是她分清了鲁智深与武松、李逵的不同,这不同,不是鲁不及武、李,而是具有武松、李逵所没有的人性光辉。乐教授判断:"鲁智深原来是一百零八人里唯一真正带来我们光明和温暖的人物。"这一判断不是武断,而是极有见地、极为准确的人物鉴定和小说整体把握。能给读者带来光明与温暖的人物,是"唯一"的,只有一个。我们不能全盘否定《水浒传》的人性光辉,就因为它还有鲁智深在,我们所以要态度鲜明地批判《水浒传》,就因为它太缺乏光明与温暖,在鲁智深之外,具有太浓重的黑暗、冰冷与残酷,包括主要英雄武松与李逵,也是太多令人难以容忍的凶残、冰冷与黑暗。看不到武松、李逵的黑暗,还笼统地赐予英雄的称号,这不仅仅是金圣叹的盲点,而且是《水浒传》诞生之后,一代一代无数读者的盲点。

除了有鲁智深这样的光明个例之外,《水浒传》还用无是无非、无善无恶的笔触描写了一段宋徽宗的情爱故事,无意中透露了一线人性光辉。在充满道德法庭的中国社会里,一个身居社会塔尖的皇帝也是没有自由的,他也必须挖地道去私会身为妓女的情人。如果作者暗示,这是尤物误国,也设置一个道德法庭对宋徽宗和李师师进行道德裁判,那将是大败笔。但施耐庵没有这样做,他只是如实地娓娓道来,无褒无贬。在充满血腥味的小说框架里,竟然还穿插了这样一段具有人间性情的故事,一个皇帝为了追求情爱,可以上天下地的故事。这种富有人性的情节,没有落入"欲望有罪"的逻辑中,真是精彩。对于这种个例,当然应在我们的文化批判范畴之外。可惜,尊重人性和人的欲望的权利,不是"双典"的基调。

(选自《双典批判》)

从作文到随心

2011年农历九月,我年满七十。此时,我想到孔夫子所说的"七十从心所欲而不逾矩"。在我的解说里,"从心所欲"即"随心所欲"。七十岁这一年,我在东、西方穿梭,做了许多讲演和接受许多报刊的访谈。演讲的大半都没有讲稿,讲话时只写了个提纲,到台上便按照提纲上的逻辑"随心所欲"地发挥。自由牢牢掌握在自己手里,不留给听众。其实,这一年的前前后后,包括2010年和今年的所言(访谈录)所作(文录),都有"随心"的特点:只讲只写心中所想的一切。即使较长的文章(如若干序文),也是心中"流"出来的,不是笔头"做"出来的。就我个人而言,含有文艺腔与学者腔的"作文"时代已经过去,如今该是进入无腔无调无相无姿的"随心"时代了。讲述,只是心灵的需求,文字,只是心灵的呈现,这种精神生活倒是真的十分愉快。不过随心所言并非随意妄言,它还必须"不逾矩",即必须符合心灵原则与学术原则,所以仍然需要下功夫,包括阅读、思索、分析、组构的功夫,讲述之前的功课是逃脱不了的。

2011,又是我的游览年。早春三月,就到中美洲(洪都拉斯、伯利兹、墨西哥)去观看玛雅文化的遗迹。4月,便到东方参加母校厦门大学90周年诞辰纪念活动。之后又到汕头、泉州、成都、首尔(韩国)、上海、深圳、珠海、香港诸城游说。7月回美国后刚坐下来读书两三个月,又到德国纽伦堡爱尔兰根大学参加高行健学术讨论会,会毕飞往柏林,之后又到捷克、斯洛伐克、匈牙利、奥地利、瑞士等国旅游,如果把途经的小国列支敦士登也算在内,2011年共走访了十一个国家,可称"周游列国"了。纯粹游玩,自然比较轻松,如果游览时还带上"游学游说",那就有精神牵挂,虽有牵挂,但也逼迫自己思索,一路上凡被记者"逮住"的,也都逼迫自己动动脑子。这一年,在故乡母校的期待和异国友人的期待中,我对当代中国的处境与整个人类社会的处境,作了一些思想性质与哲学性质的回应。即使是讲《红楼梦》、《水浒传》、《三国演义》,其实也作了回应。在说《红》中,我讲"大观视角"、"中道智慧"、"心灵本体"、"灵魂悖论"、"澄明境界"等,既忠实于小说文本,但又给流行的"颠覆性思维"提供一种哲学批评的参照系,所以文学"专业"之外的人也乐意听闻。至于我在厦大国学论坛上提出的"创造中国的现代化自式",则是我多年的所思所想。接受诸家报刊的采访,所言所论,也与此主题相关。当今世界,无论是东方还是西方,都发生许多新的大现象,也都有各自不同的生存困境与心灵困境。对于这些困境,能作"体系性"的学术回答自然好,但如果能作点"明心见性"的思想回应也并非没有意义。现在人类正在发生集体变质,堂堂正正的"人"正在变成另一种生物——金钱动物。地球上的两方尽管意识形态仍在冲突,但都共同崇奉一种伪宗教即"拜物教"。巴尔扎克早就预言:世界将变成一部金钱开动的机器,果然如此。面对大时代的困境,表述一些真实的感受,给同类提供一点清明的意识,也许正是我愿意推出此书的目的。在厦大中文系系庆中我作了"告慰老师"的演讲,讲话中说明:出国后我不是走向概念,而是走向生命;不是走向学术的姿态,而是走向人生的深处。"创造自式"的游说游思,大体也是这样一种"方向"。

  我要感谢三联总编李昕兄,他一听说我在2011年的游学信息,就果断地叮嘱:整编出集子后寄给三联。此刻我生活在"象牙之塔"中,完全不知塔外出版行情,有他这一"态度",我便获得信心。尤其让我高兴的是,他还指定朱竞梅作为本书的责任编辑。竞梅在这之前作过《双典批判》的责任编辑,其认真与用心,给我留下极深的印象。此次有她的支持,"随心"之后肯定可以"放心"了。于是,我立即审校叶鸿基表弟选择好的文稿,并写下这段文字,作为书的序文。

2012年1月5日
于美国科罗拉多

从兴趣到信仰

当沈志佳博士（以下称小沈）把她编选的文集复印件寄到 Bonlder 寓所时，我一边翻阅了近两千页的书稿，一边想，一个从事历史研究的年青学人，能有这份心思关注文学，关注后又能作出如此用心的选择，真是难得。尽管我对她的选择提出一些"微调"意见，但还是尊重她的框架，佩服她的精神。此刻全书的清样，摆在我的面前，更觉得真是事在人为，有心人总是可以不断创造意义。

小沈在我的印象中一直是那个站立在图书馆铁书架边上的研究生。23 年前即 1989 年初，我第一次到美国也是第一次见到她的时候，她正在芝加哥大学东亚图书馆里打工，后来她虽然拿到了芝大的历史学博士学位，毕业后却又到图书馆工作，先是在我"客座"的科罗拉多大学东亚图书馆任馆长，后来又到西雅图主持华盛顿大学东亚图书馆。一个史学博士却整日忙于图书馆日常工作，很少时间做研究。开始时她心理有些不平衡，曾听她说：刘老师，我现在不是在读书，而是在读书皮。虽这么说，但她还是找到两条有所"作为"的路子：一是研究梁漱溟，一是编选《余英时文集》。前者不知进展得如何，而后者却很有成绩，她编选了十二卷。前十卷在广西师范大学出版社出版后，余先生送我一套，那是 2005 年。这才知道小沈还在孜孜不倦地读书，余先生的著述那么丰富，要挑选出他的代表作和检索那么多散见于各种报刊上的文章，实非易事。记得看到这部新出版的文集时，我曾对她说，你还不是一个学问家，但已是一个很好的读书人与学人了。她真的很善于学习，很善于倾听。完成了《余英时文集》编选之后，她便着手编选我的文学选集，尽管我怀疑她能否编好，因为这毕竟是另一个领域。但她还是一本书又一本书地阅读，一篇文章又一篇文章地复印。近两三年，她在我表弟叶鸿基的协助下，利用逐步完善的我的文档数据库，很便捷地调阅和编选到各类文章，通过她几年来"业余时间"的努力，《选集》终于以四卷的形式出现了。

此一项目能够完成,得衷心感谢小沈和鸿基的多年辛苦。

编选完成后,我们商量,让林岗作篇序。林岗对我的著作了如指掌,而且还和我合著过《传统与中国人》及《罪与文学》。林岗从里到外均极为质朴,为人又极为低调。看似平常,实则学、胆、识兼备,文、史、哲皆通。小沈也觉得他的文章写得特别好。此外,我还建议小沈写一前言,但她谦虚地说:前言还是刘老师写,我就写《编者后记》吧。

面对《文学选集》,我想到自己的文学路程,大约可以用"从热爱文学到信仰文学"来表述。1956年,我读高中的时候,有幸遇到一座可能是福建省最好的中学图书馆——国光中学图书馆,馆里拥有大量文学经典,尤其是从西方翻译过来的从荷马到托尔斯泰的名著。在青春生命最旺盛的年月,读了泰戈尔、莎士比亚、雨果、歌德的著作之后,火焰一次又一次窜过我的心胸,从那时候起,我就知道自己的人生属于文学。那时我因为家境贫穷,身体比同学们消瘦,但内心却精神飞扬,整天跟着但丁、拜伦、普希金、泰戈尔、惠特曼天马行空,觉得他们的每一个名字都在为我敲打文学的响鼓,都在决定我的道路。1959年高考前两年,同学们都在选择读理科、工科或文科,我不必犹豫,因为我的生命早就属于莎士比亚们了。

不过,热爱文学并不等于信仰文学。信仰的建立需要过程。进了厦门大学之后,我又很幸运地遇到彭柏山老师。他是我的写作课老师(原上海市首任宣传部长,后因胡风案牵连发配到青海,然后转到厦大),但他对我最大的帮助,不是教我怎样写作,而是教我要确立对文学的信仰。他郑重对我说过一句让我刻骨铭心的话:"你既然选择了文学,就应当像我当年选择了战争。那时候,战争是我的信仰,为了信仰什么都可以牺牲。"彭老师所说的战争,当然是指革命。他在新四军飞虎团担任政委时,全团都牺牲了,只剩下他和一个通讯员。在"文化大革命"中经受惨无人道的折磨之后,他仍然坚持写作《战争与人民》(缅怀战友的长篇小说),结果被认定为"翻案"而活活被打死,他真的为文学信仰牺牲了。彭老师的教导和带着鲜血的行为语言,催生了我的文学信仰。后来我又见到彭老师的好友聂绀弩,他也是受胡风案牵连的"左翼"作家("文革"时另有新罪名)。80年代初,他从牢房里出来后,我第一眼见到他时,只看到他皮包骨,双腿和胳膊一样细,浑身没有肉,但手还在颤巍巍地书写。那一刻,我闪过一个念头:文学固然美妙,但文学也很残酷,它会把一个人的生命全部吸干,鲁迅死时只有六七十斤,而聂绀弩此时只有七十磅。但是为了文学,应当不怕心血全被吸干,这便是信仰。1989年风波之后,我到海外进入第二人生,更是坚定了文学信仰。借助海外平静的书桌和自由的空气,我真诚地面对自己,特别是面对自己的第一人生,终于明白:在现实生活中,其实并没有自由。自由不在政治中,不在新闻中,不在人际中,它只存在于纯粹的精神价值创造领域中,尤其是在文学艺术中。只有在文学中可以天马行空,可以得大自由与大自在。庄子《逍遥游》中的大鹏,倘若它是个体生命精神高扬的象征,那也只有在文学艺术的想象空间中才能得以实现。上帝只给予爱,并未给予自由,因此可以说,自由不是上帝给的,不是他人给的,而是自给的。那么怎么自给?除了通过内心的"觉悟"之外便是通过文学的表述。表述到哪个份上,自由就抵达到哪个份上。正如内心自由度有多大,文学的力度便有多大。上帝给爱,文学给自由。小女儿刘莲信仰爱,我和大女儿剑梅则信仰自由,也就是信仰给予自由天地的文学,能让我们驰骋生命、享受人间"至乐"的文学。

为了这文学,为了这信仰,我早已做好了"皮包骨"的准备,甚至也认定什么都可以牺牲。彭柏山老师把生命都牺牲了,我还有什么不能牺牲?还有什么功名、权力、财富不能放下?信仰是需要一番"洗礼"的。洗礼对于我,便是放下、放下再放下。信仰有所放下,又有所提升。《圣经》的开篇讲的是"光"。信仰,本就是火炬。这一火炬一旦高擎起来,心灵也就明亮了。文学是心灵的事业。人间最美最值得珍惜的一切都在文学中。那些身外之物与心外之物,怎能与文学相比?二十多年前,我参与社会的热情很高,热心于批判黑暗,此时,我觉得点燃光明,更为重要。与黑暗搏斗,甚至与黑暗同归于尽,固然悲壮,但点燃光明却有更久远的意义。灯火一点亮,黑暗就消失了。文学之火,它先照明自己的心灵,然后再照明他者的心灵。它与上帝一样,第一品格是大悲悯。

我心目中最伟大的哲学家康德,在叩问宇宙的"终极究竟"时似乎以"物自体"取代了上帝。但他从未说过绝对无神的话。上帝存在不存在,在他心目中也是一对悖论。说"上帝不存在",对,因为你无法用逻辑、理性、实验证明它的存在;说"上帝存在",也对,因为只要把上帝视为一种心灵,一种情感,一种信仰,它就存在。康德正是把上帝视为心灵与情感。其见解很了不起。我所以要讲点哲学门外话,只是为了说明,上帝是个巨大的情感存在,文学也是巨大的情感存在。作为无神论者,我以审美代替宗教,以文学为信仰,也属于天经地义。所以我不再走向逻辑,不再走向概念,而是走向生命,走向情感,走向心灵。甚至在《红楼梦》的阅读中也是如此。在这部伟大的小说中,我最终是读到心学,读到心灵,读到准基督,读到由贾宝玉负载的内在婴儿宇宙。扬弃了历史考证与逻辑论证,我在悟证中,感到自己靠近了信仰的彼岸,感到身心的大解脱与大快乐。

最后,我还要郑重地感谢商务印书馆出版我的选集,二三十年来,我一直沉浸于"商务"推出的"汉译名著"系列中,所以对出版社怀有一种亲切感。还要特别感谢责任编辑周青丰,他虽然年轻,但有胆有识,阅读广泛,选择又不落俗套,此集的形成,得益于他的不断催生。

2012 年 4 月 1 日
于美国马里兰

从工具到价值

一

去年4月,我应厦门大学朱崇实校长之邀,回国参加母校创立九十周年的庆祝活动,之后又到汕头、泉州、成都、首尔(韩国)诸地讲学,最后一站到了上海。刚踏上久别的上海,就见到特从福州前来约稿的福建教育出版社副总编孙汉生先生。他开门见山地说,此次远道专程而来,就为了向您约定一部谈论教育的书稿。我愣了一下,便自然地提问:"我从事文学,你们怎么约我谈论教育?"他说,他读了我不少讲述教育的文章,把这些文章集中起来就可成书。这才让我意识到多年来自己有一种对教育的自然关怀,这是人文关怀的一部分。为此,也的确写下了不少文字。没想到的是这些并不系统的随感而发的文字竟让有识者所注目。也许因为被这种"注目"所感动,我就答应编著这部《教育论语》。也因为有福建教育出版社的"逼迫"与期待,就趁今年春节到马里兰探亲之时,和具有十三年美国教学经验的大女儿(剑梅)作了一番教育对话,并以此对话为主干而组织成一本文学之外的书。因是门外谈教育,也就难免会有许多疏漏,所以要特别敬请教育界的老师和朋友指教。

二

参加母校校庆时,我作了几场讲演。在中文系作了"告慰老师"的发言,我说自己的第二人生已不再走向概念,而是走向生命。与此"大方向"相应,我在今年为两本新的书稿做自序,所用的题目也对自己的人生走向作了概括性的描述。一是为《刘再复文学选集》(美国西雅图华盛顿大学沈志佳博士编)作的序,题为"从热爱文学到信仰文学";二是为这两年的文章结集《随心集》(北京三联)作的序,题为"从'作文'时代到'随心'时代"。前序的意思容易明了,无须解释。后序则须作几句说明:我以往的著述可以说是"作文",既是"作",总难免有刻意建构的痕迹。现在的"随心"讲述则是无腔无调、无相无姿的心灵诉说,是心中流出,不是笔端所"作"。这部《教育论语》也属这种性质,即并非刻意建构,而是随心而论,就像一部读书心得和上学笔记。但就主题而言,则又可以加上一个精神走向性的题目,这一题目便是"从工具理性到价值理性"。这两个概念的内涵都极为丰富,从教育学上说,工具理性是指知识,指数据,指逻辑,指人之外的物理、业理、原理等等,而价值理性则是指"人"本身的真、善、美等主体价值。两种理性都重要,但价值理性应是第一位。如果说"智育"的重心是培育工具理性,那么,德育、美育、体育乃至整个教育的要义则应是培育价值理性。当下的地球正在向物质倾斜,向工具理性倾斜。这是上世纪后期至本世纪初的世界性"文化偏至",与一百年前鲁迅在"文化偏至论"中所批评的偏向相似。这部《教育论语》虽是"论述"但并非空谈,便是它带有历史具体性与历史针对性,所强调的是价值理性的教育,也就是全面优秀人性的塑造和整体生命质量的提升。不过,强调之下,也不忽视工具理性的培育,即不忽视系统知识的"灌输"、认知能力的生长与专业技能的训练。逻辑、程序、判断、专业技能等均属工具理性,"五四"新文化运动一大历史功绩是它发现中国逻辑文化即工具理性的阙如,所以,才有"科学"的呼唤,才有八十多年来"知识就是力量"的呐喊。这全然没有错。但在电脑程序和经济数字统治一切的当今时代里,我们则不能不与时代潮流保持批判性的距离,把教育的重心拉回到价值理性的关注上。

　　从严格的意义上说,中国并没有宗教。从宽松的意义上说,中国的儒与道,乃是半宗教半哲学。在中国的大文化系统里,有意志、有人格的神始终不在场。虽然上帝缺席,但中国人不能没有信仰和敬畏,所以近代的贤者们才想出"以道德代宗教"(章太炎)或"以美育代宗教"(蔡元培)等命题,其指归也正是要以价值理性来代替宗教理性。我的《教育论语》其主题与近代先贤们的大思路相通,关切的也是价值理性的培养。这不一定是教育真理,但可供献身于教育事业的老师们和其他教育工作者们讨论。

谢谢孙汉生先生和福建教育出版社,谢谢打印这一书稿的叶鸿基表弟和黎明大学的刘平等执教朋友。

是为序。

2012年7月17日
于美国科罗拉多

刘再复教授在厦门大学九十周年校庆"走近大师"系列讲座上演讲

书生悟语

第五辑

凤凰树下随笔集

文学大观笔记二十一则

一

写作是"表达",而不是刻意"立言",更不是为了"立功"、"立德"。禅宗干脆不立文字,以心传心,这一极端方法却立了大自由。禅是一种表达与立身行为的自由态度,这是对立言、立德、立功意识的消解。禅打破手与心之隔,打破表达与生命之隔,它提示作家应有的角色乃是心灵的呈现者,人性和人类生存环境的见证者,而不是功德的追求者、讴歌者与缔造者。

二

苏格拉底是被希腊"民主政治"下的大众处死的,并非被专制暴君处死。这是天才与"多数"的矛盾。天才是突破已有水平的异数,追求的是思索的高度与深度,而民众则要求思想的平均数,守住日常生活的基本向度。两者都有道理,这可说是人类永恒的悖论。民众出卖英雄、出卖天才的事件,每个历史时代都有,从来如此。天才被民众利用,也被民众所扼杀,这种悲剧永远不会落幕。说民众是文学最公正的裁判者,这就完全错了。民众永远是苏格拉底的审判者与刽子手。所谓大众文学,其立场也是迎合多数,牺牲苏格拉底。

三

陀思妥耶夫斯基的著名小说《罪与罚》,描写主人翁在认罪与恐惧之间徘徊,在天上的法律(良知)与地上的法律之间徘徊。这之前,莎士比亚的麦克白,也是如此。他杀了邓肯王之后、感受到"天谴",陷入犯罪与赎罪的焦虑之中。西方的经典文学,罪与罚是高等数学,罪有多深,恐惧就有多深,作家对生命的开掘也因此而深邃。

中国文学缺少这种维度,往往把罪与罚变成因果报应的简单算式;把肇事的坏蛋绳之以法,以求皆大欢喜。《窦娥冤》等戏剧,只让人看到被迫害者的遭遇,看不到迫害者的心灵冲突,对罪没有形而上的拷问,对迫害者没有心灵的开掘。

四

海明威这个"人",浑身都是个性,也浑身都在散发生命气息。他的生命特征是行动大于"学问",但其行动不是拉帮结派,而是独往独来。他不喜欢文学团伙,却喜欢与"大自然"紧密结盟,他与自然的关系大于和"人际"的关系。说"人是社会关系的总和",这一定义,对他绝对不合适。海明威与自然关系的总和,其重量超过他的社会关系总和,何况他那独特的血肉,更是在社会关系之外,我国的庄子,其社会关系的总量也远小于自然关系的总量,人和文学都太丰富,都很难定义,一旦定义,就陷入本质化即简单化。

五

福柯、德里达、拉康等思想者也谈文学,但他们的理论有一致命的缺陷,这便是没有审美的感觉。20世纪造就了一批文化思想者,这些思想者的本质是造反的,他们有批判能力,而且借文学批评进行社会批判,可惜都没有审美能力。百年来文学艺术不断革命,不断颠覆,其最大的负面作用,就是以理念代替审美,以哲学代替艺术,毁掉审美能力。若与福柯、德里达谈美,就如与夏虫语冰。

六

德国哲学家谢林(Schelling)说艺术勾销时间。他没有说,艺术可以勾销空间。不管文学,还是艺术,都是站立在空间向度上,而不是站在时间向度上,也就是说,在人的内心深处与人性深处,时间没有意义,一瞬间与一万年没有分别。对于作家,不仅是万物皆备于我,而且是千秋万代皆备于我。真正的诗人把王朝的更替不当作一回事,也把家国一时一地的严格界线推向无意义。唯一有意义的是捕住瞬间,深入瞬间,通过瞬间而抵达时空的无限。

七

如果借用佛教的"大乘"和"小乘"两大概念来划分与描述作家,"小乘"式的作家则偏重于独善其身,弘扬个性,追求生命自由;"大乘"式作家则偏重于拥抱社会,关心民瘼,富于大悲悯精神,而能兼两者的长处最好。但两者都可能"走火入魔",前者走火入魔,则孤芳自赏,我行我素,冷漠人间;后者走火入魔,则以救世主自居,把自己的良心权威化,并以此号令社会。鲁迅说自己常在"个人主义"与"人道主义"中起伏,也可说是在"大乘"与"小乘"的两种倾向中摇摆。托尔斯泰的晚年已两者兼得。曹雪芹也是两者兼得的天才。

八

心灵不是社会,不是国家,不是历史;心灵没有时间维度,只有空间维度,而且是无边界的空间维度。心灵的幅度与宇宙同一。文学是心灵的事业。文学所有的要素中,心灵属第一要素。因此,不能切入心灵的文学,不是最好的文学。《封神演义》虽然情节离奇,但文学价值很低,就因为它与心灵无关,晚清谴责小说虽鞭挞黑暗,但未切入心灵,所以文学价值也有限。《金瓶梅》与《红楼梦》的差距,关键是心灵切入度的差距,其心灵的粗细之分,深浅之分,雅俗之分,几乎可以一目了然。

九

用哲学的大观眼睛看文学,可见到中国文学多数作品的精神内涵属于

"生存"层面,而非存在层面。加缪曾说:"哲学的根本问题是自杀问题,决定是否值得活着是首要问题。世界究竟是否三维或思想究竟有九个还是十二个范畴等等,都是次要的。"(《西西弗斯神话》)莎士比亚的《哈姆雷特》,其主人翁主要焦虑的是"生存还是毁灭",是选择生还是选择死?如果选择生,这生的意义何在?这是存在问题。如果说,《哈姆雷特》和许多西方经典的基调是生与死的二重变奏,那么,中国文学的基调则是"仕或隐"、"众与离"以及国家的"兴与亡"的二重变奏。但是,中国也有对存在意义提出叩问的大诗人,如屈原、曹操、李煜、苏东坡、曹雪芹等等。屈原自沉汨罗江的行为语言提出的便是自杀问题即生死的大叩问。

十

以赛亚·柏林把自由分为积极自由与消极自由,这是他的思想发现。积极自由是奋斗抗争的自由,消极自由是拒绝的自由。如果用中国的语言加以演绎,有所为的自由固然难得,但"有所不为"的自由也极为宝贵。沉默的自由、逍遥的自由、隐逸的自由,都属于消极的自由。"躲进小楼成一统,管它冬夏与春秋",此种自由也是消极的自由。中国的隐逸文学其本质属于消极自由的文化,即拒绝各种权力规定的文化。隐逸文学表面上是柔和无争,内里却有守卫自由的拒绝黑暗政治的力量。

十一

站在"人"的立场与站在"人类"的立场是很不相同的。"人"的立场实际上是个体生命立场,而"人类"立场则是人类寄存的社会立场。站在人类的立场上,便强调为社会进步而牺牲个体生命,而站在人的立场,则强调每个生命个体的绝对尊严和重要性,个体不可充当社会进步的工具与社会革命的祭品。20世纪的倾向性文学强调"人类"立场甚至国家立场,批判"人"的立场,结果是文学离人性个性愈来愈远。所以,可称文学是"人学",但不可称文学是"人类学"。

十二

嵇康在临刑前还从容地弹奏《广陵散》,这是在生命最严峻的时刻所表现出来的潇洒。这种潇洒的内涵丰富到永远难以说尽,其诗意也永远不会消失。这里有对断头台的蔑视,有对强权的抗议,有对鬼蜮的嘲笑,有对朋友的告别,有对哲学的选择,有对宇宙的认识,有对人生的感悟,有对存在的提问。

而杀害他的司马氏及其庞大的国家机器,其重量哪能与这一曲《广陵散》相比。其家族征战与苦心经营的王朝全被这一琴歌否定了。千百年来,正直人一听到这支曲子,就会想起一个顶天立地的伟大歌者。在灵魂的层面上,胜利者是拥有中国文学史上最高人格的嵇康。文学艺术的力度是与作家的人格美相连的。

十三

文学天生是向善的,也天生具有人道关怀。但文学不是按公众的道德要求写作,它有自己的道德,这个道德的核心是个"真"字。不欺骗读者,写出内心的真实和外在生存环境的真实,便是作家的道德。文学不是法律,但作家必须具有自己的内在律令。勿撒谎,说真话,这是最高的律令。康德所说的"位我上者,灿烂星空;道德律令,在我心中。"在康德看来,道德是实现内心的绝对命令,为了服从这一命令,可以牺牲快乐幸福,这才显示出崇高,显示出内在力量。为了说出真理,敢于牺牲金钱、地位、桂冠等等,这才是诗人的善。

十四

世界近、现代最伟大的女性作家恐怕要算弗吉尼亚·伍尔夫了。她是一个凡·高式的人物,进入文学世界进入到痴迷状态。她像凡·高那样发明了独特的艺术语言,生前读懂的人很少,死后却愈来愈显示其价值。凡·

高与伍尔夫,这两个天才,一个是画怪,一个是诗怪。但两人都有为艺术献身的纯粹精神与绝对精神。把伍尔夫推向河水中去自杀的,不是绝望,而是对文学至爱至痴的绝对精神:把死亡行为也当成写作一首诗的精神。

十五

《古文观止》选了骆宾王的《为徐敬业讨武曌檄》,这篇文章确实很有文采,难怪武则天要啧啧称赞。但武则天不害怕这种只有文采而没有思想的讨伐文章,因为它不能击中要害。另有一篇属于清代的檄文(《古文观止》只选到明代)是曾国藩所作的《讨粤檄文》。这篇讨伐太平天国的宣言书,词章虽不如骆宾王漂亮,却高屋建瓴,势如破竹。它的要点不是谴责太平军企图推翻清王朝,而是"声讨"它摧毁中国数千年的人伦文化。选择这一角度,便占领了文化制高点,赢得知识分子之心。中国散文虽重文采,更重文心。曾国藩的高明正是捕住了文心。王国维所讲的境界,也可解释为文心的高级层次。

十六

只要阅读《闲情偶记》,就知道李渔的才力。他什么都懂,什么都会写。潜在的才能可能不逊于曹雪芹。可是,他们俩在文学水平线上,却一个在天上,一个在地下,真有霄壤之别。这原因便是一个有强大的灵魂支撑,一个则没有。而强大的灵魂是穿越炼丹炉的苦难而诞生的。文学的严酷性就在这里:只有"闲情",没有人生磨炼,便没有大创作。李渔活得太闲适,便失去大灵魂的支撑。

十七

《三国演义》把春秋战国时代的兵家纵横家的诡术引入文学,从而开辟了中国文学的心术传统,变成一部心机与阴谋的大全。《三国演义》发生巨大影响之后,中国人心的质朴便走向消亡。五四运动的先驱者,发现儒家文化对中国人心的毒害,尤其是被宋明理学改造过的儒家文化的负面影响,但是,没有发现有一种毒害最深的文化,这就是《三国演义》和《水浒传》这两部小说所集中体现的"三国文化"和"水浒文化",这是权术文化、暴力文化和流氓文化的总汇。

十八

文学艺术家有三类:用脑创作者、用心灵创作者、用全生命创作者。所谓用全生命,包括意识与无意识,天才的创造特点,是无意识的创造,即神的创造与灵感的创造。杨慎说:"庄周、李白,神于文者也,非工于文者所能及也。文非至工,则不可神;然神,非工之所可至也。"(《总纂升庵合集》卷二十一),这里所说的"工"是人为的刻意的努力,而"神"则是自然的无意识的涌流。中国文学家中能"神于文"者的天才除了庄周、李白外,还有曹操、陶渊明、李煜、李贺、苏东坡等,而曹雪芹则是又神又工。唐代诗人中,李白与杜甫的区别,李贺与贾岛的区别,便是"神于文"与"工于文"的区别。

十九

中国散文出现过多次高潮:先秦诸子散文,唐宋八大家散文,明末散文。唐宋八大家散文技巧极为成熟,文采斐然。但是,除了苏东坡之外,其他散文都没有先秦散文那种"元气"。所谓"元气",就是天地混沌之气,原初创造之气,诸子各家,都有自己一套草创的思想蕴含于文字之中,到了唐宋八大家,可说每一家都有自己的"腔调",但没有先秦时的大气势,也没有那时的大境界。明末散文虽有性情,但多数失之太轻,也无元气。

二十

李后主的"梦里不知身是客,一晌贪欢",历来都被放在"生存"层面上阐释,即解释为梦里忘记了自己是被羁的囚徒,姑且寻找瞬息的欢乐以麻醉自己,这自然没有错。但李煜的这句诗也可以放在宇宙的语境下解读。那么,便可读成:人类来到地球,常忘记自己不过是匆匆来走一回的过客,人所能享受的也只是当下瞬间的一点欢乐,不可过于执着,不可太执着那些当家做主的念头,也不可有重绘世界地图或重绘文学地图的痴心妄想。

二十一

鲁迅的伟大,我已说过很多话,但我并不把鲁迅的一切都当作楷模。他的生命状态非常特殊,那是一种每时每刻都处于恶意包围中的状态。当时确实有恶意在,但他敏感过头,反应也过头。一件小事,也要以牙还牙,连吃鱼肝油,也声明不是为爱人,而是为敌人。这说明他在日常生活中也处于戒备状态与作战状态。尽管可以理解,但不必在敬重他的时候,也继承他的这种生命状态。这样做就没法活。

(原载香港《城市文艺》)

人生哲学三十八则

一

人生哲学不是"人生技巧学",不是"人生策略学"。无须技巧、无须策略也过得很丰富、很充实的人生才是真的人生。倘若人生需要"用尽心机",需要"世事洞明",需要"人情练达",那么,这种人生还不如"无生"。王国维的《红楼梦评论》以"老子曰:'人之大患,在我有身'"为开篇(《道德经》第十三章原话为"吾所以有大患者,为吾有身")。因为有身,所以就有欲望,就有痛苦。我们也许可补充说,因为有身有欲望,便用尽生存技巧与生存策略,就更加痛苦。

二

鲁迅的《阿Q正传》,嘲讽的是阿Q的"精神胜利",金庸的《鹿鼎记》,表现的则是韦小宝"生存技巧的胜利"。韦小宝出身于最卑贱的妓女之家,却靠生存技巧从社会底层爬到"三公六卿"那样的社会塔顶,非常得意。可惜他虽赢得荣华富贵,却没有赢得人格的尊严与人生的诗意。

三

贾宝玉到宁国府秦可卿的"上房内间",见到一对联,竟是"世事洞明皆学问,人情练达即文章"。这可把宝玉吓坏了,他赶紧跑掉(忙说"快出去!快出去!"参见第五回)。宝玉的心灵能闻到这种人生哲学的臭味,说明他完全不能容忍教人"世故"、教人"圆滑"的市侩教条,能从"世故"、"圆滑"的说教中"逃亡",才能得救。

四

庄子的《应帝王》篇,写"中央之帝混沌",被南海之王与北海之王盛情开凿而开窍,结果七日而亡。这一故事提醒人们要保持"混沌",即保持天真天籁。整个身心都混沌,当然不可能。但某些方面不开窍,例如对"荣华富贵"不开窍,对"生存技巧"不开窍,对权术、心术、诡术等不开窍,并不是"浑浑噩噩",而是大聪大明。

五

社会的门缝很小,尤其是社会塔尖上的门缝更小。企图钻入社会塔尖的人们为了适应上层社会的需要,就拼命缩小自己的身躯与灵魂,努力矮化自己;另一个办法就是把自己涂得满身是油,把自己变得非常圆滑,虽然很会讲笑话,却把真话也当笑话。

六

走遍天涯海角,才知道人类到处都在生活,人们到处都在展开人生。

人生是追求伟大好,还是追求平凡好?是逃离苦难好,还是拥抱苦难好?常常争论不休。很多大问题未必是真问题。真的问题是人生怎样才有诗意。伟大者可以赢得诗意,平凡者也可以赢得诗意,战士可以赢得诗意,隐士也可以赢得诗意。德国哲人兼诗人荷尔德林说:"人类应当诗意地生活在地球之上。"不错,无论选择什么角色,关键是让自身的存在变成诗意的存在。

七

《红楼梦》的《好了歌》,不承认追求权力、财富、功名的生活是诗意的生活,不承认"金满箱"、"银满箱"是诗意目标。曹雪芹通过整部小说展示以少女为主体的诗意生命与诗意人生。至少,他告诉我们,所谓"梦",乃是对诗意人生的向往。

八

如果有人问我:"你所认定的最重要的品格是什么?"我会毫不犹豫地回答:"我的第一品格是崇尚真理。"亚里士多德的名言是"吾爱吾师,但更爱真理。"可见他正是把崇尚真理作为第一品格,为真理必须对任何人说真话,包括对老师说真话。对政府说真话难,对朋友说真话也难,对老师说真话更难。但为了求索,该说的话就要说,这才有"正直",才有通向真理之路。

九

我常告诫自己:不要让忙忙碌碌的功利活动埋没了"人",从而偏离了人本身的轨道。人本身的轨道是由"诚实"、"正直"、"善良"、"同情心"等基本材料铺设而成的,是区别于禽兽而使人之成为人的基本品格构建的。

十

帕斯捷尔纳克《日瓦戈医生》的主人公支持革命,并在革命烽烟中去救援受伤的战士。但他最后迷惘了。原来,革命要反对"旧世界",就是要摧毁那些"日常的生活秩序",连情爱也被放到"旧世界"之中。帕斯捷尔纳克不是诋毁革命,而是提醒:"革命"不是让人不得安生,而是让人更好地展开人生。

十一

我的人生既然是一个精神生产者,那么,好好劳动写作,便是我的本分。但我必须守持一个生产者的原则:只生产原创品,不拿他人的二手货,也不出售二手货。我读书研究,就像矿工,是自己去开掘与发现,与收购破铜烂铁的小商贩完全不同。

十二

"手段"比"目的"重要，"过程"比"结果"重要。我宁可让人生"无目的"，"无结果"，也不愿意使用黑暗的手段。我不相信使用卑鄙的手段会导致崇高的目的。托尔斯泰与甘地所以主张绝对"非暴力"，正是他们明白用血腥的手段难以抵达文明的目的。在日常生活中，如果处处都想到"目的"，这种生活，至少是太沉重。

十三

孔子赞扬颜回虽然过着"一箪食，一瓢饮"的质朴生活，但仍然沉浸于快乐之中。陶渊明辞官回乡之后，家中仅有几亩薄田，但也就可以领悟天地之大美和身边茅棚农舍的无尽诗意。诗意的生活往往很简单，只是在简单的生活中总有不简单的思索与领悟。

十四

进化论的一个重要思想是"适者生存"。这一生物学的真理不能成为我的人生真理。因为"适者"只是适应外部（环境）的选择，没有自己的选择。适者可以成为社会的顺民，但难以成为自己。所以适者只是聪明的"存在者"，不是澄明的"存在"。

十五

人有两个角色：世俗角色与本真角色。而人生的诗意全在本真角色中，可惜多数人都把生命投入世俗角色，因为世俗角色可以带来世俗利益。一个作家诗人，仅仅守住自己的本真本然，常会贫困潦倒，而一旦获取世俗桂冠，如"主席"、"委员"等，便有汽车、秘书、房子，所以，争夺世俗名位便成了一种文坛风气。

十六

白居易曾写过《中隐》之诗。既当不了隐居于"朝市"的"大隐",也当不了隐居于"山林"的"小隐",便选择既在朝廷里当官又在家里玩山玩水玩诗的双重角色。既可享受俸禄、过衣食无忧的好日子,又可享受一些隐士的闲情逸致。真是聪明极了。但在此种选择中,诗人实际上付出最宝贵的许多本真情感与本真思想,但他自己不知道。许多羡慕"中隐"生活的人,也不会知道"中隐"状态并非诗意的人生状态。

十七

曹雪芹不像白居易如此"聪明"。他彻底隐居了。不仅"真事隐",而且"真名隐"、"真姓隐",埋名隐姓地投身于写作,以致让两百年后的今人还为《红楼梦》的作者是谁争论不息。如果曹雪芹也选择"中隐",那就没有中国文学第一伟大经典极品《红楼梦》的诞生。

十八

所有关于美的定义,应以康德的"美乃超功利"最为经典、最为精辟了。如果将此定义引入"人生",那么,可以说,人生之美在于"超势利"。超尊卑之分而尊重一切人,超贵贱之分而平等对待一切人,这便是人生之美。由此还可以引申说:势利眼乃是最丑陋的眼睛。

十九

看了蒲松龄的《聊斋志异》,便觉得"文学可以把鬼变成人"。看了宫廷中的政治戏剧,则觉得"政治可以把人变成鬼"。政治这部绞肉机,总是把人绞成魔。政治讲"权力",经济讲"利润",文学讲"超功利"。政治就是政治,经济就是经济,文学就是文学。文学中人就是不可涉足政治与市场,涉足等于蹚浑水。在政治之中浸泡久了,好人也会变得人不人、鬼不鬼。既然选择文学人生,那就必须生存在政治之外与权力之外,充当政治是非的"槛外人"。

二十

尼采煽动我们去充当"超人",慧能却规劝我们当个"平常人"。尼采虽然高超,但他自己却变成了疯子。慧能虽然低调,却很清醒。他提供的人生选择,倒是告诉我们,人生不宜太浪漫,太夸张,太空洞,太虚妄,"放下身段",脚踏实地,让心灵一步一步走向与天地共和的高远境地。这虽属平常,却绝非平庸。

二十一

易卜生的戏剧《国民公敌》给我启示,你想坚持真理,就不仅应当不怕孤独,而且应当不怕孤立。孤独只是寂寞而已,孤立则是"众矢之的",连安宁也没有。

二十二

本想与大众打成一片去展开人生,后来才发现大众只需要利益,只需要平均数,他们不需要思想,也不需要打破平均水平的异数。还发现,他们只需要李逵与武松,不需要贾宝玉与哈姆雷特。

二十三

"自知之明"不容易。如果不是读柏拉图,我就生活在"洞穴"中而不自知;如果不是读鲁迅,我就生活在"铁屋"中而不自知;如果不是读高行健,我就生活在"自我的地狱"中而不自知。不仅在洞穴中是囚犯,在铁屋中是囚犯,在自我生命中也是囚犯。

二十四

人生绝无"轻巧"可言,二十多年前我就拒绝一种世俗神话,并写下戒语:

> 生活中最离奇的神话,是说一个人无须付出诚实的汗水,却赢得花果满山。

二十五

我走过祖国的许多地方,发现有富饶的,有贫瘠的;有酷热的,有严寒的;有平坦的,有崎岖的;有美丽的,有不美丽的,但没有发现哪一片土地不值得我爱。

我走过世界的许多地方,也发现有富饶的,有贫瘠的;有酷热的,有严寒的;有平坦的,有崎岖的;有美丽的,有不美丽的,但没有发现哪一片土地不值得我关注。

人生要看要想要爱要研究的地方太多,真没时间去作无谓的空叹。

二十六

在美国多年,方明白美国最深刻的危机乃是精神底蕴的衰弱。其精神底蕴,一是新教(基督教)伦理,二是早期立国精神。没有这两项,就没有根基。人生其实也如此,"精神底蕴"一旦瓦解,人就会整个崩溃。所以人除了要不间断地吃饭之外,还要不间断地读书与思索,不停地充实那一种看不见的底蕴。

二十七

人生哲学最后的难点是"看破了红尘"之后怎么办?看透了世界,看破了荣华富贵,看穿了"造化的把戏"(鲁迅语),抵达了思想的深渊,这很好,可是看破了之后又不能自杀,那该怎么办?这才是哲学的真难题。西方的天才作家们发现世界的本质乃是荒诞,可是发现荒诞之后还得在世界上生存下去,那该怎么办?我所以喜欢鲁迅,乃是他在彷徨无地后又站立于大地,看透世界之后又努力工作于人间。

二十八

曹雪芹显然看透了"色",悟到了"空"。他悟透并"看破红尘"之后却不辞"十年辛酸泪"而写出《红楼梦》这一千古绝唱。可见他看破了之后还是要努力生活,努力写作。只是看破之前的所思所想与看破之后的所思所想大不相同。因为看透了荣华富贵的虚无与空空荡荡,才明白人生的根本,也才能创造出那么多远离颠倒梦想的诗意生命和诗意故事。

二十九

多年前,我就写过:想起往昔的欢乐,我感到痛苦,因为欢乐已成为过去;想起往昔的痛苦,我感到欢乐,因为我已战胜了痛苦。人生其实就是欢乐与痛苦的不断轮回转换。所以禅宗劝告人们,无论是在大欢乐中还是在大痛苦中,都应守持一颗平常之心。有这种心灵状态,就可主宰情绪,而不会被情绪所主宰。

三十

我从《俄狄浦斯王》这个大悲剧中读出了大荒诞。"杀父"是荒诞,"娶母"也是荒诞。俄狄浦斯王想逃离荒诞,却总是逃离不了。高行健的《逃亡》也是表现想逃离却总是逃离不了的荒诞。如果存在真的如此荒诞,那么,人生是否还能赋予荒诞存在以意义呢?人生的诗意是否还有可能呢?如果可能,那么,何处是诗意的开始呢?人生,人生毕竟不仅是形而下的满足,它还有形而上的困惑。

三十一

伟大的天才画家米开朗琪罗在梵蒂冈作《创世纪》的天顶画时,宗教还统治着一切。可是,他在这幅宗教题材的大画中,却不选择"神迹",而是选择"人生"。画中的数百形象,其实都是"众生相",所有的人物都不是"脸谱",而是充满喜怒哀乐的"人性"诸相。在宗教覆盖一切的时候,他却能借"上帝"的外壳,注入如此巨大的人性内容,从而创造出举世无双的艺术奇观。米开朗琪罗暗示全人类:无论你做什么事,首先要面对的应是艰难而丰富的人生。

三十二

有位朋友说:所谓人生,就是"拼搏"二字。说得好。"拼搏"什么?对于我来说,拼搏意味着不惜一切力量捍卫个人尊严与个人思想自由,并把尊严与自由牢牢掌握在自己的手中。不把自由交给市场,即与市场拼搏;不把自由交给时尚,即与时尚拼搏;不把自由交给媒体,即与媒体拼搏;不把自由交给大众,即与大众拼搏;不把自由交给社会,即与社会拼搏。

三十三

荒诞是人的理性渴望与无理性的世界存在所产生的矛盾。可是,人本身往往也没有理性,于是,自身也变成一种荒诞存在。我读高行健,总是欣赏他把自己放入荒诞世界中,不仅戏弄外部世界的荒诞,也质疑自身存在的荒诞,并通过作品不加粉饰地呈现主体世界的混沌与混乱。这种对于自我的省观,便是人生历程中的自救。诚实的自救就从正视自身的荒诞开始。

三十四

做人与做事并不相等。论做事,注意"不要把简单的事情复杂化,也不要把复杂的事情简单化"。这显然是对的,而且是做事的重要原则。但做人却不同。做人恰恰需要简单,需要在复杂的社会环境中努力"纯化"自己,也可以说是"简化"自己,包括简化人际关系。人总是单纯一些好。

三十五

学界中人(也包括部分社会中人)大约可分为四类:一是学深人深,二是学深人浅,三是学浅人浅,四是学浅人深。

第四类是学问差做人却很世故圆滑,甚至很有心机,最后变成"老狐狸"。第三类是没有什么学问但做人也很简单,属于一般的"老百姓"。第一类学问做得深可是人也做得深,两样都有"深心"都有深谋远虑,这种人可畏而不可亲,也未必可敬。最好的是第二类,学问、思想都深邃,却保持人的本真性情,甚至天真天籁,这类人极难得。像王国维就是属于这种最可爱的人。他投昆明湖自尽,既因为深,也因为浅。

三十六

高行健莫言获得诺贝尔文学奖之后遭到许多非议,这才让人相信,中国确实有许多"叶公好龙"者。叶公之"好龙",只在口头上,不在行为上。他的"好龙"心理是分裂的。这种心理完全可以作为一种长久性的病例进行分析。说说龙的故事和发发"好龙"的宣言,比较容易。但真龙一旦来了,就不那么简单,这就要面对龙的光彩,这种光彩肯定会冲淡叶公这类话语英雄的光彩,因此就会产生恐惧、嫉妒等种种心理,此时好龙者便转化成恐龙者或打龙者。

三十七

中国的儒、道、释,对"做人"都有帮助,尤其是"儒",它把做人的基本规范都说得很明白。要正经做人,确实离不开孔子的教诲。但是如果"走火入魔",也会带来问题。儒对人的要求甚严,本是好事,但是如果严而苛,要求太高,就做不到,做不到又要维持面子,那就只好"装",装便是虚伪。此时道德就变成伪道德。五四反的正是这种伪道德。庄子的思想可以帮助人从过于严密的人际关系中解放出来,使"自我"赢得自由。但如果极端化,也会走向自私或冷漠。释家的大乘与小乘,各持一端,但也不可走火入魔。"普度众生"一旦强调得过分,就没有自我的位置;而"自我修炼"强调过分,则没有人间关怀。

三十八

西方文化的重心是讲"合理"(还派生出"合法"),中国文化的重心则是讲"合情"。合情文化的长处是使人间增添了许多人际温馨,坏处是常用情感取代原则,拿原则去"走私",从而导致"走后门"之风十分盛行。当下中国"关系"决定一切,便是合情文化的负面结果。"合理"必须遵循起码的因果逻辑,如因为他有才有德,所以才被信任提拔。但"合情"文化没有这种逻辑,被信任只因为"人情练达",只因为"关系"起了作用。

《独语天涯》自注

一

我喜欢何其芳年轻时的诗文,尤其是他的《画梦录》,出国之后,我常望着高远的天空和低回的云彩,想起其中的名篇《独语》和它的画梦般的句子:昏黄的灯下,放在你面前的一杰出的书,你将听见各个人物的独语。温柔的独语,悲哀的独语,或者狂暴的独语。每一个灵魂是一个世界,没有窗户,而可爱的灵魂都是倔强的独语者。借用老诗人"独语"的概念和它的如梦如画的诗意,我穿过历史耀目的长廊,又一次展开心灵之旅。

二

漂流之夜。没有圆月,没有星斗,于幽暗中我什么也看不见。然而,因为独语,我感到肉眼看不见的兄弟姐妹就在身边,百种草叶与万种花卉就在身边,远古与今天的思想者就在身边。黑暗企图淹没一切,但我却听到暗影深处和我共鸣的轻歌与微语。于是,我在虚无中感到实有,在乌黑中看到薄明与亮色。

三

漂泊者用双脚生活,更是用双眼生活。他用一对永远好奇的童孩眼睛到处吸收美和光明。哲人问:小溪流向江河,江河流向大海,大海又流向何方?我回答:大海流向漂泊者的眼里。歌德在《浮士德》中说:人生下来,就是为了观看。真的,人生下来就是为了观赏大千世界与人性世界的无穷景色。所以，在我的远游岁月与独语天涯中，一直跳动着乔伊斯的这句话：漂流就是我的美学。

四

英国思想家卡莱尔说：未曾哭过长夜的人，不足以语人生。日本文学批评家鹤见佑辅在他著写的《拜伦传》序言中引述了这句话。

我曾经在最爱我的祖母逝世时哭过长夜，曾经在故乡的大森林被砍成碎片时哭过长夜，曾经在看到慈祥而善良的老师像牲畜一样被赶进牛棚时哭过长夜，曾经在殷红的鲜血漂向大街时哭过长夜，曾经在被抛入异邦之后面对无底的时间深渊哭过长夜，我还经历了一轮又一轮的炼狱，胸中拥有许多炼狱的灰烬。我应当拥有独语天涯的资格了。

五

像那些在荒漠沙野中身陷孤独的求道者，我常对自己提出的问题是："我还能做什么？"寻找答案时，想起了尼采的话：真理开始于两个人共同拥有的那一刻。可是我只有一个人。然而，我立即想到：主体多重，我不仅是一个现在的自己，而且还有一个过去的自己和未来的自己。分明是三个人。我可以和他们对话，可以和他们共同拥有真理起程的时刻。

六

在大滔滔的既往与未来的合流之中／在永恒与现在之中／我总看到一个"我"像奇迹似的／孤苦伶仃四下巡行——这是泰戈尔的诗句。

我看到的自己也是孤单的身影，踽踽独行在宏观的历史大道与微观的现实羊肠小路上，独语过去、现在、未来三个时间维度上。虽是无依无靠，无着无落，却与滔滔大浪共赴生命之旅，在莽莽苍苍的大宇宙中，与神秘的永恒之声遥遥呼应。于是，尽管独行独语，却拥有四面八方，古往今来，身内身外。

七

心灵之窗敞开着,面对着共存的一切:太阳与墓地,存在与时间,洪荒与文明,星斗与小草,婴儿宇宙与孩提王国,罗马古战场与阿芙乐尔号炮舰,柏拉图的理想国与奥斯维辛集中营,荷马的七弦琴和乔伊斯的意识流,中国的长城与博尔赫斯的迷宫。在思想的漫游中,我时而与堂吉诃德相逢,时而与哈姆雷特相逢,时而与贾宝玉、林黛玉相逢,时而与达吉雅娜与洛丽塔相逢。冲锋、犹豫、迷惘、忧伤,不同颜色的独语,我都能倾听,而对于我的独白,他们难道就只有沉默吗?

八

丹麦哲学家、存在主义先驱克尔凯郭尔在《非此即彼》书中写道:"你知道我很喜欢自言自语。我发现,在我的相识中间,最有意思的就是我自己。"我相信北欧这位大哲人的话,因为他拥有自己的语言,那是他存在的第一明证。可是,二十年前,我绝不敢承认这句话,因为那时候我丢失了自己的语言。丧失个体经验语言,只会说党派和集团的语言,这不是真的人,而是一只鹦鹉,一个木偶,一副面具,一堆稻草,一颗螺丝钉,一台复印机,一头牛,甚至是一只蜷缩在墙角时而咆哮时而呻吟的狗。

九

九年前的那个夏天,烈日几乎把我的体力蒸发尽了。在疲惫中,我觉得自己的身上什么也没有剩下。对着天尽头那灰蒙蒙落日,我突然产生一种"惊觉",这也许就叫作"顿悟"。我想到,头一轮的生命终结了。过去,我曾经向故国索取过,故国也曾给予过,而我也努力偿还,以致最后为了故国的孩子站在烈日的曝晒下呼喊。我能给予的都给予了。我不再欠债。我已从沉重的阶级债务和民族债务中解脱。这是生命的大解脱。一阵大轻松如海风袭来。轻松中我悟到:此后我还会有关怀,然而,我已还原为我自己,我的生命内核，将从此只放射个人真实而自由的声音。

十

惊觉之后，我在镜子前看到的自己是完整的，不是碎片，也没有装饰。这是生命的原版。母亲赋予的生命原版，不再被意识形态所剪裁、所截肢、所染污的生命原版。美极了，葳蕤生辉的生命原版。这是神奇童年的心和手，这是自由歌哭的咽喉，这是丛林般的还带着嫩叶清香的头发，这是亲吻过大旷野并播放着泥土潮味的嘴唇，这是能看穿皇帝新衣的眼睛，这是瞳仁，闪闪亮亮地正在映像每日常新的太阳。

我要在生命的原版上写下属于自己的文字。我的仁厚无边的天父与地母，我爱你，我要献给你最美丽的礼物：心灵的孤本，生命的原版，和天涯的独语。

十一

拒绝合唱。埋头在山西高原上写了《厚土》、《旧址》、《无风之树》的李锐，突然抬起头来说：拒绝合唱！这是一个写作者在黄土高坡上的独语，然而，它该也是，该也是一代惊觉者的独立宣言。我要在宣言书上签字，我要在签字后发出更响亮的生命的歌哭，我要独立咀嚼天地的精英然后独自吐出我的蚕丝我的独唱和可能的绝唱。合唱已吞没了我的青年时代，我不能再把整个人生送到合唱里，我已看清合唱的媚俗与空洞，我已给合唱的指挥员发出拒绝的通知。

十二

没有拒绝，便没有生活。没有良知拒绝，不可能有良知关怀。而对黑暗与不公平，左拉发出的声音是："我抗议"；冰心发出的声音是："我请求"！请求是妥协性抗议，也不容易。我无法再面向庞大的客体，但我可以要求主体发出声音："我拒绝"！至少必须拒绝谎言，失去拒绝能力，就意味着把自己交给撒谎的世界。

十三

此刻,康德从他的林间小道散步到我的心间小道。依依稀稀,我听到了他的独语:"人之可贵,是他只遵从自己所发出的法则。这些法则不是他人提供的,而是自己生产出来的。"这是康德对我的第一百次提醒。不错,我的主体黑暗主体懦弱主体混乱匮乏都是因为我太崇尚他人提供的原则,遵从的结果只有一个:只能说他人的话,无法履行内心的绝对命令,包括天真天籁的命令。于是,正如天空失去星辰,我失去了地上的道德律。

十四

窗外是穆穆的秋山,山中是娓娓的秋湖,窗内是雪白的书桌,桌上是素洁的稿子。没有人干预我、骚扰我。太阳只给我温暖与光明,没有叫嚷;思想大师与文学大师们只给我智能、思想和美,没有喧嚣。伟大的存在,无须自售。活着真有意思,活着可以和太阳、山川及人类的大师们交谈。紧紧抓住活着的一刹那,一片刻、一瞬间。死了之后,太阳对于我没有意义,大师的精深与精彩也不再属于我。

十五

层峦起伏的远山,在缭绕的薄雾中屹立。夕阳还在,黑夜尚未完成它的大一统。我又沉浸于寂静中。我不仅看到寂静,而且听见了寂静。易卜生在《当我们这些死者苏醒的时候》一剧中,让一个人物轻轻地问另一个人物:"玛亚,你听见寂静了吗?"如果这是问我,我要回答:听见了,我听见了群山孤岭的寂静,听见了星河银汉的寂静,听见了高原上大森林颤动的寂静和云天中兀鹰翱翔的寂静,听见太阳与小草在相依相托中爱恋的寂静。寂静不是死灭。寂静是孕育。死亡是轰动,孕育是沉默。

十六

不仅是易卜生听到了寂静。所有天才的诗人与作家都能听到寂静。他们具有第二视力也具有第二听力。这种听力是伟大造物主赐予他们的内听觉。贝多芬耳朵聋了的时候却创造了人间最美的音乐,他显然听见了大寂静中的大韵律。第二听觉使大艺术家们从"无"中听到"有",从虚无与沉默中听到潜在的大音,这是万物万有从"无"中远远走来的足音,这是正在孕育、正在诞生的足音。不论是从母亲腹中走来的孩子还是从宇宙深处走来的星光,他们都能听见其天乐般的情韵。唯有这些无声中的有声,具有永恒之美。

十七

薇拉·妃格念尔,我心目中最高贵、最美丽的俄罗斯女性。你出身贵族家庭,才貌非凡,本可享受人世奢华,却偏偏同情穷人、投身革命坐牢二十年。你在自传《俄罗斯的暗夜》中说:"孤独与宁静使人心神专注,更能倾听过去的诉说。"人类精神宝库中最丰富的部分,不是今天的诉说,而是过去的诉说,是从苏格拉底、荷马开始的伟大死者们的诉说,这些精神战士的诉说镌刻在书本上。书本没有声响。书海是一片大寂静。

十八

此刻,我听到了"过去的声音",听到了柏拉图与亚里士多德的诉说;听到了康德与陀思妥耶夫斯基的诉说;听到了乔伊斯的《尤利西斯》和普鲁斯特的《追忆似水流年》。他们的诉说是那样冗长而深奥,我常常站在他们的门外。这回,孤独与宁静把我带进门里,我终于领略了他们的诉说。《尤利西斯》的门槛,连福克纳都觉得难以踏进,但他踏进了。他说:"看乔伊斯的《尤利西斯》,应当像识字不多的浸礼会传教士看《旧约》一样:要心怀一片至诚。"孤独、宁静、至诚,这三者把我的心扉打开了,过去一切最深邃的独白与对语汨汨地流入我的血脉,多么美妙多么迷人的过去的诉说呵,可惜我倾听得太晚了。

十九

妃格念尔,当沙皇的王冠落地,当你所献身的目标像东方日出,当人们都沉醉于革命的狂欢节之中,你还喜欢孤独与宁静吗?宁静与孤独是逍遥之最吗?你会为狂欢节中的孤独者与独语者辩护和请命吗?记得帕斯捷尔纳克在《日瓦戈医生》里对着狂欢的人群说:个人的生活在这里停止了。真的停止了吗?应当停止吗?革命注定要抹掉个人生活与独自行吟的权利吗?能回答我吗?诗一样美丽的革命家与悲剧创造者?

二十

夜半时分,我推开了窗户。窗外除了远空中的几颗疏星闪烁之外,全是无。无声、无息、无歌、无曲,千山无语,万籁无音,连长堤那边的公路上也没有喧嚣,没有笛鸣。宁静压倒一切。此刻,我意识到大寂静的浓度。浓得像蜜,像酒。我闻到蜜和酒清洌的香味,并渴望吮啜。于是,我朝向空中伸出双手,然后深深呼吸。我的思想除了需要盐的泡浸之外,还需要蜜和酒的滋润。伟大的、辽阔的北美大地,对于别人来说,也许意味着黄金,意味着白银,而对于我则意味着蜜和酒。

二十一

天底下有谁会像我这样迷恋蜜和酒?天底下又有谁在痛饮一片虚无的液汁后又如此迷恋自己的独存独在独思独想独歌独诉独言独语?如果不是被群体的喧嚣所愚弄,如果不是当够了被伟人与群众操纵的布袋木偶,如果不是听够了以阶级的名义革命的名义国族的名义发出的慷慨陈词,如果不是看够了用一千副面具表演的历史悲剧与闹剧,如果不是连自己也说烦说腻了从一个模式里印出来的话语,我怎能从睡梦中醒来,怎能知道夜半的蜜夜半的酒夜半的大寂静如此清醇,一滴一滴都会激发我生命的自由创造与自由运动。

二十二

终于远离噪音。我的故家就在深山老林中。小时候,我害怕猛兽,但喜欢听到山谷里的虎啸,那一声声雄伟,启蒙了我的孩提时代的豪情。然而,我始终讨厌蚊子的嗡嗡,这种噪音真会伤害人的灵魂。我少年时的浮躁,显然是蚊子激发的。叔本华认为思想者最好是聋子。他厌恶噪音,以至埋怨造物主造出人的耳朵必须始终竖立着始终开放着是个极大的缺陷。如果耳朵可以自由开禽,随时可以关闭,生活一定会美满得多。

二十三

都说上帝担心人们沉醉于寂静安宁的生活,会不思进取,才制造出撒旦来激活人的热情。可是,我明明看到太阳是孤独的,月亮也是孤独的,它们无须魔鬼的刺激也天天放射光明。上帝何尝不是孤独的。只有魔鬼才喜欢吵吵闹闹。

二十四

一直在构筑一个属于自己的精神故乡,但是我的故乡与周作人的那种"自己的园地"不同。我并未筑起一道与世隔绝的篱笆,然后躲在篱笆里谈龙说虎,饮茶自醉,顾影自怜。我只是在家园里独自沉思,而思索的根须却伸向大地的底层与心脏,每一根须都连着时代的大欢乐与大苦闷,也连着乡村、城市、大道、监狱和广场。我的园地封闭着又敞开着,孤立着又漂泊着,躲藏着又屹立着。这不是风雪可以吹倒的茅棚草舍。

二十五

世界很大,人群熙熙攘攘,但无处可以倾诉。正如四周都是海,但没有水喝。处于人群中的思想者就是处于沧海中的孤岛。思想者的人生状态注定是孤岛状态,能在孤岛上翘首相望,作歌相和,便是幸福。

二十六

我喜欢独自耕耘,远离人群的目光。

美国作家爱默生说:"我爱人类,但不爱人群。"我的心与爱默生相通。人类整体是真实的,每一个体也是真实的,但一团一团人群的真实却值得怀疑。

人群是什么?人群就是"戏剧的看客"(鲁迅语),天才的刺客,人血馒头的食客,寡妇门前挤眉弄眼的论客;就是今天需要你时把你捧为偶像的喧嚣,明天不需要你时把你踩在脚下的骚动。

二十七

人群不认识凡·高。此时他的画价创下世界纪录,可是生前只卖出过一幅画:《红色的葡萄园》。售出的场合是布鲁塞尔的"二十人画展"上。他创作了 800 幅油画和 700 件素描,可是个人画展是他死后两年才举办的。

人群把活着的凡·高视为疯子,把死后的凡·高视为神。真的凡·高活着时只能对着天空与画布倾吐,死后只能在向日葵绰约的花影下沉默。

二十八

阳光如火的中午,一群黑鸟自远处飞来,遮住了天空与太阳,然后飞进凡·高的眼里。这之后,他完成了最后一幅画:《麦田上空的乌鸦》。第二天,他仰望无底的苍穹,用手枪顶住自己的太阳穴,抠动扳机,死在金黄色的麦田里,离开了苍白、冷漠、与美隔绝的人间。

给天才送行的只有烈日、云影和麦地上轻拂的风,之后还有他的七个亲人和友人。凡·高的死与群众无关,正如他的存在以及不朽不灭的图画,与群众无关。

三十

真理活在事物深处。它不是闹哄哄的集体眼睛可发现得了的。它需要个人的眼睛去体察、去发觉,所以真理常常在少数人手中。群众虽然占有多数,但未必占有真理。雨果曾经大声地叫道:"站在多数一边随大流?宁肯违背良心受人操纵?决不!"(引自《雨果传》,湖南文艺出版社1992年版,第437页)这是天才的拒绝。知识分子拒绝群众比拒绝政权还难,所以许多知识分子都是民粹主义者。

三十一

生活在人群里而要求得安全,就必须自己也是矮人。或者屈膝跪下,显得比矮人还低;或者低下头去,眼睛只看自己的脚趾,这才平安。身上高于矮人的部分都是祸根,如果高出整整一个头颅,脖子可能会被砍断。然而,必须有敢于不怕削去头颅的大汉在社会中站立着,社会才有活力和境界。有人批评过日本,说它是一个没有柏拉图和亚里士多德的希腊,但是,近代的日本出现了福泽谕吉、伊藤博文、川端康成、三岛由纪夫,日本人可以反驳批评了。

三十二

普希金的诗吟:我的无法收买的声音,是俄罗斯人民的回声。普希金爱俄罗斯人民,但不爱一团一团的人群,也不奢望人群会听懂他的声音,于是,他又说:"在冷漠的人群面前/我说着/一种自由的真理的语言。/但是对凡庸愚昧的人群来说/可贵的心声却可笑到极点。"

人群的评议并不重要,重要的是可贵的心声。

如果死亡不能把我从宇宙中赶走,那么,唯一的原因就是因为我留下了未曾背叛自己的真实的个人的声音,和统一的声音不同的声音,从强大的集体声浪中跳出并存活下来的声音。

三十三

十几年前,我写作《爱因斯坦礼赞》时,笔下情思汹涌,仿佛有神灵在摇撼我的身体与灵魂。爱因斯坦就是神灵的使者,他到地球上告诉人类许多真理,还告诉我一个真理:人,只是宇宙中的一粒尘埃。人到世上,是尘埃的偶然落定。生命终结,即尘埃飘走。

爱因斯坦给我一种眼光:从宇宙深处看人的极境眼光,从无穷远方观察自身的庄子式的"齐物"眼光。这是伟大的人文相对论。这种观光使我知道自己在宇宙中的位置,使我心志昂扬但又摆脱人间自大的疯人院。

第六辑 两地书写

凤凰树下随笔集

论德谟克利特之井

爸爸：

　　来到马里兰大学已两个月了。这个学期我只需要教两门课，一门中国诗歌翻译，一门中国现代文学史。其他时间我都用在读书研究，继续提高、丰富我的毕业论文，争取早些完成我的第一部英文著作。最近我把第三章改完，心里一阵轻松，并想到，时间真的太重要，有时间让我沉下心来，好好读书思考，就会有心得、有收获。

　　在旧金山州立大学时，那里的同事和学生都很好，我很喜欢他们，此刻也很想念他们，可惜每个学期要教四门课，天天忙于教学。我去旧金山前，夏志清先生曾叮嘱我要好好教书，他说将来桃李满天下该多有意思。我个人也很喜欢教学，可能是继承了妈妈的教学基因，从小就"好为人师"。我的学生们都很喜欢我，每个学期结束时，我都收到许多鲜花和礼物，真是蛮有成就感的。有几位美国男学生还寄了卡片给我，上面写着："老师，我们爱死你了。"真是有趣得很。不过，我发现，过于沉浸在教学中，整天忙着备课、讲课、批改作业，长此以往，可能一辈子要生活在文学常识的层面，只是输出自己以往所学的常识，而没有多少时间来接受新的知识。我有些恐慌，所以最后还是狠心选择马里兰大学。马大属于研究性大学，想在此拿到终身教职，不仅要教学好，更重要的是要有研究成果，所以这个地方除了时间多压力也大。压力可把人往深处推进，虽然苦些，但有好处。我生性懒惰，有压力才好。

　　我的同一代人和比我年长十岁左右的大哥大姐们，有杰出者，但也有许多人在"文化大革命"中染上"破字当头"的坏脾气，或多或少都在自己身上留下红卫兵"造反有理"的遗风。这种脾气和遗风又形成一种古怪的文化性格，就是不愿意坐下来做艰苦的建设性的研究，而想"一破定天下"，即靠打倒权威而"暴得大名"，结果愈"破"愈浅。这种"破字当头"的策略能取得短期效应，但时代风气一变，就不行了。我已警觉到这种策略的虚幻与危险。我不会走这种路。既然有幸赢得一个从容读书思考的机会，就要从这种集体性格中走出来，避免时代病。只是走出来之后应当走向何处，有时也会迷惘。不过，近日我已想清楚，应当一步一步走向深处。你说对吗？

小梅
1998 年 10 月 18 日

小梅：

你选择到马里兰大学恐怕没有错，这不在于这个学校名声大、"级别高"，我们不必有这种世俗的念头，

刘再复教授 2013 年与大女儿刘剑梅教授任教于香港科技大学人文学院

不必去争此虚荣。重要的是在这种研究性大学的确可以赢得时间，真正的无形之宝与无价之宝就是时间。除了时间，压力也是好的。把你推向深处的压力，对于你这种懒人是绝对必需的。

中国人喜欢讲"人往高处走"，这一世俗的观念容易误导人们往名利的阶梯上作无休止的爬行。其实，作为学人，应当感兴趣的是"人往深处走"。我一直用这句话勉励自己。你往深处走的条件比我更好，环境、基础、语言都可以帮助你。你能意识到时代病，感到须沉下心来，这是很要紧的。沉下去，才拥有大海。这种"深处意识"将使你受益无穷。

说到这里，我想起"德谟克利特之井"这个意象。你知道，德谟克利特（约公元前 460—公元前 370 年）是古希腊杰出的唯物主义哲学家，原子说

的创始人之一,其著作达73种,可惜留下只有少数的一些片断。他有一句名言,叫作"事实真相在井底"。因有这句名言,人们后来就把储藏秘密、储藏真理的深处称为"德谟克利特之井"。我们应当走向德谟克利特之井。

不知道你喜欢不喜欢爱伦·坡的小说。他就用过德谟克利特之井这个意象。他写的短篇《幽会》里说过一句话:"宝藏只会在深渊里。"这句话我读过便忘不了,现在虽已烂熟于心,但从未失去它的新鲜感。记得《幽会》里曾描写道:有许多强壮的游泳者跳入水中,寻找他们想找的宝藏。但是,他们不敢进入深渊,所以寻找也只能是"徒劳"。我们做学问,正是以寻找精神宝藏为职业的人,可是,这宝藏在浮浅的表面是找不到的,这就决定了我们一生必须不畏艰辛地工作,不怕劳苦地往深处下沉。任何捷径都是表层之路,它不可能通向深渊。你今年三十一岁,彻底打掉心存侥幸的念头,下决心一辈子往深渊靠近,这将形成你的一种境界与抱负。

犹太人有句谚语:"不要靠近深渊。"我不喜欢这种太聪明的告诫。在《独语天涯》中,我特写了一小节随想录批评这一格言。我喜欢的是马克思的"科学的门口如同地狱门口"的话,从事科学就不怕有堕入地狱、堕入深渊的危险。科学上有成就的人都是敢于献身于科学的人,即抱着"我不入地狱谁来入"、"我不靠近深渊谁靠近"的决心与信念从事自己的事业。最后赢得"宝藏"的人都是这些献身者。走入德谟克利特井底去发现真理的人,也正是这些献身者。

在《幽会》这篇小说的前边,引述了小说叙述者奇切斯特教区主教亨利·金在其妻子的葬礼上所说的一句话:"为我待在那里!我一定会在那空谷里同你相会。"这个"你",我们不妨把它设想为独居在德谟克利特深井里和其他深渊中的"真理",我们也应当对它呼唤:请你待在那里,我一定在深渊中与你相会。

爸爸
1998年10月20日

论大器存于海底

爸爸：

你来信中赠给我"德谟克利特之井"这一意象，真是好礼物。昨天晚上想了好久，觉得记住这一意象，对我来说是极为重要的。人其实很容易变成"浮游生物"，老是在江湖的表层漂动。你那天问我，人是"少年得志"好还是"晚成大器"好，我一时竟答不出来，因为心里虽然明白晚成大器好，但总有及早成名的念头在心底作祟，便犹豫起来。昨晚我至少想清了一点，就是知道"少年得志"可能带来一种危险，即会变成"浮游生物"。一旦得志，便会满足于表面的名声，生活在虚幻中，不容易深下去。这才记起你以前提醒我的钱锺书先生说的那句话："大器从来晚成。"（《钱锺书散文选》）他的意思是说大器晚成才是学者生长的规律，不可在少年时就急于求成、陷入浮躁。昨天想起这句话时，便想到人间大器都在德谟克利特井底，或者说，大器都在海底。

悟出这个道理已不容易，而实行起来恐怕百倍千倍的不容易。钱先生不仅知道这一道理，而且找到"管锥"这一深挖井底的办法，几十年如一日地深锥下去，不管世事如何变迁，忧患如何骚扰，就是不放手中之"管"，一直往深处探索。这种精神要学到就很难，我担心自己将来会让你和妈妈失望。如果失望，要究其原因，恐怕就是我缺少管锥不止的韧性，不过，此时既然有这点自知之明，我当然会尽可能努力。

除了必须战胜自己的懒性之外，还得战胜虚荣心，这一点也是昨晚想到的。今天早晨，我把这一醒悟告诉黄刚，他说：这太对了，你昨晚的思考真有成果。确乎如此，我想到，在井底海底是寂寞的，井底海底的默默行走谁看得见，谁给你鲜花与掌声？当同龄人已在商场上变成千万、亿万富翁，在官场上变成塔尖明星，在文坛上变成风云人物的时候，你却还在井底海底一锥一锥地开凿，人们不知道你在干什么，以为你是傻子，是笨伯，是呆鸟，连爱

自己的亲人与朋友都等得不耐烦,这种时候,倘若虚荣心未减,就难免要动摇。虚荣的欲望真的最难战胜。能不怕寂寞、数十年不倦地研究深思,是需要心灵力量的。在美国,吃得不错,也许体力还可支撑,但这种心力即意志力与精神力是否足够,我却不敢打包票。

谢谢你,爸爸,从今天起,"德谟克利特之井"的意象将会常常让我想起。

小梅
1998年10月25日

小梅:

接到你的信,真使我高兴。你醒悟到的道理,对于你未来是多么重要!沉下去,管锥下去,你虽寂寞,但一定会有大快乐。

你的信还使我想到应当寻找一下"德谟克利特之井"的形式和内涵。在喧嚣的大街和欲望沸腾的社会中固然找不到"德谟克利特之井",在校园与讲坛上,"德谟克利特之井"也未必就会自动向你展现。恐怕每个作家与诗人都应当自己去寻找、去发现。陶渊明在人们羡慕的官场中发现人生的迷途,那是一片精神的荒原,于是,他回到茅屋农舍中,在那里发现生活,也发现了"德谟克利特之井"。这个井,就是日常生活中的无限之美和无限诗意。就从这里挖掘下去,沉下去,这里有一个美丽的大海,人们视而不见的大海。但丁找到的"德谟克利特之井"则是那个一层又一层的地狱,地狱的门上写着:"你们走进来的,把一切希望抛在后头吧。"门内便是地狱的深渊,这是人性恶的深渊,是罪孽的深渊。但丁通过对地狱的描述把人的灵魂一层一层地剥开,剥得如此深邃与令人惊心动魄。陀思妥耶夫斯基最初的"德谟克利特之井",该是他的"地下室",这是一个异常寂寞的地方,但就从这个地方出发,陀思妥耶夫斯基一步一步地向灵魂的深处挺进。在人类的文学史上,很难找到第二个作家像他这样深刻地剖析人们的灵魂。灵魂也是个大海,人的全部丰富、复杂与精彩就在这个海底。《卡拉马佐夫兄弟》展现的正是这一大海的奇观。我所以要谈文学的忏悔意识,正是希望自己不要当一个社会表层的法官或审判者,而应当以罪人的身份潜入人类灵魂的海底,在那里发现污浊中的清白、清白中的污浊,即发现灵魂的双音与复调。我写《性格组合论》,也是为了使文学迈入人性的深海与灵魂的深海。

对于我国的文学,最值得我们骄傲又最值得我们学习的是《红楼梦》,曹雪芹是一个伟大的人性论者。他找到的"德谟克利特之井"是人的真性情,是情感的深井与大海。而引导人们在大海中航行的,不是中国人所崇尚的圣书典籍,而是那些未嫁的少女,是林黛玉、晴雯、尤三姐等未被世俗尘埃所污染的女神。在曹雪芹眼中,少女便是天地精英,便是本来就存在于天地间的大自然。世上最有价值的,就是这些美丽的、拒绝名缰利锁的生命自然,她们的天性是一个被曙光所照射的原始海洋与原始宇宙。在海洋的深处与宇宙的深处,站立着她们洞察人间全部龌龊的眼睛与性灵。如果说,陀思妥耶夫斯基开掘的是精神的深度,那么可以说,曹雪芹开掘的是性情的深度。他们两人都是在大海之底行进并拥有大海之美的先驱者。

爸爸
1998 年 10 月 30 日

论享受黎明

爸爸：

那天在电话里和你诉了许多苦，觉得现代女子真累，肩膀的两侧都沉重。本来一肩挑着教学研究已够累了，现在怀孕又挑起生育孩子的重担，更是不胜负担。你说五四运动得益最大的是知识女子，运动使林黛玉、薛宝钗们走出大观园进入社会，和男子一样创造自己的名声与业绩，我不知道你这里有没有调侃的意思。五四运动固然使妇女的社会地位提高，赢得一次从旧伦常观念束缚中摆脱出来的解放，但是，也使妇女的肩膀多了一副重担，家庭的担子之外又加上社会的担子。人间社会到处充满着争执不下的悖论，说妇女进入社会是解放当然有充分理由，但说妇女还是留在锅边厨房里，闲时也读点诗书，似乎也不是没有道理。我现在就感到妇女的双肩挑即双向重压，压得我两脚发软。倘若黄刚赚的钱足够养家，我觉得自己还是当个家庭妇女为好，做点家务活之后便可以静下心来读书写作，享受一点林黛玉、薛宝钗式的安静与轻松。林、薛的诗社并未进入社会，她们的佳作无须出版，也没有名声之累。她们的生命其实比较完整，不像我现在，在家庭与社会的压力下完全像是碎片，不仅时间是碎片，连精神也难以集中，人们看不出是碎片，这只不过我竭力支撑着的结果。

双重担子压着，如果勤劳一点还可对付过去。可是我的天性又不是一个像你那样勤劳的人。我有"嗜睡"的毛病，一旦睡不够，脑子昏昏沉沉，就懒洋洋的。现在有个孩子在肚子里，懒散更有理由。其实，我也不满自己这种精神状态，但总是改变不了早晨起不来的习惯。幸而上午常常没有课，否则我更会觉得天天不得解放。这也许是小时候你和妈妈送给我的习惯，或许是我十八岁那年生了一场病后留下的问题，这种精神状态的问题，我真需要你的"救赎"！

小梅
1998年12月5日

小梅：

　　你喜欢睡懒觉，这都怪我小时候没有认真地唤醒你、提醒你。我觉得这一点可能会影响你将来的成就，今天我不得不用书面的形式来补偿，希望你能考虑改变一点生活方式，除了赶文章开夜车而不得不起晚之外，其他时间希望你都能早起。

　　我的缺点是需要午睡，长处是能够早起。林语堂在《生活的艺术》中说晚上睡前与早晨起床后读书的习惯使他受益无穷，这一点我很有同感。早晨读一点，有所悟，白天里再想想，便成了自己的知识，一旦化入心中，又成了自己的血脉心性，这种长期的积累，其力量难以估量。

　　不知道你读过《曾国藩家书》没有，他在书信中一再要求自己的兄弟要早起。他说："欲去骄字，总以不轻非笑人为第一义。欲去惰字，总以不晏起（即不晚起）为第一义。"（《曾国藩家书》第一百七十一书，咸丰十一年正月初四）戒骄戒惰，需要记住这两个"第一义"，这是我常想到的话。曾国藩教他的子弟不离八本，即"读古书以训诂为本，做诗文以声调为本，养亲以得心为本，养生以少恼怒为本，立身以不妄语为本，治家以不晏起为本，居官以不要钱为本，行军以不扰民为本"，这是他的教子八本。你已为人师表，我不敢教你，但曾国藩这八本倘若你能借鉴，当受益无穷。其中的"立身以不妄语为本，治家以不晏起为本"，实在值得我们一起记住。曾国藩该如何评价，现在和将来都还会有争论，但人格是独立于政治层面之外的东西，他的人格品性是值得尊敬的。他当了大官，但他告诉自己的儿子（纪鸿）说："凡人多望子孙为大官，余不愿为大官，但愿为读书明理之君子。"他说他当官二十余年，从"不敢染官场气习"。劝自己的子弟也不要染上仕宦之家骄奢倦怠的作风，而应当"读书写字不可间断，早晨要早起"，"吾父吾叔，皆黎明即起"。早起不过是一生活细节，为什么曾国藩如此看重，不惜一再唠叨，最近我想清楚了，曾国藩不在乎一个人官位的高低，而在乎一个人的生命状态。早起，正是一种健康进取的生命状态。

　　你因为总是晚起，可能不太了解拥有黎明的快乐。如果你能改变习惯，

每天六时起床,你就会觉得一天最美好的时刻就在黎明中。黎明中清新的空气、柔和的曦光,都是养育心性最好的药物,我对宇宙、人间、生活的热爱,一大半是从黎明中获得的。这个夏天,我每天早晨都坐在瓜棚旁边读书,此时,见不到太阳,但可以看到撒满大地的晨光;在晨光中思想,会觉得天地间的一股清气、祥气流入书中与胸中,为我洗掉对人间的许多偏见;在这个时辰中写作,文字也自然会减少许多躁气,更不会有戾气。许多妄语都出于不清醒的时刻,黎明总是提醒我抛弃妄语。

加缪的一段话常鼓舞着我,他说:"这道唯一的亮光,就足以使我心中塞满迷惑的、回旋的喜悦。……假如我心里还感到有点焦虑的话,那是因为我想到,这无法攫住的片刻就像水银球从指缝间流逝。那些想要站出这个世界之外的人,就让他们站出去罢。我不再为自己哀伤,此刻我见到了自己的诞生。我高兴地活在这世界上,这个世界便是我的王国。"这段话出自《卡缪札记》(港台多译卡缪,国内通译加缪——编者注)。我对黎明的亮光的感受,就是这种恐惧与喜悦的交织。我害怕它会流逝,害怕这一束给我喜悦和信心的亮光会消失。黎明的亮光,正是带着神性的大自然的精华。

爸爸

1998 年 12 月 10 日

论灵魂的根柢

爸爸：

昨天在电话中听你谈论灵魂的根柢，心中一震，并很快地从脑子里跳出一个意念：我和同龄人多半属于"无根的一代"。前些年我和海外的年轻朋友也谈论无根的一代，但那是指没有家国观念的漂泊者。这回你讲的无根是没有灵魂的根柢，我觉得自己也正是无根族的一员。

黄刚的爸爸妈妈去世之后，我们的精神都有点惶惑。在虚空中我们才觉得他们生前信仰基督教并非没有道理。宗教的确可以给人们提供灵魂之根。我和黄刚无所信仰，他父亲去世之后，我才临时抱佛脚，用基督教中的天堂概念来安慰他，口里念念有词，心中却毫无着落。就在那一瞬间，我第一次羡慕有信仰的人。中国没有西方式的严格意义上的宗教，但在"五四"之前，中国人还是有自己的灵魂的根柢。这一根柢，来自孔夫子的儒家文化，或者说来自儒道互补的传统文化。不管儒家学说有多少问题，但它毕竟提供了中国人和中国知识分子一种心灵准则。可我们这一代人根本不把孔子的学说作为灵魂。在我的心中，孔子的话是留下了一些，但并不构成自己的心灵原则。在19世纪和这之前的知识分子，孔子是他们心中的根；可到了我们这一代，只剩下了根须，甚至连根须都不是。

到了美国之后，我虽然读书，努力掌握些西方文化知识，但真正问起自己从哪些学说中吸取灵魂的资源，培育自己灵魂的根柢，却完全说不上。我读你的散文，知道你把美国开国元勋杰斐逊等的思想，即那些对自由和尊重人类天赋神圣权利的思想，真诚地吸收到自己的血肉中，化作你的信念，这说明你在重新培育自己的灵魂之根，而我却连这点也没有。我意识到，你把各种宗教的优秀思想和各种学说的优秀思想努力吸收，就是为了壮大自己的灵魂之根和提高自己的精神境界。许地山先生也是这样。他的散文《落花生》常常教育着我，此时想来，这文章的背后是有一种灵魂的根柢支持着。他不是某一宗教的教徒，但择取各种宗教的爱义，还吸取各种文化的精粹，这也会形成自己的灵魂。

你曾写过《丧魂失魄的时代》，感叹灵魂的失落。你的语言温和一些，而阿城的《豕狗时代》则非常激烈。他在1985年就发觉五四运动之后中国人断了根，到了90年代末他的感慨就更深。他的这种说法并非骂人，而是痛切地感到时代失去魂魄。人没有灵魂，确实会成为猪狗、禽兽、流氓，想到这点，我都要冒出冷汗了。

小梅

1999年3月12日

小梅：

我们经常听到谈论学问的根柢与学问的功力，但很少听到谈论灵魂的根柢与功力。前天我们谈论之后，我又想了想这个问题。

我到巴黎的时候，有一强烈的感觉是巴黎有灵魂。"这是一个有灵魂的城市"，我把这种感觉表达在《悟巴黎》中。先不说个人，就说一个国家，一个民族，一个城市，它的灵魂是可感觉到的。此时我想说的是，巴黎不仅有灵魂，而且有雄厚的灵魂的根柢。法国的自由灵魂不会转风转向，就是因为灵魂之根扎得很深。无论是到罗浮宫、奥赛宫还是到巴黎圣母院、先贤祠，我都有这种感觉。先贤祠建造于1755年，原先叫作圣·热纳维埃芙教堂，法国革命后才把教堂改为埋葬法国伟大儿子的墓地，伏尔泰、卢梭、雨果、左拉、布莱叶、马拉、米拉波等都在这里安息，这些名字都是法兰西的灵魂，每个名字都是法兰西灵魂的一道强大的根柢。我到先贤祠那一天，正是丽日当空，在阳光照耀下，我想到：这里的每一个先贤的名字分量都这么重，其灵魂的内涵本身就是一个广阔的天空。因为五次到巴黎，所以我还赢得时间去参观名播四海的拉雪兹神父墓地。墓地坐落在巴黎最东头的第二十区，范围很广，我们只能按门口买到的墓地地图去寻访自己爱戴的灵魂。当时我一看到灵魂的名单就禁不住心跳，除了我原先知道的伟大的巴尔扎克和莫里哀在这里之外，这时才知道歌德、普鲁斯特、拉封丹、缪塞、王尔德、肖邦、邓肯、斯泰因以及大画家安格尔、毕沙特、莫迪里阿尼都在这儿。这都是巴黎的灵魂啊！每一灵魂的根都深进海底，然后穿越蓝色的沧浪，伸向世界的各个角落。可惜我没有时间去参观几乎与拉雪兹神父墓地齐名的蒙特满翠墓地,朋友告诉我,那里不仅埋葬着法国的伟大作家司汤达、小仲马、龚古尔兄弟、戈蒂埃,还埋葬着德国诗人海涅,每个名字都让我低首沉思。而让全世界瞻仰不尽的罗浮宫,那些伟大的画家的名字和作品,则是让我永远说不尽的。那里的每一幅画都是巴黎灵魂的根。无须别的论证,只要列举一些名字,就可以知道巴黎的灵魂具有怎样的根柢。法国在1789年经历了一场大革命,但没有"文化大革命",他们的政治倾向可以不同,但都共同保卫住自己的灵魂。一个民族的灵魂不是靠人为去"大树特树"的,而是靠积淀,靠自己天才的儿子去创造和积累。

美国灵魂的根柢就不如法国雄厚,它的历史太短,积累有限。但因为历史太短,所以他们更珍惜历史。他们的开国元勋、开明总统和思想家华盛顿、杰斐逊、富兰克林、林肯都是他们珍贵的灵魂,而马克·吐温、杰克·伦敦、惠特曼也是灵魂的一角。

中国的灵魂根柢本来也是雄厚的。这一根柢主要是孔子的学说,但是到了五四运动时期,中国的知识者发觉这一灵魂过于陈腐,它已不能负载中华民族的强大身躯继续前行,因此就把这一灵魂打成碎片,并想借用法兰西的灵魂,但没有成功。后来找到马克思主义灵魂,但根柢不深。

国家与民族的灵魂有根柢的雄厚与薄弱,而一个人的灵魂也有根柢的厚薄之分。马尔库塞把灵魂分为高级灵魂与低级灵魂。低级灵魂只能用钱币去塞满,我们且不去说它;而高级的灵魂则包含着境界、气质、品行与精神,这种灵魂是否坚韧,便与根柢有关。我们感慨人性的脆弱,实际上是灵魂的脆弱。鲁迅在批判国民性时说中国人常常一哄而起、一哄而散,这就是灵魂没有根柢。根不深厚便容易随风转向。"文化大革命"中,人们发现"风派"特别多,这全是没有灵魂之根所造成的。鲁迅一再批判流氓和流氓性对文学文化领域的危害,说这些流氓今天信甲,明天信丁,今天尊孔,明天拜佛,需要你时讲"互助说",不需要你时讲斗争说,没有一定的理论线索可寻。这种理论线索,也是一种灵魂的根柢。流氓没有灵魂,痞子没有灵魂。痞子文学虽然生动可读,但其致命伤是没有灵魂。灵魂连根拔的时候就会导致流氓主义。

对于个人,如果讲灵魂的根柢还嫌太抽象,那么换种通俗的说法,便是

心灵的底子。一个人心灵美好的部分有没有底子,底子雄厚还是不雄厚,是可以触摸到的。底子太差,就容易受到诱惑,一个红包就可以打碎你的"纯洁",一番恭维就可以使你晕头转向,一个桂冠就可以对着邪恶哑口无言,这就是心灵底子太薄的缘故。心灵底子薄弱的人,既经不起成功,也经不起失败,掌声和挫折都会把他打垮。做学问其实也与心灵的底子有关。心灵中美好部分一强大,就敢直面真理,敢发前人所未发,有胆有识,也才不怕探求路上的苦辛,具有百折不挠的韧性。优秀的学者一般都需要有底气、有胆气、有正气,而这正气都与心灵的根柢相关。写了一两本书就自我吹嘘,到处自售,也是缺少心灵雄厚的底子。像托尔斯泰这样的人,即使他已建造了一座人类世界公认的文学高山大岳,也想不到炫耀自己,折磨他心灵的只是人间那种无休止的暴力和扒在田野里洒着汗水的奴隶。这种强大的心灵,是不会被时势、权势与金钱所左右的。

爸爸

1999年3月13日

论快乐的巅峰

爸爸：

最近我和几位朋友聚会，大家都谈起你，他们说，在海外漂流的知识分子中，你的心灵状态是最好的。要是用世俗的眼睛来看，你丢失的东西是最多的，但你并不在乎。你从"山顶"掉入"谷底"，但你依然在"谷底"里思索，而且思索的锋芒又从谷底射向山顶和山顶之外。你不是没有孤独与忧伤，但你又把这些孤独与忧伤加以"玄化"，把"被孤独所窒息"的感觉变成"占有孤独"的感觉。你在形而下的层面遭到挫折，却在形而上的层面上收获这挫折，从挫折中领悟到更深刻的道理。因此，你不是怨天尤人，而是抓住这段丰富的人生旅程努力工作与写作，一篇篇、一本本地问世，尤其可贵的是这些文字不卑不亢，不迎合、不媚俗、不自欺。你既对着自己的朋友、亲人诉说，也对未来无数年月的知音诉说。该说的话就尽兴地说，不愿意说的话一句也不说，从而使你的天真犹如一束芬芳。我的几位朋友都说，你的确是个心理上的强者。内心世界藏匿着非常坚韧的东西，只是我们说不太清楚这种东西是什么，是理想？是信仰？是性格？是气质？是意志？我好像缺少这个东西，要不，我怎么老想偷懒？我虽然也热爱我们这一行，可我怎么没有你那种不断工作的欢乐？你仿佛从不倦怠，奇怪。

作为你的女儿，我也想作为你的一个知音，至少是半个，即对上述问题能有所了解。这十年来，我们比在国内，相互交谈的机会多了，但毕竟不住在一起，而且各忙各的，因此也没有多少时间可以谈谈你的"内心秘密"。将来有一天，我要来"解构"你的心灵状态，也许抓不住要领，你会感到失望，所以今天，我把我们几位朋友交谈的信息告诉你，请你给我一个回应。

小梅

1997年8月5日

小梅：

　　读了你的信，知道你和你的几位朋友对我的评论，十分高兴。我并不是喜欢人家捧场的人，但是中肯、准确的描述，我是高兴的。例如你说我是个心理的强者，应当说是准确的。有人说，你们这一代大陆的知识分子，经过政治运动和劳动改造的千锤百炼，神经自然是坚韧的。其实未必。劳动场所，政治场所，包括牛棚、牢房等，并非注定会养育坚强的心理，这些场所也可能粉碎人的意志。集中营的效应是双重的，从集中营走出来的人，有的坚强得像钢铁，有的则从此失去人格的勇气。关键还是在于自身。作为一个写作者，经历过苦难也不一定就能写出好作品。有经历，还要有感觉，而且感觉是关键。把苦难反映到文字中来并非就是文学，但是，如果能够从多种视角来审视苦难，并能对苦难进行形而上思索，就很有意思，这些苦难经历就可以化作无尽的思想与情感的资源。

　　在海外这十年，我的确很少怨天尤人，相反，我常常对"天"与"人"心存感激。经历过一次濒临死亡的体验，我对这个世界更加依恋。此次大体验，犹如一次雷霆的震撼，让我"惊醒"，而"醒"的内涵竟是如此简单：这个地球，是宇宙中最美的所在，是蓄满鲜花、青草、森林、河流的土地，我以前把它忽略了。因为太忙，眼睛难以从书本移向书外更加辽阔的天空与大地。如果那一年死了，我给另一世界带去的印象就太偏窄了，而对这一世界的认识也太肤浅了。总之，那次大体验之后，总的结果是让我更加热爱生活。一个热爱生活的人也会遇到生活的各种挑衅，但他不会因此而埋怨生活。

　　这个世纪科学技术发展得太快，快得使我们缺少时间对现状进行思索。第二次世界大战之后，经济迅猛发展，市场席卷一切。中国现在也是如此。物质潮流的汹涌澎湃带来精神的萎缩，这是一个事实。在这种时代空气之下，道德是一个被普遍嘲笑的对象。在中国文学界，以往又以道德法庭代替审美法庭，一些伪道德的说教败坏了人们的胃口，这样，一讲起道德就更加被嘲笑。在探讨历史、社会问题时，确实不能以伦理主义取代历史主义，确实不能以道德评价取代历史评价，这一点我和李泽厚的对话录里已讲得很多。但是，当我们在谈论个体人生的时候，我们是不能不把道德视为最重要的精神本体的。你是我的女儿，我不能不用彻底的语言告诉你：道德不仅决定着你的成就，而且还将决定你的这一生是否拥有深厚的、真正的幸福。在海外十年，我的一切快乐的源泉都是来自内心反潮流的道德感。我觉得我所做的一切都问心无愧，我觉得我所做的一切都没有违背良善的本性，于是，我便赢得坦然，赢得自在，赢得说话的理直气壮。康德把地上的道德律与天上的星辰相提并论，这是一个伟大哲学家对宇宙、历史、人生最重要的感悟。这一感悟给我的启迪不是逼使我写出《论文学的主体性》，而是让我知道，什么才是人生的精彩，什么才是幸福取之不尽的源泉。

十几年前，我在阅读康德与写作《论文学的主体性》时，又很荣幸地读到一部让我永世难忘的好书，这就是英国学者威廉·葛德文所著的《政治正义论》。这本书使我把从小就开始的一种追求变成自觉。十几年前，我和你一样，觉得自己内心有一种特别的东西，这种东西使我的生命老是燃烧着，光明的部分总是压倒黑暗的部分。无论经历怎样的困难、不幸和苦痛，总是能感悟到生的价值与生的愉快。生活中一面热烈地爱恋着，一面也憎恶着，无论如何总是不能与品行卑劣的人沆瀣一气或为虎作伥。你说这是什么原因？是性格原因还是命运原因？我也不清楚。但读了这本书之后，其主题告诉我，那是因为你有一种天生的对于善良道德的热爱和倾慕。这一点决定了你是一个幸福的人，即使陷入劫难之中也不会失去骄傲与快乐。这本书的一些启悟性论述的语言至今还一直在鼓舞着我。我随手引述几段给你看看。威廉·葛德文说："道德是人类最好的天赋。""只有道德是配得上被看作是导向真正的幸福的，导向最实在、最持久的幸福。""个人愉快的持久程度、情操的优美程度，是同他的道德成正比例的。""善心是一个永不枯竭的源泉"；"丰硕的成就肯定在某种程度上是同磊落的节操相联系的。""在思想中经常充满庄严的想法的人，不太可能堕落到甘心去追求为一大部分人类所热衷的那些低级的事情。"

《政治正义论》第一卷第四篇《见解在社会和个人中间的作用》分析了世间几类被视为幸福的人，这些人包括拥有财富过着豪奢生活的人、拥有风雅过着"潇洒"生活的人，但是，只会享受的人并非是真正快乐的人。真正的快乐是一种被善所推动的公正无私的快乐。他说："完成过一件宽仁厚爱的行为的人知道：没有一种肉体的或精神上的感觉能够同这个相比。为了整个民族受益而斗争的人超越了机械的交易和交换的观念，他们不要求感激。看到他们得到好处，或者相信他们将要得到好处，是他自己的奖赏。他登上了人类快乐的高峰、公正无私的快乐。他享受人类所有的一切的善以及他所看到为他们保留的一切可能的善。没有人像忘记个人利益的人那样真正增进了他自己的利益。没有像只考虑别人的快乐的人那样收获到如此丰饶的快乐。"

我所以不厌其烦地引述这部著作中的话,是想让你知道,为什么我漂流海外之后仍然享有丰饶的快乐。你一定会相信,当我在自由表达对人类的信赖和为苦难的灵魂申诉的时候,我的确走上了人类快乐的巅峰。当我的心灵无所欺瞒、无所顾忌、无所算计的时候,我才真正明白"幸福"二字。引述威廉·葛德文的话,不仅为了我,也为了你,我希望你永久地拥有幸福,常常生活在幸福的巅峰中。物质享受与显示风雅,对你来说太容易了,但常常生活在高境界的快乐中却不容易,进入这一境界的人是需要艰苦跋涉与心灵洗礼的。这些人要有伟大的同情心,而且要有记忆,他们不会忘记天底下到处都有恶意、冷酷与残暴,这个住着各种生物的地球到处都有邪恶,对地球的依恋是不能放弃与这些邪恶进行抗争的。然而,抗争中不是扩大仇恨,而是以悲悯去化解仇恨。

爸爸
1997 年 8 月 8 日

论罗素的三激情

爸爸：

读了你的《罗丹的启迪》，我真的受到启迪了。茨威格这个作家不仅才华洋溢，而且非常单纯、谦虚，这种人格在现时的中国比较难以找到。生活中和文学生涯中还是要有自己的楷模，你竭力推崇的茨威格应当是我的一个楷模。你说过，有才华已很难，有才华而有思想就更难，而有才华有思想又有品格，三者兼而有之，就更是难上加难。茨威格大约就属于这三者兼备的作家了。最后这一点的难处我没有太多体验，而且常常不太在意。

茨威格说，他从罗丹身上得到三点启示：一是伟大人物的心地总是最好的，二是伟大人物的生活总是简单俭朴的，三是伟大人物的工作总是聚精会神的。每一点说起来都容易，但做起来很难。例如说，心地要好，就得对比自己强的人不嫉妒，对比自己弱的人不摆架子，对自己犯下的过错和欠下的心债要有负疚感，对弱者与残疾人要有同情心等等，这都不是很容易的。心地肉眼看不见，但能感觉到。不可视的东西往往更重要。聚精会神也不容易，尤其是踏入社会之后更不容易。我刚刚踏入社会，总觉得社会在与我抢时间，各种关系都让你难以精神集中。除了社会，自己的意志薄弱也是个原因，我总是经不起诱惑，放不下许多琐事。前些时，我对自己这种缺点有所警惕，特把加缪的一句话写在桌边的笔记本上，加缪说：

心的贞洁——不要让你的欲望四溢，不要让你的思想四散。（《卡(加)缪札记》）

小梅
1996年10月8日

论罗素的三激情

小梅：

那天我告诉你茨威格关于罗丹的三点启迪，是想告诉你，你要注意采集世上一些最美好的情思以造就你自己。你真的留心了，而且有所领悟，这很使我高兴。人活在世上本就不容易，倘若要活得更像人样，要使人生有些光辉，就更不容易。曾国藩的"八本"，茨威格的三点启迪，都能帮助我们努力做好一个人。当然，每一个人所处的时代、环境不同，我们不必机械地理解，而应对其精髓进行吸收。也正是从这一意思出发，我还要你注意一下罗素的三种激情。罗素说："三种单纯然而极其强烈的激情支配着我的一生，那就是对于爱情的渴望，对于知识的寻求，以及对于人类苦难痛彻肺腑的怜悯。"他解释说，他所以追求爱情是为了减轻孤独，"还因为爱的结合使我在一种神秘的缩影中提前看到了圣者和诗人曾经想象过的天堂"。而他又以追求爱情"同样的热情"追求知识，因为"我想理解人类的心灵。我想了解星辰为何灿烂。我还试图弄懂毕达哥拉斯学说的力量，是这种力量使我在无常之上高居主宰地位"。最使我感动的是他的第三激情，这就是同情弱者的人道激情。他说："爱情和知识只要存在，总是向上导往天堂。但是，怜悯又总是把我带回人间。痛苦的呼喊在我心中反响、回荡。孩子们受饥荒煎熬，无辜的被压迫折磨，孤弱无助的老人在自己眼中变成可恶的累赘，以及世上触目皆是的孤独、贫困和痛苦——这些都是反对人类应该过的生活。"

我所以要把罗素的这一思想告诉你，是因为我觉得这三者的结合是完整的生命激情，是一个真正的人的生命组合。许多人的人生有婚姻但未必有爱的激情，且这种激情毕竟比较容易，仅有这种激情的人生有快乐但未必精彩，也未必有大幸福。具有大幸福的人应当对于知识和对于弱者投以生命的激情。愈来愈多的人正在把知识当作商品当作猎取名利的手段，并未把追求知识化作一种生命的激情。如果我们与这种半学人半商人区别开来，而在追求知识中把生命放进去燃烧，那么我们的人生境界就会大不相同。好的学者与好的作家应当退出市场的道理就在这里，一进入市场与名利场，就难以保持生命纯然的激情。

第三种激情也是人生的一种强大动力，在中国能深切感受到这一点的人不一定很多。中国的当代学人往往鄙视人道激情，以为这是肤浅的。但对人道激情恐怕只能用"有无"去衡量，而不能用"深浅"去苛求。把人当人，是至浅的道理，又是至深的道理。人道主义的理论虽不能算深刻，但要说明人道主义为什么总是无法在中国生下根来，人道激情总是与高深而冰冷的学者无缘，却是一个相当深的问题。这涉及中国学者"世故大于学问"的问题，涉及中国格外成熟的势利、虚伪、狡猾等性格问题。罗素是一个卓越的思想家，但他不仅不轻蔑人道激情，而且把它视为人生动力。如果说，我是一个有动力的人，那么与罗素一样，人道激情也是一个大的动力源。弗洛伊德说"性压抑"是文学源，而对于我，"良知压抑"也是根本的动力源。对人间底层弱者的同情与爱，既带给我忧思，也带给我力量。休谟有一段说明人道激情可以使人充满力量的话一直在我耳边回响。他说：

  最柔和的慈爱、最无畏的坚毅、最温厚的情感、对德性的最崇高的热爱，所有这一切都成功地使他震颤的心房充满生气和力量。当一个人反省内心，发现那些最骚乱的激情都已经变为正确的、和谐的，发现各种刺耳的杂音都已经从迷人的音乐中消失，那该是何等的欣慰！

爸爸

1996 年 10 月 18 日

第七辑

文化随笔

凤凰树下随笔集

救援我心魂的几个文学故事

故事一

1980年12月20日,北京大学的宗白华教授逝世。过了几天,在八宝山开追悼会,我立即赶到那里对着他的落日般的遗像深深鞠躬。面对遗像的最后一刹那,我心中充满感激。其实我和宗先生并无私交,和他只见过一次面。那是在征询如何写好由我执笔的《中国大百科全书·文学卷》总论的座谈会上,他因年迈已不能说什么具体意见,然而他激励我写好的声音是响亮而充满挚爱的。我所以特别感激宗先生是他在介绍歌德的时候,结结实

刘再复教授2013年被香港科技大学高等研究院聘为访问院士

实地在我身上播下了很美的种子。每一颗种子都让我心跳。他所翻译的德国学者比学斯基（Bielschowsky）的《歌德论》，是一篇人性洋溢的散文。这篇文章所描述的歌德是一个心灵高度发展的人，是一个身体不断兴奋但精神却内敛集中的人。这个人是奇异的圆满人性的组合，在他每一步生活的进程中都是一个铮铮男子汉。他的人格结构是如此幸福，他的每一种心态都是积极的、善的，于世于己有益的部分总是占着绝对的优势，所以能在一切奋斗中从不害及自己与世界，从而永远成为胜利的前进者与造福者。经过宗先生的介绍，我更酷爱歌德，更不能忘记歌德对于文学发现与科学发现的那种最真诚的敬佩和最单纯的激情：一行幸运的、意义丰富的诗句之偶得，可以使他喜极而泣。一个自然科学上的发现会使他"五脏动摇"。当他读到卡德龙（Cedero）的剧本中一幕戏的美丽时，兴奋过分，竟停止了宣读而将书本狠狠掷在桌上……比学斯基说：只有像这样一种个性结构的人在老年时可以说道，他命中注定连续地经历这样深刻的苦与乐，每一次几乎都可以致他于死命。

　　这一故事一直像诗人进行曲在我心中缭绕。每次偷懒，一想起这故事，就感到惭愧：歌德至死都迸射着发现的激情与爱的激情，至死都鼓着孩子般好奇的眼睛注视着世界上新作品的诞生，每一精彩生命的问世都使他兴奋得五脏动摇，而你为什么才年过半百就懒洋洋、慢吞吞？就让惰虫在你体内自由繁殖，以至几乎愿意充当惰虫和魔鬼的俘虏？什么时候，你还能像歌德那样，当你读到一首精彩的诗歌和一幕精彩的戏剧时也身心俱震，也坐立不安，也把书本狠狠地掷在桌上太息长叹，然后向自己呼唤：你，嗜好形而上但又嗜睡的懒鬼，起来！继续你的抒写，继续像篝火般的燃烧你的尚未衰老的激情！

故事二

　　福楼拜的故事也常使我惭愧。他的一生是那样紧那样紧地拥抱着文学。无论什么时候，文学都是他的第一恋人。他性情温柔，情感丰富，从他的文字中可以看出，他的感情河水总是面临着泛滥，只是严谨的文学纪律使他不得不冷静叙述。毫无疑问，他有恋人，但是，他的第一爱恋绝对献给文

学。子夜的钟声响起,从他的寓室里传出疯狂的、带着人性温热的呼喊,此时,人们都确信,那不是在做爱,那是一个文学的挚爱者在创造。狂呼的那一刻,熔岩冲破地壳,那一定是他又赢得了一次高峰体验,一次新的成功。

我要郑重地推荐福楼拜的学生、法国另一文学天才莫泊桑所写的散文:《从书信看居斯塔夫·福楼拜》。这篇散文记录了一个真正的福楼拜。我把这篇散文视为标尺,它能衡量出人们对文学有几分爱与真诚。我常在这一标尺面前垂下头颅。仅仅是福楼拜的一句绝对命令:"面壁写作!"就使我羞愧得无地容身。从二十岁到五十七岁,这三十多年最宝贵的岁月,我有几年真正面壁过?好些日子都在时髦的革命运动中鬼混。虽说这是荒唐时代的骚扰,但是在平和的日子里,你又有多少时间面向墙壁进入深邃的游思?即使今天,周遭如此宁静,春光秋序全属于你,而你一旦面壁,仅仅十天半月,就会叫苦连天,老是想到丹佛的豆浆油条多么香,北京的烤鸭油皮多么脆,革命虽不是请客吃饭,但是革命家什么好吃的都有……

然而,福楼拜一坐下来面壁就是四十年。莫泊桑的散文一开头就说:

> 谁也不如居斯塔夫·福楼拜更看重艺术与文学的尊严。独一无二的激情,即热爱文学,贯穿他的一生,直至辞世。他狂热地、毫无保留地酷爱文学,没有人能与他媲美,这个天才的热情持续了四十多年,从不衰竭。

独一无二的天才激情持续了四十多年,这可不是轻松的持续,而是孤独面壁的四十年的持续,是一种以"绝对的方式"热爱文学、拥抱文学、孕育和创造文学的持续。莫泊桑告诉我们,这种绝对的方式,就是在他的被文学之爱所充满的心灵里,没有给文学之外任何别的宏愿留下位置。"荣誉使人失去名声","称衔使人失去尊严","职务使人昏头昏脑",这是福楼拜经常重复的格言。既然文学占有他的全部心灵空间,那么,它就容纳不了别的。于是,热爱文学的绝对方式又外化成他的一种行为的绝对方式;他几乎总是独自生活在乡下,只到巴黎看望亲密的朋友,他与许多人不同,从不追逐上流社会的胜利或庸俗的名声。他从不参加文学或政治的宴会,不让自己的名字与任何小集团和党派发生纠葛;他从不在庸人或傻瓜面前折腰,以获得他们的颂扬。他的相片从不出售;他从不在生客面前露面,也不在上流人士出入的场所出现；他好像带点羞赧地隐藏起来。他说："我将自己的作品奉献给读者，最起码我得保留自己的模样。"

他如此绝对，如此远离集团，如此把自己隐藏起来，是为了悠闲吗？是为了孤芳自赏吗？不，他只是为了把整个心灵交给文学，只是为了把全部时间献给他的第一恋人。他在给女友的信中说："我拼命工作。我天天洗澡，不接待来访，不看报纸，按时看日出（像现在这样），因为我工作到深夜，窗户敞开，不穿外衣，在寂静的书房里，像发狂一样狂呼乱喊。"福楼拜面对四壁和星空，度过无数感情澎湃的夜晚。我不知道，中国有几个作家像他这样以绝对的方式把全生命投进文学之中？我在提出这个问题时，自己的脸也红了起来。

故事三

爱得发狂。真有对文学爱得发狂的人。一想起歌德、福楼拜的呼叫，我就想起19世纪中叶俄罗斯那群卓越的批评家和诗人，从《祖国纪事》的常务编辑格利罗维奇到别林斯基和涅克拉索夫。这些人长着一双寻找文学天才的眼睛，他们的眼光犀利得让人害怕，不了解他们的人，以为他们的眼里和额头上布满寒气。其实，他们是一群浑身都是热血、爱文学爱得发狂的人。只是，他们的心目中都有一个自己假定的理想国，一个绝对不能让冒牌货踏进的美丽的园地。园地的围墙是严格的，他们的炯炯有神的眼光守卫着，显得有点冷。可是，当他们发现有人正是假定理想国的公民，其才华正是他们那块文学园地所期待的鲜花硕果时，你猜，他们会怎样？他们就发狂了。他们就毫不保留、毫不掩饰地对他（她）表示爱，倾诉爱，在他们面前像孩子似的哭泣起来。

陀思妥耶夫斯基就经历过一次被爱的震撼。那年他才二十多岁，刚刚写完第一部中篇小说《穷人》。犹豫了一阵之后，他终于怯生生地把稿子投给《祖国纪事》的格利罗维奇和涅克拉索夫。然后就到一位朋友那里读果戈理。回家时已是凌晨，这时他仍然不能入眠。突然，传来一阵敲门声。门打开了，原来是格利罗维奇和涅克拉索夫。他们读完了《穷人》，此时，他们激动得不能自已，扑过来紧紧地把陀思妥耶夫斯基抱住，两人都几乎哭出声来。涅克拉索夫,这位俄国的大诗人,性格孤僻、谨慎,很少交际,可是此刻他无法掩盖最深刻的感情。他和格利罗维奇告诉这位尚未成名的年轻人:昨天晚上他们一起读《穷人》,"从十多页的稿子中就能感觉出来",他们决定再读十页,就这样,读到晨光微露降临。一个人读累了,另一个接着读。读完之后,他们再也无法克制自己的喜悦之情,而且异口同声地决定立刻来找这位年轻人,也许年轻人已经睡了,不要紧,睡了可以叫醒他,这可比睡觉重要!他们来了,他们为俄国的文坛又出现一个杰出者而把眼睛哭得湿漉漉的。

见面之后,涅克拉索夫把《穷人》拿给别林斯基看,并叫喊道:"新的果戈理出现了。"大批评家别林斯基有点怀疑:"你认为果戈理会长得像蘑菇一样快呀!"可是当天晚上他读了之后,立即变成一个急躁的孩子:"叫他来,快叫他来!"他对着涅克拉索夫呼喊着。陀思妥耶夫斯基来到时,别林斯基的目光瞪着年轻人:"你了解自己吗?""你了解自己吗?"他大声叫着:"你写的是什么?!"他在喊叫之后便解释作品为什么成功,年轻人虽然写出来但未必意识到的成功。批评家对青年作者说:"你会成为一个伟大的作家。"在那几天里,1848 年 5 月间的几天里,俄国的大批评家、大诗人,为发现一个天才而沉浸在狂喜之中,那几个白天与夜晚,他们的内心经历了一个任何世俗眼睛无法看到的狂欢节。他们的心地的广阔与善良是非常具体的,他们对文学的爱与真诚是非常具体的,陀思妥耶夫斯基感受到这种爱之后,作出这样的反映:

> 我一定要无愧于这种赞扬,多么好的人呀!多么好的人呀!这是些了不起的人,我要勤奋,努力成为像他们那样高尚而有才华的人。

每次我仰望陀思妥耶夫斯基这一崇山峻岭的时候,就想起他的处女作《穷人》问世的时刻。那些为他的坠地初生而像母亲一样含着喜悦眼泪的好人。那些人就是伟大作家的第一群接生婆,这些把初生的婴儿捧在自己的暖烘烘的胸脯中的思想家与诗人,正是婴儿的摇篮、故乡和祖国。

故事四

如果说,别林斯基、涅克拉索夫这种年长者对年幼者的爱,拯救了我灵魂的一角的话，那么，我灵魂的另一角则是被年轻的作家对前辈作家的爱所拯救。60年代我的祖国兴起的那场"文化大革命"把后一种爱彻底毁灭。那时，年青的一代在打破任何权威与偶像的口号下，彻底地践踏了古今中外所有的优秀的作家与诗人。"横扫一切牛鬼蛇神"，包括横扫人类有史以来最杰出的哲学家和文学家。正当需要培育对人类精神价值创造者的无限敬重的时候，我们这一代人相比我们更年轻的大学生与中学生，却在革命的名义下粗暴地嘲笑这种敬意。在嘲笑的同时，心灵中生长出来的是一种最无知的蔑视和随意否定、随意撕毁精神创造物的邪恶。我和一些良知残存的朋友曾经看清那场"大革命"所造成的巨大死亡，看到死亡深渊中那些难以漂散的血与灵魂。但是，我们并未注意到，"大革命"在制造死亡的同时却生产出一些极其可怕的、几乎要使我们的祖国致命的东西，这就是嗜杀嗜斗的性格，撒谎的本领，做巧人和假人的策略，老子天下第一的幻象，反复无常善变的作风，为了拔高自己而不顾人格尊严地打击同行的杰出者与前辈学者的脾气。我穿越过"大革命"的狂乱深渊后，写了许多批评这场"革命"的文章，表明我对反人道行为的极端憎恶，然而，我并未充分意识到，这场"革命"的带毒的射线也辐射到我的血脉深处，直到七八年后（即我第一次提出忏悔意识的时候）才第一次认真地想道：革命爆炸的辐射物显然存留在我的身内，十几年前、二十几年前那一双仰望老师的蓄满天真与敬意的眼睛消失了，还有那一双像渴望雨水似的渴望人类一切精神大师浇灌的眼睛也变质了。奇怪，怎么眼睛老是转向自己，怎么老觉得自己像一朵花，很漂亮，简直压倒前一代的群芳了。幻象产生了，一代人共同的病态产生了。能够意识到这幻象，能够使我克服魔鬼的诱惑而继续谦卑前行，又是得益于一些作家的故事。

故事纷繁，我还是讲讲茨威格吧。在《性格组合论》中，我用散文的语言分析他的中篇小说：《一个陌生女人的来信》和《一个女人的二十四个小时》。后来我又读了他的《异端的权利》与《昨日的世界》。我对他真的钦佩之极。毫无疑问，他是个天才。然而，天才并非靠天赋的素质就拥有一切。我从茨威格身上，看到他的成功首先源于他对前辈或比他先行的作家的爱慕和发自心灵最深层的敬意。他总是想起歌德的话："他学习过了，他就能教我们。"这就是说，谁走在前面，谁就可以当我的老师。茨威格就是这样谦卑地望着一切先行者,更不用说那些比自己年长的作家学者了。谦卑与敬慕使他从年轻时期就产生一种嗜好:搜集作家和艺术家的手稿。当他发现一张贝多芬的草稿时,就像着了魔似的惊呆了,他爱不释手地把这张陈旧手稿当作天书似的整整看了半天,没有一种喜悦与兴奋能超过这种喜悦与兴奋。1910 年的一天,他又一次惊呆了:在他所住的同一幢公寓里,他见到一位教钢琴的老小姐,而这位小姐的已经八十岁的母亲,竟然是歌德保健医生福格尔博士的女儿,并于 1830 年由歌德的儿媳妇当着歌德的面接受洗礼。由于对歌德的衷心崇敬,茨威格见到这位老太太时激动得有点晕眩;世间居然还有一个受到歌德神圣目光注视过的人,居然还有一个被歌德圆圆的黑眼睛悉心爱抚和注视过的人活在这世界上。茨威格惊奇地久久地望着这位老太太,他虽然没有像这位老太太被歌德的目光爱抚过,但他被歌德的作品照射过和培育过,他从内心深处感激歌德,知道对杰出人物的爱慕与尊敬,乃是一个人的优秀人格的表现。而那种企图通过贬低和践踏前辈作家而拔高自己的人,其人格一定是卑劣的。

茨威格名满天下之后,他对先行者的仰慕并没有被自己的名声所冲淡。他始终用最虔诚、最纯真、最热情的笔调描写着他所见过的诗人与学者,从哈尔维伦、罗曼·罗兰、克里尔到罗丹与弗洛伊德。他把最美好的语言献给这些精神价值创造者,用最炽热的感情再现他们的优秀品格和卓越精神。当他被罗丹邀请到工作室观赏雕塑创作的时候,罗丹由于精神过于集中,在创作完成之后竟忘了他的存在。茨威格,这位年轻的客人是罗丹亲自带进创作室的,可是在聚精会神工作之后,他竟然想不起来:这个年轻的陌生人是谁?等到想起来之后,他才向茨威格表示歉意。如果是一个虚荣心很重的人,如果是一个对艺术大师缺少真诚的敬意的人,茨威格此时该会多么不愉快。可是,茨威格恰恰相反,他从罗丹的遗忘中看到大师成功的秘密就在于能够全神贯注地工作,并由此产生更高的敬意。他感激地握住罗丹的手,甚至想俯下身子去亲吻这双手。每次想起这个故事,我就要说:罗丹的雕塑是美的,而站在雕塑前因仰慕而发呆的茨威格的谦卑,也是美的。两者都像明丽的金盏花,都像科罗拉多高原上的蓝宝石。

每次读罗曼·罗兰所写的《托尔斯泰传》和茨威格所写的《罗曼·罗兰传》,我都激动得几乎要叫喊起来。除了兴奋,我还感慨,作家抒写作家,投下这么高的敬意与真情,这正是品格。在中国,我只看到学人所作的作家传,很少看到作家为其他作家立传。为什么同时代的作家不能互相献予茨威格的爱呢?是缺少时间,还是缺少茨威格那种婴儿般的单纯呢?

  我知道我的心魂是脆弱的,需要人类伟大灵魂的援助。今天我重温茨威格和其他天才们的名字与故事,只是希望他们继续援助我,不管明天的时间隧道中横亘着多少莽原荒丘,有他们的名字与故事在,我的人生之旅也许可以超越沉沦。

(选自《槛外评说》)

罗丹的三点启示

当茨威格还年轻的时候,他赢得了一个机会见到罗丹。那时他正在法国诗人维尔哈伦家做客,诗人听到他热烈地赞颂罗丹后就说:"你那么喜欢罗丹,就应该和他亲自认识认识。我明天就要到罗丹的创作室去。如果你觉得方便,我带你一起去。"

"问我是不是觉得方便?我高兴得简直不能入睡。"经过一夜的兴奋难眠,茨威格终于见到罗丹。年轻人在自己崇拜的艺术大师面前"嘴笨得说不出话来"。"我没有对他说一句恭维的话,我站在各种雕塑之间,就像他的一座雕塑一样。"但罗丹喜欢这位年轻诗人真诚的窘态,请他一起用餐,让他观看自己的创作,于是,茨威格获得了一种对他整个一生具有决定意义的教益。这种教益包括三项最重要的内容。

第一点教益:伟大的人物总是心肠最好的。

第二点教益:伟大的人物在自己的生活中,几乎都是最最朴实的。

第三点教益:伟大的艺术家总是拥有一种"创作诀窍",这就是创作时全神贯注,不仅思想高度集中,而且要集中全身精力,以致把自己置之度外,把周围的整个世界忘却。

这三点教益,一直伴随着茨威格后来的人生,并使他也成为本世纪最卓越的作家之一。一个伟大的人物,一个伟大的作家和艺术家是一定要具备最好的心肠的。他一定对世界对人类充满着温情和爱意,他对人间的苦难一定怀抱着大悲悯和大关怀。对于其他卓越人物和同行,他一定不会嫉妒与排斥,对于地位比他低微的人,包括才能不及他的人,他一定不会看轻。罗丹正是具有这种心肠,因此他的每一座雕塑都像一束暖人心窝、治人创伤的光芒,能够穿透到观赏者心灵的最深处。罗丹又是最朴实的,茨威格发现,这位享誉世界的伟人,饭食非常简单,就像一家中等水平农民的伙食:一块厚厚实实的肉,几颗橄榄,一道水果,还有本地产的原汁葡萄酒。内心世界极其丰富的人,自然无须外在的排场。而使茨威格毕生难忘的是罗丹进入创作状态之后。那是一个了不起的伟大时刻。那是全副身心的投入。他全神贯注埋头于自己的创作,完全沉浸在一种陶醉的情思中,"即使是雷鸣,也不会把他惊醒"。

在陶醉中他忘记艺术之外的一切,最后也忘记他自己请来的客人。茨威格描写道:"他在这段精神非常集中的时间内把我全然忘却。他不知道,有一个年轻人激动地站在他的身后,像他的雕塑一样一动不动,呼吸短促,而这个年轻人是他自己带进创作室的。"

茨威格所感受到的这三点教益,乃是罗丹无言的伟大的启示,我知道这对于一个思想者和写作者是何等重要。为了避免忘却,我特记录于此。

(选自《读海文存》)

新哥伦布的使命

——爱默生礼赞

因为语言阻隔,在美国多年,结交的美国朋友不多,但觉得已故的美国朋友不少,都是一些诗人与作家,从少年时代结识的惠特曼、马克·吐温一直到中年时代结识的爱默生与梭罗。也许是山川土地神秘的感应,到美国后,这些名字变得格外亲切,如同老师与兄弟的名字。我不愿意打听他们的墓地在哪里,因为他们本身就是分布在我周围的山脉,无论是思想,还是形体,都和我靠得很近,几乎就是邻居。故国的友人以为我在落基山下,一定会沉闷,其实不然,这些卓越的灵魂一直在参与我的生活。

有几位美国作家,在我心目中,近乎圣人。他们所展示的不是几篇文章或几本书的才华,而是全部文字所构成的精神整体。我对他们的思想几乎全盘接受,不加批判。一旦想到批判,就会削弱我应当吸收的美感与美德。让别人去批判好了,我的时间有限,被抛入另一片土地之后,不能指望这里的政府能够给我伸出手臂,也别想到任何一个华裔组织中去取暖。能在精神上支撑我的只有真知灼见的已故思想者。他们的灵魂就是我的肩膀。

"英雄排座次"是善于复制与抄袭的文学史作者的事。"爱默生在美国排行第几?"这是他们的问题,不是我的问题。爱默生在我的心目中是伟大的,如同质朴的宇宙。这位只写散文的天才说:宇宙的存在只是为了满足人类灵魂爱美的愿望。又说:美确实是为了智者的理解与研究而存在。爱默生对于我,不仅是一种美的存在,而且也是早已等待着我去理解和拥抱的存在。宇宙是无可争议的浩瀚美与明净美。爱默生也是明净的。他的每一句话都有益于我开掘生命与开掘灵魂。简而言之,在落基山下,有爱默生的书在,就多了一盏灯火照明我的思想,至于灯光的亮度问题,那是别人的事。对于我,这盏明灯已够亮的了。

不管走到哪里,即使走到最繁华的纽约,我都会想起爱默生的一句话:"世界是微不足道的,人是一切。"爱默生不是看不起世界,而是说,这莽莽苍苍的物质世界虽庞大，但非根本，唯有人才是根本。世界是人造出来的，它是人脑和人手的派生物。当今世界各国都在追逐现代化，然而，高楼大厦并不等于现代化。如果现代化在缔造充塞大地的高楼之外，只造就一代又一代充塞着邪恶的人群，这种现代化的意义在哪里呢？爱默生的眼睛从未被墙壁所遮蔽。任何金碧辉煌的大建筑都无法阻挡他把诗一样的眼光投向历史的本体。人是心灵、精神和欲望，是看不见的城市，爱默生的眼睛寻找的是不被欲望压垮的人，是看不见的城市中未被权势烧成废墟的生命。爱默生是新哥伦布、新发现者。新哥伦布的使命与老哥伦布的使命不同之处在于：老哥伦布寻找的是新大陆、新土地；新哥伦布则是要去发现那些保持优秀人性的人，未被机器和商品所征服的人，在物质的诱惑中依然拥有美德、拥有灵魂活力与人格尊严的人。

对爱默生的衷心敬意，在我刚刚踏上美国海岸时就开始了。那时，我陷入失去故乡的彷徨之中，每天都被乡愁所折磨。没有人能救援我，幸而还有书本。想到书本，就想到芝加哥大学东亚系图书馆。那两年，幸而在图书馆中发现了故乡。方块字，象形文字，母亲的语言，印刷着司马迁、曹雪芹、梁启超、聂绀弩名字的书，都是故乡。像奇迹似的，我在书架上还发现了一本于1988年由湖南文艺出版社出版的爱默生散文中译本，这是佟孝功、宋静存译的《美的透视》。如饥似渴，我就站在书架边上阅读。读下去，读下去，突然，爱默生有一句话像一道阳光照射得我浑身震动，这就是他的关于故乡的定义：

  哪里有知识，哪里有美德，哪里有美好的事物，哪里就是他的家。

这是爱默生在怀念梭罗的散文中说的。这一定义从根本上拯救了我，不错，哪里有美德，哪里有美好的事物，哪里就是故乡。故乡不应当到"世界"中去寻找，不应当到地图上去寻找，应当到"人"中去寻找。故乡就在人身上。母亲、父亲、外婆、兄弟、姐妹都是人，如今，那些如同母亲、兄弟给予你温暖与光明的人，那些具有美德的人都是你的故乡。人是一切，人当然也是故乡，有血有肉有情有义的故乡。

爱默生关于家乡的定义很少人注意到，但对我却产生决定性的影响。在这个定义之下，他还说：

  一个人如果不算作一个单位，不被人当作一个特征，没有产生每一个天生应该结出的特殊的果实,而是被人大体上、成千论万地以我们所属的党派、地区来看待,以地理的区分来判断我们的意见,把我们称为北方的或南方的,难道这不是天下最大的耻辱?

用地域、国界、党派、肤色等来规定一个人的本质是爱默生无法容忍的。大自由人的心灵没有任何栅栏,包括没有南方与北方、东方与西方、天上与地下的栅栏,也没有任何世俗的障碍,包括语障、理念障、种族障、身份障等等。中国古代就讲"四海之内皆兄弟",这正是一个扫除一切栅栏与障碍的信念。

有人批评爱默生是个人主义的鼓吹者。我不愿意和这些批评者论争,只想说,爱默生确实是充分个人化的作家。然而,他的个人导向不仅是健康的,而且会把你导向最明净的地方。近六十岁,我对理论仍然没有失去兴趣,然而,我已经不能容忍那些把我导向"羊群"、"牛群"的各种漂亮理论,我知道人间的一切专制制度都是建立在这种剥夺个人权利的羊群理论之上。在爱默生的思想里,谈"一切人"不如谈"一个人",只有一个人单独面对历史、面对现实的时候,这个人才是真实的。如果把个人只看作"群众的一员",群体的一个分子,那么,人就被误导了。他误解了自己,他几乎丢失了能引导他重新获得生命权利的亮光,人变得无足轻重了。在排除个人生命尊严的人间价值体系眼中,"历史上的人们、当今世界上的人们都是虫子,是鱼卵,并且被称为'群众'与'羊群'"。爱默生对一部分人类处于牲畜似的命运充满悲悯。他所说的教育人的事业,就是要让人们摆脱羊群一员的命运,重新点燃"灵魂的活力"。"世界唯一有价值的东西,便是有活力的灵魂",这句话一直是我的座右铭。

书本如果不能激发灵魂的活力,这书本宁可没有。使用得当,书籍是最好的东西,如果使用不当则贻害无穷。怎么叫使用得当呢?一切书籍所要实现的唯一目标是什么?无非是给人以鼓舞。我宁愿从未看过一本书,也不愿意受它的影响而有所偏见,完全脱离自己的轨道,从而成为一颗卫星,而不是一个宇宙。书本并不一定具备灵魂,知识也是如此。知识可能丰富生命自然,也可能扼杀生命自然与瓦解灵魂,所以爱默生认为对于读书人来说,最重要的是要成为一个有思想的人。他看不起藏书狂,教导青年不要迷信只会藏书、读书而没有思想的人,也不要盲目崇拜写书与出书的人。他提醒在图书馆里因崇拜而沉醉在西塞马、洛克、培根的青年朋友说：别忘了你们所拜倒的思想家们著书时也不过是你们这样的年龄。

过去我一听到"思想"，就想到头脑，以为思想是头脑的产物。爱默生却提示说，思想着的人，并非只靠头脑生活，他们还靠心灵，靠生命整体。思想着的人是活生生的人，"个性比智力更重要"，思想不仅是一种机能，而且是生命本身与生活本身。人不仅要坚强地思想，而且要坚强地生活。思想着的人仅仅靠呼吸书本中的空气是不够的，还要呼吸生活中的空气与大自然的空气，甚至大宇宙中的空气。每次重温爱默生的这些话，我就增加了对书本二氧化碳的警惕，离那些苍白无望的教条就更远。

爱默生对历史、哲学、社会、文学都深有研究，是一个博览群书与博览人间万象及大自然万象的人，但是他不迷信从知识机器中生产出来的毫无生气的物品。用中国的语言来表述，知识者往往徘徊于皇统、道统与学统之间，或崇道统而轻学统，或崇学统而轻道统，而爱默生则看到有一个高于道统也高于学统的东西，这就是形成"有活力的灵魂"的生命脉统。这种脉统可以照亮道统也可以照亮学统。一个沉醉于学统的学人是可敬的，但是，如果他入乎其中而不能超乎其外，即不能用生命血脉去穿透书籍，这种学统也是可疑的。他说：

> 当心灵被劳动与创造所激励时，则无论阅读何种书籍，每一页都会变得熠熠发光，意蕴无穷，每一句话都意义倍增。同时，我们觉得作者的见识有如天地一般宽广无边。

宽广无边的见识来自生命语境，而不仅仅是来自历史语境。许多学人只知有历史语境不知有生命语境，因此，他们的书总是在重复历史、注疏历史，很难帮助我们从历史的眼光中跳出来思索生命的意义和书籍的意义。学人常常自恋于自己的学术，作家常常自恋于自己的作品，从而自陷于学统与道统之中而不能自创出一个属于自己的传统。

灵魂的活泼是重要的，灵魂的健康也是重要的。爱默生在推动个体生命勇敢创造的同时，总是谴责着自私，谴责着利己主义和不诚实。种种灵魂的病态，诸如唯我独尊、热衷阴谋、投机取巧、钻营私利、敢于讲大话讲假话的人，都是爱默生厌恶的。走出羊群可别走入兽群，不当书呆子，可也别当痞子。爱默生喜欢卡莱尔，说这位思想家朋友"敬爱惠灵顿，敬重他决心永不说任何一句谎话"。爱默生是美国诚实传统最有力的护卫者。他知道灵魂的一切病症都是从不诚实开始的。美国人真是幸运,从他们的土地上诞生的作家品格如此高尚。

爱默生,我礼赞你。在我的心灵地图上,你就是美国,你就是蜿蜒起伏的落基山。

2000年3月
于美国科罗拉多

凤凰树下 随笔集
Delonix regia

不朽的楷模与挚友

  这几天,我心内简直是欣喜若狂。大陆的年轻友人王强给我寄来了《蒙田随笔全集》,以前就读过《蒙田随笔》,可这一回是全集上、中、下三卷。朋友还寄来了几部我读过和在北京珍藏过的散文中译本:英国乔治·吉辛的《四季随笔》、美国爱默生的《美的透视》、苏联的普里什文的《大自然的日历》和康·帕乌斯托夫斯基的《面向秋野》等。收到这些久违的、用母亲语言转述的人间珍品,真有说不出的喜悦。两三个白天与夜晚,我像蜘蛛龟缩在小床角上,一页一页地阅读,让书中柔和的波光涓涓汩汩地流进心里。人类散文的伟大代表永远是我的楷模与挚友,我从情感深处热爱他们,并通过他们,具体地感到语言文字的甜蜜和诗化智慧的甜蜜。

  这些死了的挚友给我的慰藉、启迪与力量是许多活着的友人难以企及的。他们对于我,只有"情",即只有付出;而没有"欲",即不求我回报什么。他们笔下的春树与秋野,森林与天穹,永恒的仁慈与美德,不朽的身体与灵魂的芬芳,结晶着文明创造精华的诗语与悟语,任我品赏,任我索取。常听说人死了只有沉默,可我却听到这些死了的天才无尽的歌哭、倾诉和他们发出的天地间最柔美的声音。这些声音一行一行在提示我做人的尊严和提示我的眼睛要坚定地注视着前方那些最美丽的目标。在暗夜中独思独行的时候,有这些声音伴随着,我就不会感到孤独。我常感到揪心的孤独,但又不承认绝对的孤独,原因就是有这些死了的卓越的挚友与楷模在。乔治·吉辛告诉我:"学习的热情是永远不会过时的。前驱们的事例——在人们心中燃起了神圣的火焰,那是永远扑灭不了的。"真的,只要我拥有阅读的热情,就拥有伟大的朋友和不灭的光焰,就拥有藐视一切黑暗的根据。

  我和蒙田、乔治·吉辛、普里什文等先驱与挚友已经分别多年了。当1994年年底我的北京寓所被劫的时候,我格外想念留在房中书架上这些大自然与人类美德的伟大歌者。我害怕没有心肝的生物会撕碎他们的安宁和弄脏他们的婴儿般的单纯的情思。此刻我的手又握着先驱与挚友的书卷。

可以放心了。没有什么力量可以摧毁这些终极的永恒的精神存在。它既没有时间的边界也没有空间的边界,跨洋过海来到我的身边依然是布满生命的气息。我深深地吸了吸这些气息。除了大自然的气息之外,我还需要书卷的气息。无论是莎士比亚、歌德的气息,还是蒙田、普里什文的气息,都能唤起我的遥远的青春的活力。这几天,我感觉到,我生命中一股曾经沉睡过的活力已经被这群不朽的楷模与挚友所唤醒,在灯火下,我握着书本的手战栗着,思想驰骋于高远的天空,生命的活水再一次像春潮汹涌。在驰骋与汹涌中,我听到他们伟大的祝福。

(选自《读海文存》)

没有酸气的萨依德

读完艾德华·萨依德（Edward W. Said）的《知识分子论》（单德兴的中译本，收入王德威主编的《麦田人文》丛书），禁不住感佩兴叹：这位出身于巴勒斯坦、深造于美国、在哥伦比亚大学任教三十五年的教授，真不愧是卓然独立的大知识分子，而且一点知识分子的酸气冷气也没有。

他明明有深厚的专业知识：哈佛大学博士；在哥大讲授英美文学和比较文学；精通音乐；1987年就以《东方主义》一书蜚声学界，并成为举世瞩目的后殖民主义、后现代主义的理论先锋，但他却不端起教授架子，更不刻意卖弄教授语言。他著述不辍，但从不在自己的著述中自恋自美、自欢自叹或以著述傲视人间。

他不像一些酸溜溜的知识分子，念念不忘自己是个专家和名家，生怕自己的衣衫会沾上一点政治和社会尘土，活像一枚酸果。与此相反，他总是挺身而出，热烈地拥抱社会，直言不讳地宣告自己关怀世间苦难。为了实现这种关怀，他宁可当个专业的"圈外人"、"业余人"。"完全专业化会使知识分子变得温驯"，"陷入专业化就是怠惰，到头来照别人的吩咐行事"，他这样告诫别人与告诫自己。具有丰厚专业知识的人又不被自己的专业所困，他便成为人生整体更为丰厚、博大的知识分子。

几乎所有的思想者都会给"知识分子"下定义。因为"定义"繁多，急性的福柯（M. Foucault）干脆说他"从来没有遇到过任何知识分子"。但萨依德却没有半点轻浮，他不仅把知识分子刻画为流亡者、边缘人、业余者，而且下了一个斩钉截铁的定义：知识分子就是"对权势说真话的人"。即在各种压力中寻求独立并对权势提出质疑和批判的人。而批判必须把自己设想成为提升生命、在本质上反对一切形式的暴政、宰割和虐待。萨依德本身就是一个对多重权势说真话即展开批判的人，至少他展开了两重批判：第一重批判是对西方"帝国主义话语霸权"的批判，第二重批判是对本土（阿拉伯）军事独裁政权的批判;因此,他的书既受到西方学界的批评,又被阿拉法特禁止进入巴勒斯坦。他正是属于势利人所嘲讽的"两边不讨好"。他介入、参与故土的民族独立运动,但不是民族主义者。他认为,知识分子的重大责任恰恰在于"把特定的种族或国家所蒙受的磨难赋予更伟大的人类范畴"。

萨依德生活在各种矛盾与张力之中,但他通过双重批判实现了对矛盾的协调与超越。

如果要对萨依德提出更高的要求,那么,我觉得,萨依德的不足是缺少第三种批判,即自我批判。知识分子如果不是保持自我质疑和自我批判,就很难保证自己对时代的质疑是充分清醒的。关于缺少自我反省和批判这一弱点,最近一期《今天》杂志张宁、张伦在访问黎巴嫩作家埃里亚斯·古力时已经道破。古力说得好,始终保持自我反省、自我怀疑的态度是知识分子的一种自我立场,这是件最难的事。一个真正的知识分子不应当把自己看得太重要,而应时时从零开始。我并非要求萨依德成为完人、圣人,只是说,知识分子如果拥有第三重批判,那么,他的第一、第二重批判一定会更加坚实、更加理性。而且,在批判他人时才不会形成自我的话语霸权。

(原载《明报月刊》1998年4月)

两个给我力量的名字

到海外之后,有两个诗人的名字,常常给我力量,或者说,有两个诗人的名字,总是在帮助我解脱。一个是歌德,一个是陶渊明。人们通常认为前者是积极的,后者是消极的。但对于我,他们两位的名字都很积极,都很精彩,都成了我灵魂的一部分。

歌德通过他的浮士德告诉我们:人生是一个和魔鬼较量的战场,唯有坚忍不拔的前行者能够获救。浮士德最后超越了世间的苦痛,正是仰仗于他自己不断努力、不断前奔的精神。他死时拥着他升入苍穹的天使唱出他的精神主题:

　　唯有不断的努力者,我们可以解脱之。

歌德通过他的伟大诗篇,安慰了所有勤劳的灵魂,并告诉人们:唯有永恒的努力可以使人生赢得自由。每次想到歌德,我就有力量,就想做事。十多年前,文学研究所的年青朋友靳大成与陈燕谷在《刘再复现象批判》中把我比作不知停顿的浮士德,一直使我难忘。

与浮士德的永不满足的精神相比,陶渊明好像已经满足于心远地偏的小天地之中,其实不然,他也有追求。他追寻的是蕴藏于日常生活中的永恒之美。如果说歌德给人以伟大美(壮美)的启迪,那么,陶渊明则给人以平凡美(优美)的启迪。陶渊明寻求人生解脱的方式,是一种东方式的最简单的办法,这就是在最平淡的生活中保持自己的理想、情操和心灵的平静与乐趣。歌德认定人只有不断进取才不会被魔鬼所俘虏,而陶渊明则认为只有守住心灵的自由与宁静,放弃外在价值的向往,才不会被魔鬼所征服。歌德与陶渊明的区别,乃是英雄式的人生与常人式的人生的区别。前者可以作为史诗时代的符号,后者可以作为散文时代的符号。现代社会乃是没有英雄没有伟人没有轰动效应的散文时代,它似乎更需要陶渊明那种善于在平淡无奇的生活中保持高尚审美情趣的心灵。我愿意把陶渊明视为另一意义的英雄。

　　歌德的浮士德精神与陶渊明的桃花源精神，是人生方式的一对悖论，两者均有充分理由。无论是选择哪一种，只要觉得自己的选择乃是真实的生命存在就好。歌德的自强不息是真实的，陶渊明的自乐无求也是真实的。他们都把人生放置在很美的境界中。

　　以往我只觉得当浮士德难，现在觉得当陶渊明亦难。在海外八年，我常读陶渊明的诗，并和他一样过着最简单的生活，这才发觉，简单的生活并不简单。要在简单的生活中保持高尚的理想、情操，要在平淡的生活中保持心灵的平静、安详和自由，是需要力量的。需要抗拒外界压力和诱惑的力量。魔鬼并不仅仅与浮士德似的人物打赌，他同样也不放过在田园里从事耕作的人们。它先是让这些人陷入极端的孤寂之中，然后调动人间各类势利的眼光来照射他们和嘲弄他们，最后又用名声、地位和各种世俗的荣耀来煽动他们的欲望，要抵御这一切，并不容易。它除了需要知识力量、意志力量之外，更需要人格力量。因此，陶渊明的平凡平淡，似乎简单，其实并不简单。

（选自《读海文存》）

命运之赐

在蕴满偶然的生涯中，我多次感到命运的赐予。命运毕竟神秘，所赠所赐也非一般。

读高中的时候，命运赐给我一万册书。这是陈嘉庚先生的女婿李光前先生创办的国光中学图书馆，整整一座楼，由我选读。在记性最好的年岁，我沉湎在那里。那里是一个比现实世界远为美丽、远为广阔的原野。在这片土地上我第一次遇到历史上最卓越的灵魂，从荷马、但丁到莎士比亚、托尔斯泰，连康德也站在书架上，可惜我只能远远地望着他。四十年来，我的心魂从来没有离开过这个图书馆——养育我自由个性的第一个精神家园。1994年夏天我到新加坡时，特地到新加坡大学寻找李光前纪念室。可惜正碰上星期天，没有开馆。我只能在馆前照一张相，默默地向这位带给故乡孩子以精神泉流的有识之士致意。

到了北京之后，命运赠予我的世俗的一切都早已忘却，但有一样东西，却整个地改变了我的思想，这件东西是一份死亡的名单。正像史蒂文·斯皮尔伯格(Stephen Spilberg)导演《辛德勒的名单》(Schindler's List)一样，我在"文化大革命"中，命运把一份死亡的名单镌刻在我的心壁上。这些死亡的名字包括：乒乓球世界冠军容国团；掏大粪工人时传祥；大元帅彭德怀、贺龙、陈毅；正直的学者、作家老舍、傅雷、邓拓、吴晗、赵树理、李达、梁思成、翦伯赞、陈翔鹤；国家主席刘少奇；杰出的艺术家严凤英、盖叫天、郑君里、孙维世；共产主义革命家张闻天、李立三、王稼祥、陶铸；将军陶勇、张学思；热血青年遇罗克、张志新；有心灵的当权派周小舟、田家英等。这份名单，对于中国是劫难的象征，而对于我，则是苦难的记忆和刻骨铭心的经典教科书。每次想到这份名单，我便升起负疚感：他们死了，我还活着；他们有的比我杰出，有的比我勇敢，有的比我单纯，然而，他们消失了，而我还存在着。我不讴歌苦难，但我感谢遇难者从生命深层上把我唤醒：从此之后，再也不敢追随高调、卖弄知识,世间一切名声和地位,都在这份名单之前显得很轻很轻。

有了这份名单,还有说谎的勇气吗?有了这份名单,还有计较个人荣辱的兴致吗?命运赐予我这份名单,给了我良知最坚固的防线。然而,如果真有机会再生再世,但愿命运不要给我这种折磨性的赐予。

1989年一个突发的事件把我抛到海外。此时被抛却者都在感慨"赢得了天空,失去了大地",而我却感到命运的第三次赐予。因为我感到自己既得到了天空:自由时间与自由表达的权利;又得到大地:一张平静的书桌。有了平静的书桌,就有任我驰骋的精神大地。近日阿城到我寄寓的科罗拉多大学演讲时说:"美国对于其他人来说,可能是发财之所、发迹之地,但对我来说,美国就是一张平静的书桌。"阿城所言完全与我心灵相通,真的,对于一个思想者,没有比一张平静的书桌更为要紧的了。一百多年来,中国知识分子所梦所争所求,不就是一张平静的书桌吗?此刻,我的思绪就像江河在书桌上涌流,没有什么力量能阻止它的滔滔之旅。阴影在远方,阳光在窗前,自由在笔下,这不正是思想者的极乐园吗?

一座拥有万卷书的图书馆;一份折磨我又启示我的死亡名单;一张平静的书桌;这就是我的命运。

(选自《读海文存》)

生命的继续

今年3月初的一个下午,我正陶醉于科罗拉多高原初春的阳光中,忽然电话铃响。是大女儿剑梅的声音。她告诉我,她已经得到马里兰大学(Maryland University)"助理教授"的工作了,这个大学在华盛顿附近,离海也近。

刘再复教授2013年任教于香港科技大学高等研究院

剑梅很幸运,道路很顺。北京大学中文系毕业后就到美国读书。在科罗拉多大学读完硕士学位后便到纽约哥伦比亚大学读博士学位,当了王德威教授的弟子。德威兄品学兼优,学问好,人好,对学生又很关怀,因此剑梅更是一帆风顺;1995年通过博士资格考试;1997年夏天到旧金山州立大学任教;同年12月获得文学博士学位;1998年又获新的职位。在美国获得文学博士已不容易,获得学位后要在东亚系或比较文学系找个教职更难。因

此,一旦找到,就格外喜悦。我在话筒里听到女儿报喜的声音是兴奋的,没有平时的安静。我被她的兴奋所感染,也跟着兴奋起来。女儿的喜悦是纯粹的,而我的喜悦却不太纯粹,它夹杂着悲悯:读书读到整整三十岁。而且这样辛苦这样紧张这样累,眼睛近视了,青春衰减了,学问固然能充实了人的生命,但也能剥夺了人的生命。

可我真的是喜悦。这喜悦不在于女儿有了教职之后,我和妻子的晚年更不愁没饭吃,也不在于她为我争了一口气:八九年前,政治权势者想把我一口吃掉,八九年后我不仅带着自由的足音活着,而且又生长出另一文学生命。政治权力没有打败我,这是事实,但我的高兴不在于世俗意义上的"胜利"。时至今日,我已不在乎成功与失败,何况我偏执的天性乃是喜欢站在失败者一边。我常想着茨威格在描述罗曼·罗兰时说的一句话:他不是争取成功,而是争取信念。我的所作所为,其实也是在争取信念。从女儿身上得到的喜悦,首先也是"权力无法征服生命"这一信念得到证实的喜悦。到了海外,我什么都放下了,唯有两样东西放不下:笔和信念。

我把这些想法告诉剑梅,没想到她却说:"你的信念是对的,但似乎有点儒家的'望后'心理。其实,没有我,也可以证明权力无法征服生命的真理。你自己的经历就可证明。"她还说:"你的作品就是你生命的继续和伸延,就是你难以征服的证明。期待后人,反而说明你身上还留着过去的阴影。"听到女儿这席话,有点愕然,过后想想,也觉得有道理。不错,最要紧的还是自身的健康和强大,生命的继续也在于自身。人性最根本的弱点大约是恐惧,生怕自己被吃掉,指望有后人来接班,其实,这种指望本身就包含着失败,至少是怯懦。笔,还是靠自己来紧握;未来,还是靠自己来把握。这也许正是各种信念首先应当确认的信念。

(原载《明报月刊》1998年6月号)

蒙田：美德的韧性

近日接到王强从大陆寄来的译林出版社的《蒙田随笔全集》上、中、下三大卷，真是喜出望外。关起门来，一口气读完，还是爱不释手。

我很早就知道蒙田这位16世纪法国大散文家的名字，也知道他的小品文早在20年代就对中国现代文坛产生影响，可惜只读到他的零星选本和文字片段，直到今天，才读到他的全译本，观赏到完整的蒙田，这真是今年的幸事，应当感谢潘丽珍、王论跃、丁步洲等六位译者。

我读了全集后曾推荐给小女儿读，但她觉得冗长、沉闷、太多说教，读了两三篇就放下了。女儿不喜欢，我并不感到奇怪。蒙田的随笔，毕竟是四百年前的文章，与现代人特别是现代青少年的文化要求与心理节奏自然会有很大的差距，加上他的散文乃是学者型的散文，旁征博引，说理不断，更不容易被急性子的年轻读者所接受。而我是一个喜欢鉴赏精彩思想和美丽人生的人，读着蒙田的文字，随时都在产生共鸣。我一面惊叹他的广见博识，尤其惊叹他对古希腊罗马的历史、文化如此驾轻就熟，如数家珍，一面又喜欢他所提示的种种做人的道理如此真切，无可辩驳。这些道理现在正在被遗忘、被嘲弄，但是蒙田却坚定不移地提示人类，做人的基本道理是不可抛弃的，那些维系社会的基本道理一旦丧失，社会就会断裂、变质、最后不可救药。蒙田散文的力度，正是一种毫不妥协地捍卫美丽人格的力度。他的散文既是他个人的全人格的象征，又是他对人类美德诚恳的期待。

在这篇被专栏所限制的短文中，我不可能详细地介绍蒙田关于具体人格的精彩议论，只能告诉读者，如果你读完这三卷随笔，你将会对美德获得一种坚贞的、不为任何诡辩所动摇的信念。在中卷第三章"塞亚岛的风俗"中，蒙田动人地论述美德的韧性和绝对性，他说：

我们身上的锁链，磨断要比挣断更需要韧性……遇到任何变故也不能背离生活的美德。

为了避开命运的鞭挞,找一个洞穴和一块墓碑躲起来,这不是美德的行为,而是怯懦的行为。不论风暴如何强烈,美德决不半途而废,会继续走自己的道路。

蒙田在写了这段话之后,引用了大诗人贺拉斯一句撼人心魄的诗:

任凭天崩地裂,美德岿然不动。

蒙田还告诉我们,在平稳的日子里,美德比较容易维持,但在不幸与苦难中,特别是在暴力与诱惑面前,美德要经受住考验就不容易了。然而,美德恰恰必须挺立在大苦大难之前决不转身。而且暴君的威胁、苦刑和屠刀将使美德变得更有光彩。

今天,重温蒙田四百年前所说的这些话,心情实在难以平静。我经历过一些人生的风暴,知道美德要在风暴面前和诱惑面前"决不转身"的艰难。我还看到,尚未天崩地裂,美德已纷纷瓦解。当我看到大陆市场经济兴起之后人们不择手段地巧取豪夺、贪污舞弊成了风气;当我看到台湾民主政治展开之后人们提高嗓门地进行人身攻击,甚至动手动脚;当我看到谎言笼罩中国,金钱摆布一切,肮脏的谋略、策略、交易、灵魂拍卖在黑暗中进行,我便感到美德其实很脆弱,蒙田所期待美德的韧性并不容易。不过,我也看到,那些在权力竞争与金钱风暴中让自己的美德岿然不动的人,显得更美。

(选自《人性诸相》)

萨特：人格的幸福

近日读《存在与虚无》，又想起萨特的人格故事。1964年他作为法国的一位具有卓越思想的文学家与哲学家赢得了诺贝尔奖。瑞典文学院说明给奖的理由是：萨特的作品富于想象力，字里行间充满了追求自由与真理的精神，对我们这个时代已产生一种深远的影响。没想到萨特竟然拒绝接受这笔数额五万三千美元的奖金。这件事使人们感到愕然，但萨特自己则觉得很自然，他说："我所以拒绝接受这项奖金，乃是为了维持自由和不至于陷于东西的文化冲突之中。"他还申诉另一个理由是他"一向拒绝来自官方的荣誉"。他认为一个作家选择了他的政治、社会或文学的立场后，只应就其所写出来的话而行动，而他如果接受任何官方荣誉都会使读者感到压力。

我们先不争论诺贝尔奖是否属于来自官方的荣誉（这一点萨特的判断可能不对），但他为了维持个人自由而拒绝奖金的行为却是一种很强大的人格力量。萨特在他草创的存在主义哲学中一再说明：人永远在选择，永远在向好里选择。人永远在创造，创造自己的价值。生命的意义是由自己选择而来的，是自己赋予的。他拒绝接受奖金这一选择，确实创造了一种生命的意义：生命不是他人决定或他人肯定的存在，而是自己决定的存在。生命的夺目光彩是自己创造的，不是他人赋予的。我从萨特的行为中感受到萨特是一个真正幸福的人。他拥有真正的自由，他真的从社会的各种压力中也从社会各种诱惑中解脱出来，任何人造的金钱、权力、荣誉、名声、地位都不再成为阻碍他前行的高墙，他的人格像太阳滚滚的轮子，碾碎了一切捆绑生命的世俗的锁链。

所以又想起萨特这一故事，乃是我除了看到大陆、香港、台湾的一些知识者正在拍卖人格之外，还看到中国作家的圈内圈外都太重视诺贝尔奖，只看到它是一种荣誉，未看到它是一种枷锁。此外，（这更是让我受不了！）我又看到愈来愈多的作家热衷于在自己的名片上写下一系列的饾饤似的桂冠：省作协副主席、市作协副主席、中国作协副主席、一级作家等等，而且其神情有如郑板桥所说的："乌纱略戴脸就变"。还有许多作家在自我介绍时乐滋滋地开出一系列的饾饤似的小奖，殊不知评奖主体乃是一些文学的昏虫。我觉得这些作家只有小惊喜而没有大幸福：人格自由的大幸福。

说到这里，我又想起歌德。他在中年之后战战兢兢唯恐丢失的就是人格。他的诗句告诉人们：

人类孩儿最高的幸福就是他的人格！

（原载《明报》1997年5月10日）

凤凰树下 随笔集 *Delonix regia*

人生的盛宴

还在北京的时候,我就见到湖南文艺出版社出版的林语堂先生的散文集,书名为"人生的盛宴",我忘了书名是编者加的,还是林语堂先生原有的文章名称或集子名称。而今天缅怀起林语堂先生,倒是觉得林先生的人生真可以称得上"盛宴":哈佛大学文学硕士,莱比锡大学语言学博士,北京大学教授,北京女子师范大学教务长和英文系主任,厦门大学文学院院长,外交部秘书,《人间世》、《论语》、《宇宙风》创办者,新加坡南洋大学校长,香港中文大学研究教授,国际笔会副会长。卓越的散文家,传记作家,小说家,翻译家,学者,双语写作的高手,长达三百多万字的《当代汉英词典》的独立编撰者,中文电子字码机的创作者。1986年,台湾金兰文化出版社出版的《林语堂经典名著》达三十五大卷,而卷外用英文写作的长篇小说,又有八部之多。前几年我在芝加哥大学图书馆一部一部地阅读林语堂先生的著作之后,便惊叹他的著作和人生的丰富,并想到他和胡适一样是个巨大的文化存在,兴师动众对他进行抹杀,完全是徒劳的。

近日我读林语堂先生的杰作《苏东坡传》,更觉得人生的丰富乃是他自觉的追求。他特别钦佩苏东坡,也在于苏东坡的人生极其丰富,人性与天才扩展到极为广阔的领域。在《林语堂自传》里,他这样概述:"苏东坡是个秉性难改的乐天派,是悲天悯人的道德家,是黎民百姓的好朋友,是散文作家,是新派的画家,是伟大的书法家,是酿酒的实验者,是工程师,是假道学的反对派,是瑜伽术的修炼者,是佛教徒,是士大夫,是皇帝的秘书,是饮酒成癖者,是心肠慈悲的法官,是政治上的坚持己见者,是月下的漫步者,是诗人,是生性诙谐爱开玩笑的人。可是这些也许还不足以勾绘出苏东坡的全貌。我若说,一提到苏东坡,在中国总会引起人亲切敬佩的微笑,也许这话最能概括苏东坡的一切了。"苏东坡是个出色的文人,但更为重要的,他是一个非常丰富、非常精彩的人,他告知人们:人性可以丰富到何等程度,人的才华可以展示到何种可能性。

说到这里,我又想起歌德。歌德追求的正是人性的可能,一个人的可能。宗白华先生在《歌德人生之启示》一文中说,歌德对人生的启示有几层意义,几种方面。就人类全体讲,他的人格与生活可谓极尽了人类的可能性。他同时是诗人、科学家、政治家、思想家,他也是近代泛神论信仰的一个伟大的代表。他表现了西方文明自强不息的精神,又同时具有东方乐天知命宁静致远的智慧。他是世界的一扇明窗,我们由他可以窥见了生命永恒幽邃绮丽广大的天空。宗先生的评论完全没有溢美,只要我们进入歌德的世界,就会感到他的无穷深邃,他的一万两千行的长诗《浮士德》就是一部伟大人性的象征与百科全书,我们在惊叹他的文学天才的时候,很难想象,他又是一个人类颚间骨的发现者,杰出的生物学家,更没有想到,他到了八十岁还热烈地爱恋着,对人生依然充满渴望。他每涉及一个领域,就在那个领域放出光辉和留下美丽的故事,他全身心地倾注于人生的各个方面,又在各个方面都证明人性可能达到的深度,从而成为真正的人。1808年,作为皇帝的拿破仑会晤了他,并对他说:"你是一个人。"歌德为此高兴到灵魂深处。因为歌德理解这一评价的意思,许多人都只是人的片段,人的初稿,但他是一个完成的人,一个在人格、生活、作品等方面都赢得辉煌完成的人。

从林语堂想到苏东坡、歌德,由歌德又想到接近一百卷的俄文版《托尔斯泰全集》,想到身兼哲学体系的开创者、科学家、神话诗人、国家设计者、宗教先知的柏拉图和文字比他更为丰富的著作达数百部的亚里士多德等等,想到了这一切,我便再次对人获得信念:人,真了不起,一个杰出的人真可能把自己的本质对象化为大海,对象化为星空,对象化为让后人欣赏不尽的大世界。面对人生的盛宴、人性的可能,我们会觉得自己还只是人的初稿,远未完成,千万不要骄傲。

1997 年 6 月

百年前鲁迅的伟大呼吁

1908年，二十七岁的青年鲁迅就表现出他的思想天才，在《河南》月刊发表了《文化偏至论》。此文传至今天，时间已过一百年。经历了整整一个世纪，历史证明，他在这篇文章中对人类大选择的偏差所作的批评，是多么准确，他在这篇文章中所作的严重警告和伟大呼吁是多么及时，多么重要，以至让我们这些生活在21世纪初期的人，重读之后仍然激动不已，觉得鲁迅的言论，真是击中时代的要害。

所谓"文化偏至"，乃是文化偏差、文化偏颇，也可称作"文化偏执"。鲁迅这里所指的文化，不是小文化，而是大文化，即覆盖全球的大文化倾向、大文明倾向，其中既包括物质性的工艺技术层面，也包括精神性的灵魂、思想心理层面。鲁迅的文章写于20世纪初，他既是对19世纪的总结，又是对20世纪的预言。文章的中心思想是说：当今的世界的大文化倾向出问题了。整个世界是重"物"不重"人"，重"外"不重"内"（心灵），重物质不重精神。也就是说，地球向物质倾斜了，人间恶质化了。鲁迅用极其鲜明的语言说："……十九世纪后叶，而其弊果盖昭，诸凡事物化，无不质化（此处的质是指物质，不是指质量——引者），灵明日以亏蚀，旨趣流于平庸，人惟客观之物质世界是趋，而主观之内面精神，乃舍置不之一省。"鲁迅虽用文言文，但意思极明确，判断极坚定。他认为19世纪的根本弊端在于整个人类"唯物质世界是趋"，而对于"精神"，却舍之不顾。针对这一历史偏颇，他大声呼吁：

诚若为今立计，所当稽求既往，相度方来，掊物质而张灵明，任个人而排众数。人既发扬踔厉矣，则邦国以兴起。

鲁迅作为热诚的爱国者，他甚至为中国想出了出路，这一出路，便是"掊物质而张灵明"，靠"人"而兴邦，欲要"立国"，必先"立人"。而要立人，则要先立"灵明"，即振作精神、重构灵魂。鲁迅所以弃医学文，选择医治国民劣根性为自己的天职，显然与他对整个人类世界的大文化偏差有关。

重读《文化偏至论》，我真读得内心蹦蹦直跳，觉得鲁迅所批评的19世纪弊端在20世纪不仅没有得到克服，而且愈演愈烈，到了21世纪的今天，更是物质主义席卷全球，"旨趣流于平庸"的现象覆盖一切。人类从来也没有这样物质化过，也没有这样庸俗化过。倘若鲁迅还在世，他看到当下世界的"全球化"所派生的物质化与庸俗化，不知会作何感慨。

当然，20世纪与19世纪的"文化偏至"，其内涵还是有所不同。20世纪科学技术高度发展之后，又发生了一些新的大现象，或者说是又发生了一些新的大倾斜。20世纪在地球向物质倾斜的总趋势之下，更具体地表现为向技术倾斜，向机器倾斜，向工具理性倾斜。当下的"人"，更不像"人"，它已不是灵明主体，而是模式化客体，即机器的奴隶，电脑的附件，广告的材料，金钱的人质，市场的砝码，权力的附庸等。除此之外，20世纪的工具理性充分发展，确有成就，但是工具理性却排斥压倒了价值理性，技术的高、精、尖，吞食了心灵的真、善、美。现在人类的童年已经缩短，孩子们面对的是严酷的竞争和技术的压力。从上个世纪到这个世纪，人类儿童赢得了机器，却丢了星辰、月亮、山脉、江河以至整个大自然。孩子们和机器的关系已大于和自然的关系也大于和社会的关系。马克思关于人的定义（"人是社会关系的总和"）正在受到空前的挑战。

孩子是整个人类状况的信息。如果鲁迅在世，他也许又要呐喊一声"救救孩子"，而我们最好是重温一下鲁迅《文化偏至论》中关于重"明灵"的伟大呼吁，在物质的大斜坡上救救自己。

（选自《教育论语》）

第八辑 世界游思

凤凰树下随笔集

德国阅读

这是第二次到德国,第一次是1992年应著名汉学家马汉茂教授(已故)的邀请到鲁尔大学作学术演讲。因时间太短仅到大学所在城市科隆游览了两天。那一次最让我高兴的是见到从未相逢的莱茵河和大诗人海涅的故居,还有建设了好多世纪才完成的雄伟的科隆大教堂。此次到德国,则是受纽伦堡爱尔兰根国际人文中心主任朗宓榭教授的邀请,前去参加高行健国际学术讨论会。与会者有来自亚洲、澳洲、美洲等处的三十多位学者,加上欧洲和德国本地的学者,会场上的"人气"很旺。这年秋天,欧洲的秋色仍然十分迷人,只可惜经济危机的阴影覆盖着欧洲大陆,让人感到时代的萧索。在这种情境下,德国的教育部还能资助召开这么一个大型的作家研讨会,实在不简单。在欧盟的十几个成员国中,德国几乎可谓"一枝独秀",强过英国、意大利、西班牙等自不必说,它甚至也强于法国。我多次到法国,觉得那里的工人阶级仿佛已经消失,社会上只有旅游业、服务业、高科技等部门,所有的日常用品几乎都是"中国制造"或其他第三世界的国家所制造。连电灯泡也是中国制造。我和法国朋友开玩笑,"你们的光明来自东方"。其实,意大利、英国也是如此。据说英国的军装有一部分也是出自中国工人阶级之手。与欧盟诸国相比,德国倒是保留了许多传统的工厂和制造业,工人阶级尚未消失。

爱尔兰根大学的所在地是举世闻名的纽伦堡。这个城市既是纳粹的摇篮,又是纳粹的坟墓。纳粹从这里兴起,又在这里接受历史的审判。凡有历史常识的人都知道它的名字。1935年9月15日,希特勒在纽伦堡的文化协会大厅召开会议,通过了三个反犹太人的法律:帝国旗帜法、帝国公民法和保护德国血统及德国荣誉法。第一个"法"规定只有雅利安血统的人才有充分公民权,第二个"法"剥夺了犹太人的德国公民籍;第三个"法"则严禁德国人与犹太人通婚。这之后,纽伦堡政权还陆续公布了十三项补充法案,进一步剥夺了犹太人的新闻自由、娱乐自由和教育自由等,把犹太人打入贱民阶层。可以说,德国通向奥斯维辛的屠杀六百万犹太人的血腥之路,就从这里出发。这是人类最黑暗、最可耻的种族灭绝的死亡之路。我们在大学校园里开了四天会,还赢得许多时间与德国的朋友谈论历史。所有的德国朋友都对纳粹的暴行感到耻辱。1971年12月7日联邦德国总理勃兰特在华沙犹太隔离区起义纪念碑前下跪,这一行为语言典型地表明德国人具有真诚的忏悔意识。所谓忏悔意识,就是确认二战时期对犹太人的屠杀行为乃是德国整个集体的"共同犯罪",是集体制造了一个巨大的历史错误和历史罪行,每个德国人都负有一份责任。不仅是纳粹头子负有责任,普通老百姓也负有责任。这种意识是对良知责任的体认。二战后的德国知识分子和德国人能够真诚地下跪体认,这是德国真正的新生。在第二次世界大战中,西方与东方都经历了大灾难,都经历巨大的死亡体验,但战后的德国人和日本人表现不同,直到今天,日本的政客还在年年参拜他们的靖国神社。他们只想向屠杀中国人的"战神"下跪,绝不向南京万人坑前的中国亡灵下跪。东西方两种行为语言表明:德国战后确实砍断了战争的尾巴,而日本人还保留着,甚至还翘得高高。

在纽伦堡与德国朋友的交谈,总是很高兴,也才明白他们何以具有如此清明的忏悔意识。他们说,纳粹的头子希特勒能登上"总理"宝座,是大家即当时的德国民众用选票把他选上的。纳粹党的名称多么好听:"国家社会主义工人党",又是"国家",又是"社会主义",又是"工人阶级",结果民众被迷惑了。他们用最热烈的掌声。最疯狂的呐喊和手中的"民主选票"把一个暴君拥上历史舞台。今天,德国新一代不能忘记这一历史教训,不能忘记民族主义和民粹主义的狂热导致了罪大恶极的法西斯主义。

也许是受德国朋友的感染,我到柏林顾不得去逛大街和博物馆、艺术馆,先去观看郊外的"集中营"。这个集中营规模比不上奥斯维辛集中营,也没有奥斯维辛那么多吓人动闻的血腥故事,但毕竟可以再看一遍集中营的刑具、肤发、机枪和纳粹们如狼似虎的图片以及只剩下一张人皮的犹太人的照片。人类是不可以丧失纳粹集中营的记忆的。丧失,就意味着堕落。倘若集体遗忘,那便是集体堕落。

观看了集中营之后,我们才放心地好好地看了看柏林市,看看发生过著名纵火案的帝国大厦,看看勃兰登门和门前的历史性大街,看看让人想起种

族灭绝的犹太纪念碑林,看看让德国实现统一的"铁血宰相"俾斯麦的雕塑,看看马克思和恩格斯铜像,看看爱因斯坦曾经在那里教过书的洪堡大学,看看海森喷泉和柏林大教堂,看看闻名于世的博物馆岛和岛上的老馆与新馆。这之间还到波斯坦看看波斯坦风车和无忧宫。奔走了整整四天,才明白柏林不是纽约,不是洛杉矶,不是罗马,不是巴黎,不是东京,不是上海,不是香港,它没有成群的摩天大楼,没有恐龙似的现代大建筑。它仿佛是无数小镇组合成的城邦。它宽广而不密集,博大而无险峻,在城市游走没有高楼的压迫感,反而有乡间的轻松感。我喜欢这种现代城市,只是困惑于三四十年代它怎么成了那个名叫希特勒的巨大野心家的跳梁舞台。第三帝国的中心就在这里吗?帝国的无数咆哮,疯子的一个接一个的杀人指令就从这里发出的吗?把千百万人类的仇恨烈火煽动起来、然后投入血海腥风的司令部就在这里吗?让全人类在20世纪上半叶经历了两次世界大战、经受了两次死亡大体验的策源地就是那一座大厦、那一道城门和那一角落里的地下室吗?柏林呵柏林,柏林中心地带的每一座建筑都有一番故事,我在这里阅读柏林这部书,是在阅读野心史、阴谋史、战争史、血腥史、分裂史、统一史。除了这些"史"之外,还阅读了苦难史,犹太人的苦难史。此次柏林之旅,给我留下最深印象的是"犹太博物馆"和"大屠杀纪念碑",尤其是后者。这不是一座碑,而是由两千七百一十一块水泥石碑组合成的巨大碑群。两千多块石碑,每一块都有0.95米厚和2.38米高,全镶嵌在高矮不平的路面上。这是了不起的旷世杰作:了不起的思想,了不起的规模,了不起的建筑。一看就让人惊心动魄,就想起犹太人被屠杀的历史大惨案。在观看瞬间,我本能浮起的意念是:这些石碑是六百万犹太人的鲜血凝成的,这些碑石每一块都在见证人类的耻辱,这些石碑是德国经历了战火的洗劫而留下的良心。因为这不是犹太人建造的,而是德国人建造的。1999年德国议会通过决议,决定建造全名为"欧洲被害犹太人纪念碑群"这一历史性纪念场。除了纪念碑之外,这里还有一个地下"信息厅",将近八百平方米的展厅里展示着犹太人苦难的命运。德国人在自己的国土、自己的都城里建设犹太人被屠杀的纪念碑和他们造成犹太人苦难的纪念厅,用两千多块坚硬的石碑告诉世界:他们犯下的历史罪恶是铁铸的事实,是不容抹杀、不容忘却的事实,必须永远面对这一事实。唯有面对,才不愧是产生过歌德、康德、贝多芬、爱因斯坦的故乡，唯有面对，德国才能重新赢得国家的荣誉和世界的信赖。

在柏林游览了四五天之后，我觉得应当在这里居住一个月、两个月甚至一年，应当读读这里的每一座著名大厦，每一条著名的街道，每一尊不寻常的雕塑。这才是历史，活的历史，真的历史，让每个人都要想到"责任"的历史。时间太短了，最后只能选择去看看分裂为民主德国和联邦德国的那个时代的历史痕迹了。去看看柏林墙，"不到长城非好汉"，不看看柏林墙，能算到过柏林吗？

刘莲看了柏林墙非常兴奋，立即在墙上写下"奔向自由"四个字。柏林墙早已拆除了，留下让人观赏的只剩下大约百米长的墙壁上，被艺术家与旅客涂上各种图案与文字，小女儿这四个字像四点小水滴汇入大海，恐怕没有人会认真去读一读，但它反映了人类向往自由的天性。如同人类生来就具有爱美的天性一样，爱自由也是一种天性。爱美与爱自由的天性是任何概念、任何学说、任何力量都阻挡不了的。所以，我瞥了一眼柏林墙就升起一个普通的但又是唯一可用的词语：愚蠢！建筑围墙的当权派多么愚蠢！他们想用一堵围墙堵住千百万自然与自由的心思，想堵住德国人相亲相聚的潮流，这只是一种妄念。如果筑墙者聪明，他们应当给围墙内的人民多一点自由与幸福。自由、幸福等要素才能构成温馨的磁场，才能让人热爱所在地的生活而不去作"突围"的冒险。二战后，德国分裂成两半，这是上帝对德国的惩罚。分裂四十年后，围墙倒下，德国又赢得统一，这是历史给予德国的一种新的期待。是期待"强大"吗？是期待"第四帝国"的兴起吗？不是，伤痕累累的历史所期待的是不要继续东西对峙，是不要再发生战争，是不要让人类再作大规模的死亡体验。

（选自《世界游思》）

美国腊月天里的"三言"

美国第四十四届总统奥巴马的就职典礼当时是在新历 1 月 20 日举行的,这日子正是中国旧历的腊月(十二月),离春节只有五天。这一天不仅天气很冷,而且又是美国经济严寒的冬季,因此,我们不妨称它为美国腊月天。

在美国的腊月里,人们谈论的只有两个主题:一是经济海啸,二是新总统奥巴马。像在谈论神话,前者讲旧神话的破碎,后者讲新神话的建构。我不喜欢政治,但喜欢神话。当时电视台的《好莱坞明星生活》专题节目,把奥巴马和他的太太米歇尔以及两个女儿混同电影明星,展示第一家庭的各种生活细节。被好莱坞节目这么一搅和,我更是把政治舞台和艺术舞台打成一片,观赏总统选举与新总统就职,就像看电影。充当政治的局外人,还有另一个原因,是我始终不情愿加入美国国籍,只持美国"绿卡"(长期居住证),为的是守住中国护照,我把中国护照视为最后一片国土,有它在,血脉深处就和暖一些。然而,作为一个思想者,我又必须超越国界进行思索,守持的是思想者部落成员和世界公民的眼睛,用这种眼睛看美国、看中国、看世界,比较轻松。看看说说,说说看看。看看而已,说说而已。

尽管轻松,但还是有一种天然的选择倾向,只是选择的标准也是超功利与超政治的。例如,当时在共和党总统候选人麦凯恩(配角佩伦)与奥巴马(配角拜登)的竞争中,我天然地站在奥巴马一边,希望他胜利,这原因只有一个,他年轻而富有活力,至于他的核心概念:Change,即改变美国,我并不太相信也不太在乎。除了他年轻之外,还有一个原因,是他确实聪明至极,像是从大地上突然冒出来的黑金猴,不仅口里念着"变"字,而且酷爱读书。凡是好学的人,我都有好感。美国的报刊称奥巴马是可见的"有学问的总统",不仅喜欢谈政治学、经济学的书,而且喜欢谈文学书。阿根廷的报刊说,奥巴马在大学期间就熟读博尔赫斯与科塔萨尔等的小说,他当总统后,与阿根廷总统克里斯蒂娜·费尔南德斯通电话时就说到这两位拉美大作家的名字。奥巴马本人的著作《父亲的梦想》和《无畏的希望》,既有思想又有文采,既无媚俗的矫情,又无媚雅的酸气。此次美国人格外关注总统竞选,说到底是关切自己在经济衰退中的命运。而我尽管用读书看戏的心态看美国,但2008年的经济海啸,也使我震动,加上美国总统选举中候选人和选举人面对生存危机的应战声音,我也不由自主地再次想想美国事与天下事,并借用冯梦龙编纂的"三言"(《喻世明言》、《警世通言》、《醒世恒言》)之名,记下三则世事所启迪的事理。

喻世明言

第二次世界大战让整个地球布满鲜血之后,产生三个大结果:一是殖民主义体系的崩溃,二是两个不同意识形态阵营的对峙,三是美国的崛起。二战的战火没有在美国的本土上燃烧,而且战事中和战后它输入了来自各国的第一流脑袋,包括爱因斯坦的脑袋,这种大聪明从根本上强化了美国,使它成为地球上最强大的国家。

但是,这次次贷危机(subprime)所引发的经济危机,一下子就把美国打击得"头破血流",股票市场上的道琼斯指数从1.4万多点降到7000多点,比"9·11"事件后的指数还低,到处都在呼救,连象征美国工业的三大汽车公司(通用、福特、克莱斯勒)如今也破产的破产,重组的重组,其呼救的笛声更是惊心动魄。危机中市民们心理太脆弱,圣诞节前夕,竟发生抢购沃尔玛的便宜货而踩死一个雇员的丑剧。美国是世界经济的"老大",老大一出事,欧亚的老二老三们都跟着倒霉。一打开电视报纸,就会被一些莫名其妙的天文数字吓得目瞪口呆。几千亿、几万亿美元刹那间蒸发掉了,接着,又是几千亿、几万亿的救市计划。这些天文数字是从哪儿来的?是怎么算出来的?拿出千亿万亿的救世主是谁?他们从什么地方弄出这么多钱?我们这些书生真不可太关心,一关心就会觉得这个世界太荒唐、太古怪、太不可思议。

在美国盛世的危机中,我脑子里老是旋转着"脆弱"二字,想到的全是"脆弱"的真理:不仅人是脆弱的,国家也是脆弱的,现代化体系也是脆弱的。前几年,有一次纽约突然全市停电一天,结果整个城市立即天昏地黑,冰箱冰柜里的鱼肉变味已不足一提,有位居住纽约的朋友告诉我,停电时他正在地铁里,那一刹那突然停车,然后就是一片黑暗和黑暗中的惊慌叫声。怎么走出地铁?什么时候能走出地铁?是黑暗中的生命共同的焦虑。朋友说,那时他只有一个念头,地铁就是地狱,唯一的期待是走出地狱。整个世界的现代化体系看起来异常庞大,可是它所依赖的电、石油、飞行器等,无论哪一项出问题,都会产生整个现代化体系的雪崩。这次停电事件发生后,我才明白,纽约是强大的,但纽约又是脆弱的。

我在《红楼人三十种解读》("红楼四书"的第三种)中写了一节"玻璃人",指涉和评论的主要对象是王熙凤。人们都知道她强悍的一面,忘记她"脆弱"的一面。李纨说她是"水晶心肝玻璃人",很少人注意到。所谓玻璃人,就是外强中干的脆弱人。王熙凤得势时呼风唤雨,不可一世,真像铁老虎,可是一听到皇帝的锦衣卫要来抄捡贾府的消息,第一个吓得晕死过去的就是她。这个王凤姐,归根结底是一个纸老虎,一个玻璃人。其实,不仅是王熙凤,凡人都有极脆弱的一面,英雄也如此。人既经不起打击,也经不起诱惑,甚至经不起一点挫折、委屈和孤独。关于人的脆弱,过去我就写过相关文字,而此次经济海啸之后,才明白国家也是脆弱的,至少可以说,有其很脆弱的一面,即使像美国这样强大的国家,也有像玻璃那样容易破碎的一面。当然,美国是百足之虫,被击倒了还会爬起来,但是,此次海啸之后,恐怕也应当多一点自知之明吧,倘若敢于承认大帝国也可能是玻璃国,那就算有了进步,灾后才可能有新的稳固与发展。"自明其脆弱",时代正在发出这样的喻世明言。

警世通言

此次奥巴马能中选总统,固然是他本身才华过人,极为聪明,但也得益于前任总统布什的声名狼藉并给美国造成巨大问题,从而也造成响应奥巴马"变革"的时代条件。奥巴马就任总统后的重要使命就是给布什总统"擦屁股",至少得擦两年。布什是出身于望族的世家子弟,胆子比较大,可惜缺少奥巴马的才华与文采,更要命的是胆大带来的专制武断,使他选择了战事。两伊的六年战事,已让美国投入了1.3万亿美元,相当于9万亿元人民币。如果这笔钱能投入教育或国计民生，那将意味着什么？伊拉克的前总统萨达姆·侯赛因固然是个令人讨厌的专制蠢人，但有他在，才能牵制伊朗而赢得中东政治生态的平衡，真聪明的美国战略家应当知道，没有萨达姆也要制造一个萨达姆。但小布什偏偏要拿一个莫须有的罪名发动战争，结果是让美国的旺气元气一天天在那里消耗掉。笔者关注战事是因为从内心深处憎恶战事，憎恶政客们制造大规模的血腥游戏，关心的不是经济数字，而是无法计算的鲜血总量。托尔斯泰和甘地在我心中之所以永远灿烂，是因为他们守持一个真正酷爱人类的非暴力的政治原则"勿以暴力抗恶"，这一真理多么美啊！2001年美国的《时代》周刊，评出20世纪地球上三个最伟大的人物是爱因斯坦、甘地和罗斯福。甘地无愧是伟大人物，他创造的非暴力绝对论，和爱因斯坦的相对论一样精彩，是颠扑不破的、像星空一样灿烂的永恒真理。世界上的事端、矛盾、冲突，永远都会有，但用流血战事的办法来解决不是好办法。世上没有什么事端不可以通过对话、妥协、调和来解决。有些政治激进论说：思想观念的分歧就不可以妥协。不对，这也可以妥协。无论是基督教思想、儒教思想，还是伊斯兰教思想，都是巨大的思想存在，都是应当尊重的大文化存在。诸教诸家只能谋求和谐共在，不可心存一个吃掉一个的幻想，更不可能企图以自己的存在方式、思维方式去统一全世界的存在方式和思维方式。有这种企图，就会导致流血导致战事。六年来，美国在两伊上的行为，给美国带来困境，但也给人间带来"兵者，凶器也"（老子语）等警世通言。

醒世恒言

面对小布什总统留下的就业、医疗、教育、环保、反战声浪等，"烂摊子"和经济危机等巨大问题，聪明的奥巴马组织了一个包括克林顿夫人希拉里在内的强大领导团队。此次组阁，说明奥巴马的选择不存私心，不存种族与政党偏见，只要有真品格真才能就可以进入他的核心。原国防部部长Robert Gates虽是老牌共和党人，但被奥巴马邀请留任，此举很不简单。

在巨大的挑战面前，奥巴马还找到自己的两个前任榜样，实际上是两个精神基石，一个是林肯总统，一个是小罗斯福总统。林肯是为了打破美国种族分别而献身的英雄领袖,出身于黑人的奥巴马高举他的名字意味深长而且天经地义。他此次竞选举起的是"变革"大旗,而罗斯福总统就是变革的伟大先驱者。这位总统引导美国走出上世纪30年代的大萧条,功高盖世。在他的主持下,美国政府实施了一系列的社会改革法案,包括《全国劳工关系法案》、《社会保险法案》、《税收法案》等,而且还成立了联邦紧急救济署和工程振兴署,使联邦失业救济成为半永久性的措施。笔者因为在美国校园里工作、纳税超过十年,2006年年满六十五岁,因此也得到退休医疗保险和退休金,这就是1935年《社会保险法案》的泽溉。我常与朋友说,这种社会保险,乃是资本主义体系中的社会主义因素,罗斯福总统的新政,正是强化政府干预经济的新政,即凯恩斯主义的新政。苏联、东欧体系解体后,主张绝对自由经济的哈耶克(《通向奴役之路》的作者)红极一时,现在已经失去光芒,奥巴马的新团队更不会理会他的思想,也不会走里根、撒切尔夫人(英国)的路。奥巴马选择罗斯福作为自己的楷模,无论是在改革精神层面还是在改革的实际层面,都是符合逻辑的。笔者相信,随着奥巴马走上历史舞台,世界范围里的思想界、理论界将会获得一种重新研究资本主义的动力与兴趣。

　　笔者对经济学一窍不通,不敢妄言。但由于奥巴马的刺激,竟也想到,社会主义与资本主义并非水火不容,并非注定要你死我活。罗斯福明明就在资本主义里注入社会主义血液,邓小平也明明就在社会主义计划经济里注入资本主义市场经济。所谓社会保障乃至社会主义也就是给穷人和老弱病残多一些福利,以使多数人能过平安日子,也能对未来有个从容的期待。我在1992年和1993年之中到瑞典斯德哥尔摩大学"客座一年",才多少明白一点私有制国家的高福利政策是怎么回事。在我女儿阅读的瑞典历史课本里,课本编写者把自己称作社会主义国家,而中国被称为共产主义国家。瑞典确实在资本主义体系中注入大量的社会主义机制。福利极高(每个人都可享受医疗保险和失业补助),但税收也极高。教授的税收达到工资的65%。这种高福利政策很人道,但也使社会缺少活力,难怪有些电影明星要往美国跑。人类社会充满困境,哪里有生活,哪里就有困境。奥巴马强化福利的政策,他的罗斯福火炬能否照亮其未来的道路?人们都在观望着。大改革是非常艰难的事业,它比暴力革命麻烦多了。在艰难面前,奥巴马是否有足够的魄力？这是人们心存的第一疑问。其次，奥巴马是否能掌握好改革的分寸即所谓平衡点、适度点？这是人们心存的第二疑问。我只是个旁观者，只观望，不操心。但毕竟是个思想者，观望中想道：这个地球，从自然地理的层面上看，它由亚洲、欧洲、非洲、南美洲、澳洲等几个大板块组合，批评了欧洲中心论之后，文明人类已不对任何一个板块存有偏见。但从历史文化层面上看，这个地球，则存在过原始社会、奴隶社会、封建社会、资本主义社会、社会主义社会，至今仍有封建社会、资本主义社会、社会主义社会三个主要板块。原始社会、奴隶社会属于野蛮板块，且不去说它。那么，现存的这三个大板块该怎么评估，该怎么相处，恐怕就不是野蛮与反野蛮、进步与反进步等本质化描述可以解决的。冷战时期政治意识形态压倒一切，社会主义与资本主义构成势不两立两大营垒，只能一个吃掉一个。现在看到，"你死我活"的哲学是行不通的，还是"你活我也活"比较好。大家按照不同的方式活着，取长补短，合生存、温饱、发展的大目的就好，诚如邓小平所言，不管白猫黑猫，能抓到老鼠的就是好猫。每个民族，每个国家都有选择自己道路的权利，懂得"走自己的路"，才是大聪明。人类进入文明史才三五千年，时间很短，总体说来还是幼稚的，一切存在方式的选择都不能说已经呈现绝对精神，只能说是试验而已。各种不同的社会板块都有试验的权利，尊重这种权利，应是20世纪争斗之后留给后人的醒世恒言吧。

奥巴马是否会带领美国穿越海啸创造奇迹，我们且不作判断。未来的路是极艰辛的。但是，无论如何，一个从芝加哥黑人底层社会走出来的年仅四十多岁的年轻黑人，竟能当上阳光下最强大国家的总统并开始挑战历史，这本身就是奇迹。笔者阅读美国这部大书，当然不能放过奥巴马这一正在展开的篇章。

（选自《世界游思》）

杰弗逊遗愿

冒着腊月凛冽的寒风,我和坚妮、剑梅、小莲穿过樱花树丛覆盖着的小道,再一次来到杰弗逊纪念馆。

三次到华盛顿城,也三次带着情感深处的敬意来到这个纪念馆。我知道在这个白色的浑圆的拱顶下跳动着美国的博大心灵。美国这个国家,是个让人争论不休的故事。但它那些高贵的无可置疑的部分,那些关于自由与关于人的神圣权利的传说与现实,是和这颗博大心灵紧紧相连。很奇怪,每次踏进这个纪念馆的大门,我就想起尼采的那句话:

生活就意味着不断地将我们的全部人格或经历变成光与烈焰。

杰弗逊就是赢得这种生活的幸福者。然而,我不愿意把杰弗逊当作豪俊侠烈魁奇之士,倒愿意把他当作友人和心灵的先驱者,来到他的灵前,我愿意贴着耳朵倾听他最深邃的心声。第一次我听到并默记的是"我向上帝宣誓:我憎恨和反对任何形式的对于人类心灵的专政"。第二次听到并默记的是"上帝给予我们生命的同时也给我们自由,权力之手可以把它们毁灭,但不能把两者分开"。而这一次,第三次,我听到的是他最后的遗愿。

杰弗逊于1826年7月4日美国独立五十周年纪念的那一天去世。临终之前,他留下遗愿,说人们倘若还怀念他,就请记住他一生所做的三件事:

(一)美国《独立宣言》的作者;

(二)弗吉尼亚宗教自由法案的作者;

(三)弗吉尼亚大学的父亲。

杰弗逊一生业绩辉煌,而且担任过美利坚合众国的总统,是神话般的开国元勋。在世俗的价值观念里,一个人能身居总统高位,这是无上的荣耀,在他临终之前,该会为自己到达权力的巅峰而骄傲,心里不免旋转着"领袖"与"元首"这些闪光的概念。然而,杰弗逊不是这样,他不要让人们记住他曾经是个总统,这项巨大的桂冠和它派生出来的耀目的光圈并不会使他的灵魂得到安息。让他感到欣慰和感到人生并非虚度的是他从事过心灵的创造，是两个历史文件的作者和一个学校的创办者。唯有心灵的价值创造是永恒的，这些有益于美国也有益于人类的心灵宣言和培育优秀心灵的摇篮永远活在墓地之外。我从这一遗愿里听到这位卓越思想者最内在的声音，并透亮透亮地看到这颗诞生于弗吉尼亚的伟大心灵里没有任何权势的位置，连总统桂冠存放的位置都没有。杰弗逊是人类基本权利——生存权利与自由权利的发现者与护卫者，在他一息尚存的时候，想到的还是这些天赋的权利。

杰弗逊崇拜上帝，但他却在无意中也到达佛教中最高的境界，这就是排除一切世俗妄念的"空"境。在告别人世的瞬间，他的心灵腾出最广阔的空间。在这个空间里，有一种大寂静，又有一种大声音，这是他曾经向世界呼唤过的声音。这种声音对弱者有利，对一切正直的人类有益。他仿佛听到这种声音正在滴滴答答地渗透到他走访过的地球，现在他要回到他的灵魂的故乡，值得他欣慰的也只有这种声音。

杰弗逊的遗愿就刻在纪念馆底层的石壁上，在我凝神阅读的时候，剑梅把它抄录在纸上，然后无言地递给我。她知道，这一遗愿所表达的精神信息也将刻在我的心壁上，它的光波烈焰将引导我走出人间的各种阴影与噩梦。

2000年2月

面对第三种哲学

一次重大的历史事件,总是要改变世界的某种形式。例如,第二次世界大战之后,地球上就出现三大现象:(1)殖民主义体系的瓦解;(2)共产主义阵营的形成及"冷战"的开始;(3)美国的勃兴和科学技术的高速发展。而此次"9·11"事件会产生怎样的影响,人们还来不及思考。虽然事变的信息还未能充分消化,但我已感到这次历史大事变将刺激人文思考与社会科学的发展。事实告诉我们,高科技、现代化、宗教等,都具有双面性,原子能、生物化学、宗教经典可以用来救人造福人,也可以用来杀人骗人。在双向可能性之前,有一个正确的前提,显得格外必要。这个大前提,应当是人文前提。纽约的一声爆炸,把尸体堆在人们面前,也把一系列的哲学与社会科学问题展示在思想者的面前。例如:以财富为主导的人类社会是否因把宗教推向边缘从而引发宗教反抗?第一世界与第三世界的关系是平等竞争还是压迫剥削?导致恐怖主义的原因是什么?主要是经济原因还是种族、民族原因,或是宗教文化原因?恐怖分子钻了自由与人性的空子之后如何保持自由与人性的价值体系?自由与安全的矛盾、自由与限度的矛盾如何处理?在恐怖主义的打击下,人类如何保持正常的心理状态与日常的生活秩序?

多年来,我不断地谴责暴力、告别革命,从思维模式上,就是要告别"你死我活"的模式,而要肯定的是"你活我活"的共同活的理念,托尔斯泰、甘地等,也抗争,也呐喊,但他们的原则不是前者,而是后者,是通过妥协达到"共同活"的目的。我体验过"你死我活"一旦作为国家民族和个人的行为准则时会造成怎样的灾难与恐怖,所以对"彻底革命"提出质疑和叩问。但是,此次纽约的恐怖事件却告诉我,世界上还有一种比"你死我活"更彻底、更可怕的思维方式和行为准则,这就是"你死我死"大家死、共同死的方式和准则。恐怖分子的行为既是杀人的,又是自杀的。他的身体就是一颗自杀式的炸弹。如果他们想保留自己的生命,即想到"我活",就不可能有这么大的胆子,也不可能完成这么大的谋杀行径。飞机上的驾驶员、服务员和乘客,通常只有基督教似的"你活我活"的想法,以为劫机者只是为了某种功利目的,大家姑且不作抗争而共同活下来,连"你死我活"拼搏一场的念头也没有,更不会想到劫机者脑中心中是一种最危险最残暴的理念,即"你死我死"一起化为灰烬的理念。倘若机员和乘客们意识到暴徒的行为准则和理念,怎么也得先争个"你死我活"。

当我发觉出现在纽约天空与地上的"共同死"原则时,深深感到恐惧。中国过去就有一种自己不要命又要人家的命的人,我们的聪明的祖先将这种人叫作"亡命之徒"。在古代社会中,亡命之徒受到历史条件的限制,能拼杀几条人命就了不起了。而当代的亡命之徒,却在飞行学校和特别训练营里训练过,他们可以驾驶最先进的飞机,可以使用最先进的通信联络系统,其效果就大不相同。纽约事件说明,亡命之徒一人敢于亡命,可以使成千上万的无辜者陪着粉身碎骨。

亡命之徒的原则就是"我死你死大家死"的原则。一般地说,人总是追求生存、发展,具有生存原则,包括自我生存以及与他人共生的原则,但亡命之徒没有生存原则,他们只有死亡原则与仇恨原则,这是一种纯粹破坏性、毁灭性的原则。我不相信有世界的末日审判,但是,相信有一种通向末日的手段和方式,这就是亡命之徒"我死你死大家死"的手段与方式。末日状态是人类多数人同归于尽的最恐怖的状态,而恐怖分子的思路恰恰连着末日的最后景象。

有人为死士哲学辩护,说中国古代的某些义士如荆轲,也是抱着"与汝偕亡"的"共死"观念去刺杀暴君的。这一比喻很容易混淆是非。第一,荆轲虽不怕死,但还是要争取活;第二,他只想刺杀一个暴君,决不滥杀无辜;第三,他堂堂正正,负起行动责任,绝不赖账。除此之外,我还想说,荆轲使用暗杀手段的抗争办法,并不是中国文化的精华部分,这一点,两千年来的中国知识分子似乎都在沿袭司马迁《刺客列传》的观念,不敢提出质疑。其实中国古代文化最优秀的部分体现在伯夷、叔齐这些人身上,他们也反抗,但不用暗杀这类暴烈手段。今天,世界文明已发展到这种程度,更不应当笼统地讴歌荆轲精神。不过,现在需要面对荆轲与第三种哲学的,首先是美国,而不是中国。

2001年11月

初见温哥华

一

从纽约到温哥华,印象非常不同。纽约给我的感觉是庞大与严峻,而温哥华给我的印象则是温暖与亲切。

纽约到处是高墙绝壁,从地上仰望天空,便发现天空只是一条裂缝。蓝天和彩云全被割切成碎片。我是农家子,从小就拥有辽阔无垠的天空,不大习惯这种裂缝与碎片。纽约是繁华的,但是,它离大自然太远。在时代广场的霓虹灯下,我暗自呆想,要是有一个城市既繁华而又离大自然很近,这个城市该是多么可爱。

仅仅一个月,我就到了温哥华。这里正是一个繁华而离大自然很近的城市。在我远游的岁月中,每漂流一站,总要向关怀自己的异地朋友报报平安。在几十封短笺中,首先报告的都是:"温哥华真是个好地方。有山有海,还有挂满大地的枫叶,天空是完整的,地上是洁净的,到处都有草香和海香,从白石城的海桥上俯瞰,还可以看到浅海里游弋的螃蟹。"

我无意贬低纽约。然而,在纽约生活的确不容易。要在那里生存下去,必须做一个擅于攀登高墙绝壁而不怕被摩天大楼所异化的人,年青或年富力强的创业者都想在纽约感受竞争的风天雨天,一赌神秘莫测的命运。他们相信,能在纽约站得住,就能在全世界的其他地方站得住,于是,他们奋斗,如天地征鸿,充满生命的激情与抱负。我的大女儿剑梅和她的男朋友就在那里奋斗。每当他们从热腾腾的地铁里钻出来就诅咒纽约,但是,他们又留恋纽约,觉得自己的生命力可以在这个大都市里得到证明,潜藏于身内的血性可以在无数机会面前碰撞出火焰,他们天天感到筋疲力尽,又天天感受到筋疲力尽后的满足和活力的自我发现。我羡慕他们,又同情他们。

而我是一个绝对不适宜在纽约生活的人。我知道纽约有巨大的音乐厅和无数的大戏院,但我踏不进去,因为,通向大戏院的道路也是高墙绝壁。我害怕这种比悬崖还要陡峭的墙壁,害怕裂缝般的天空。也许因为带着纽约的印象来到温哥华,因此,立即就感到温哥华的轻松、亲近和广阔。一到这里,就觉得时间的长河流经这里的时候,显得从容而和缓,潺潺有序,在纽约的那一种紧张感,顿时松弛下来。这一两个月的经历,竟像跨过喧嚣的急流险滩然后进入了安静的海湾。

二

这几年我东西行走,经历了更换生命的远游岁月,在时间与空间的洗礼中放下了许多浪漫的期待和欲望。有力量放下欲望,是值得欣慰的。此时此刻,我别无所求,只求心的安宁,能够从容地想想过去,想想自己走过的路。我有许多文字要写,要拷问时代也要拷问自己,兼有法官与罪人的忙碌,并不偷懒。

然而,我已无须紧张,无须在心中再紧绷一根防范他人的弓弦。在以往的岁月里,我曾着意地追求过,也苦心孤诣地攀登过高墙绝壁,总忘不了那个高高的若有若无的"险峰",孜孜于毁誉荣辱,汲汲于成功与失败,伟大与平凡的世俗判断。倘若自己的文字引起"轰动效应",心里竟然美滋滋的,以为桂冠和掌声真有什么价值。而今天,这种人生趣味已经过去,此时,我只想把幸存的生命放到实在处,以生的全部真诚去感受人间那些被浓雾遮住的阳光,时时亲吻大自然和大宇宙的无尽之美与无穷的精英,把身外之物抛得远远的。我相信,拥抱山岳拥抱沧海拥抱星空比拥抱名声地位重要得多。

这几年,我像负笈的行者到处漂流,登览另一世间的兴亡悲笑,眼界逐渐放宽,不再把一国一乡一里当作自己的归宿,而把遥远的另一未知的彼岸作为真正的故乡。有人说:你走得太远了。不错,过去的自己真的离我很远。我已拒绝了一切自我标榜的伪爱和一切外在的诱惑,而重新领悟真正的爱义。我这些年喜欢写些散文,就是因为我的心思已脱樊笼,所有的文字都出自己身的天性情思和再生的爱义。我觉得必须把自己炼狱后的灰烬,心灵中的苦汁掏出来给今人与后人看。我在冥冥之中感到有一种力量指示我这样做,我不该拒绝这个绝对的命令。

我相信温哥华能够给我自由的游思和领悟,相信这里的无数枫叶能帮助我抹掉心灵中最后的阴影,为我沉淀血气中最后的浮躁。

三

我真喜欢加拿大秋天的枫叶。把枫叶作为自己的旗帜真是天真而精彩的构思。我相信加拿大国旗的设计者一定如痴如醉地爱过枫叶,一定倾心于这个国度如梦如画的山峦与原野。我漂流到温哥华,一大半是为枫叶而来的。我相信一个以枫叶为旗帜的国家一定很少火药味。我早已从内心深处厌倦人间的战火硝烟,并已拒绝任何暴力的游戏。

当60年代北京处于"文化大革命"硝烟弥漫的年月,我和一位好友曾悄悄地骑着自行车到百里之外的香山去观赏秋光,并采集了几片枫叶夹在笔记本里。而这位朋友正处在热恋之中,他还把枫叶作为珍贵的赠品送给当时的恋人,把情感交付给赤诚的红叶。很奇怪,在阶级斗争那么严峻的岁月里,我和朋友的心灵被残酷的理念浸泡得那么久,但仍然充满着对枫叶的渴念,可见枫叶所暗示和负载的情思与人类的天性紧紧相连,而天性深处那一点美好的东西又是那么难以消灭。

今天,我真的来到枫叶国了。眼前到处是枫树林。上一个星期天林达光教授和他的夫人陈恕大姐带我们一家到伊丽莎白女王公园(Queen Elizabeth Park)观赏秋色,我一见到满园的枫叶,就恍如走进了梦境。每一片叶子都那么纯,那么干净,红的红得那么透,黄的也黄得那么透。园谷中的一棵挂满红叶的枫树,竟像挂满红荔枝,阳光一照,闪闪烁烁,又像童话世界中的红宝石。我不仅喜欢这里的枫叶,而且还喜欢被枫叶过滤过的空气,这是绝对没有硝烟味的空气。我的思考需要这种空气。

我知道枫叶国不是理想国,并不完美。它不是地狱,但也绝不就是天堂,它是一个实实在在的人的社会:有美境,也有困境;有豪华,也有豪华包裹着的冰冷与腐恶。但我知道它是一个宽容的社会,它的文化正像枫叶上所暗示的那样,乃是多角多脉络的文化,它不会把来自异国的知识者当作"外人"和"异端"。我在枫叶下的思索绝对没有人来干预和侵犯,我有躲进小楼成一统的自由,还有一张平静的书桌。我可以说自己应该说的话,拒绝不情愿说的话,让心灵像枫叶似的保持着大自然赐予的一片天籁。

四

温哥华使我感到亲切,除了飘着清香的枫叶之外,还有在岁月的风尘中依然保持着正直与真诚的朋友。温城有这么多中国的朋友,真使我高兴。小女儿曾问我:世界的眼睛是什么颜色的?我愣了一下说:我不知道世界眼睛的颜色,但我知道世界的眼睛是势利的。尽管世界是势利的,但总有一些超势利的保持着真纯眼睛的朋友。没想到,在温哥华,这样的朋友很多。无论他们是在大学的研究室还是在个人的写作间,无论他们是身居闹市还是隐居山林。

前些天加华作协的卢因先生、叶嘉莹教授和其他朋友们欢迎我,让我说几句话,我就讲了一个四年前的小故事。在芝加哥中国城的一次夜餐上,最后抽到的纸签上写着:"你将被一群真诚的朋友包围着。"果然应验,这些年我从美国到瑞典到加拿大都是如此。真诚的朋友给我很多生活上的关注,知识上的启迪,精神上的慰藉。对于这一切,我报以的只是什么也没有的沉默,"心存感激"是没有声音的。

然而,我今天想打破沉默,告诉这些朋友说,你们给我一种连你们也未必知道的东西,这就是信念,对于生活的信念,人类的信念。如果不是友情在我心中注入力量,我也许会在历史的沧桑中失去对生活的兴趣,让精神像燃尽的火把一样熄灭。

(选自《世界游思》)

彼得堡游思

一

1993年6月,我和一群参加斯德哥尔摩大学"国家、社会、个人"学术讨论会的朋友,乘船到彼得堡游览。此次旅行,留给我们印象最深的是,这个刚刚崩溃的革命大帝国没有东西吃,街市上一片萧条,地摊上到处都是在拍卖英雄勋章。我知道,俄罗斯正在经历又一次社会大转型,这种艰难岁月只是暂时的,因为我在涅瓦河畔,一直想到俄罗斯那些伟大的灵魂。相信有这些灵魂在,俄罗斯早晚会恢复它的元气。

我理解的俄罗斯灵魂,不是东正教的经典和教堂,而是普希金、莱蒙托夫、屠格涅夫、托尔斯泰、契诃夫、陀思妥耶夫斯基等人的名字。他们每一个人的名字都和我的祖国的最伟大的诗人屈原、杜甫、李白、苏东坡、曹雪芹一起,总是悬挂在我生命的上空。

我的性情除了生身母亲赋予之外,还有一部分是他们的作品与人格铸造的。当我走进彼得堡、真正踏上俄罗斯的土地时,首先不是对政权的更替和历史的沧桑感慨,而是对这片土地上的伟大心灵,充满感激之情。那一瞬间,从少年时代积淀下来的情思和眼前的橄树林一起在血液中翻卷着。一个中国南方的乡村孩子来了,一个在黄河岸边的风沙中还偷偷地读着《战争与和平》的书痴来了,来到他的精神星座上,来到你们的身边!你们能感知到吗,长眠着托尔斯泰与陀思妥耶夫斯基的俄罗斯大街与大旷野?

在彼得堡的商店里,面包短缺,处处可以感受到这个国家的萧条与悲凉,但是,我相信,有托尔斯泰这些名字的支撑,有如此雄厚的文化根基垫底,这个民族是拥有未来的。时间对于具有伟大心灵的国家是有利的。当世界的道德正在走向颓败时,俄罗斯这片大森林有托尔斯泰们的阳光照射,它不会腐朽。

二

踏上彼得堡的第二天,我记起契诃夫的一句话:"俄罗斯总是看不够。"俄罗斯是他们的祖国,这片辽阔的森林与原野确实是他们的情感倾注不完的。而我想起这句话时,作了一点延伸,变成"俄罗斯心灵也总是看不够"。我从十五岁读高中开始,就阅读俄罗斯作家的作品,至今四五十年,总是觉得读不够。出国之后,我仍然继续阅读。阅读俄国文学,与阅读欧美的诗歌小说感受很不相同。我喜欢从卡夫卡到萨特、加缪、卡尔维诺的小说,喜欢领悟他们对人类生存困境所作的批判和批判背后的悲伤,这是人类失去精神家园之后的大彷徨。"我是谁?"他们发出的是世纪性的大提问。我常与这些提问共鸣,然而,我还要活下去,我必须活在托尔斯泰们"我是人"的答案中。托尔斯泰曾说:"他是人,所以我们要爱他。"这句话的对应意义就是:我是人,所以我有被爱的权利。托尔斯泰的伟大人生公式只有一个:我爱,所以我写作。这一公式对我产生了深刻的影响。蕴藏在俄罗斯文学中的爱意,我永远领悟不够,它像永恒的宇宙和永恒的大自然,一次性的短暂人生之旅绝对无法抵达它的尽头。

托尔斯泰曾说,我写的作品就是我的整个人。"整个人"就是身心全部,就是应当如此活着的整个人格与整个心灵。列宁说,有两个托尔斯泰,一个是哭哭啼啼的地主,一个是时代镜子似的作家。这种说法值得商榷。托尔斯泰是完整的。正如罗曼·罗兰所说:"对于我们,只有一个托尔斯泰,我们爱他整个。因为我们本能地感到在这样的心魄中,一切都有立场,一切都有关联。"(《托尔斯泰传》第5页)我也确信,只有一个托尔斯泰,只有一个用爱贯穿人生的完整的托尔斯泰,只有一个大慈大悲笼罩着整个人类世界的托尔斯泰,也只有一个用爱统一自己的生命也统一精神宇宙的托尔斯泰。从来没有一个地主的托尔斯泰,尤其是剥削者意义上的地主。他永远支付着他的大爱。他的确常常哭泣,眼泪一直流到死亡的那一刻。在弥留的床上,他哭泣着,并非为自己,是为不幸的人们。在号啕的哭声中他说:"大地上千万的生灵在受苦,你们为何大家都在这里照顾一个列夫·托尔斯泰?"

托尔斯泰正是以他的整个心灵哭泣着。眼泪没有前期与后期之分,托

尔斯泰的眼泪任何时候都是真实的。

康·帕乌斯托夫斯基在描述契诃夫的时候只用四个字加以概括,一是"天才",二是"善良",契诃夫所有社会讽刺的天才。文字都含着最善良的眼泪。而他自己,也像托尔斯泰那样哭泣过。帕乌斯托夫斯基批评契诃夫的各种回忆录都忽略了眼泪,对契诃夫曾经痛哭一事只字不提。只有吉洪诺夫、谢列勃罗夫写过他的眼泪,这是在黑暗中独自奔流的眼泪。他生性善良高尚,且刚毅木讷,因此常常把自己的眼睛瞄着底层的弱者。

俄罗斯作家是天生爱哭还是不能不哭?他们的眼泪是难以抑制的,一颗巨大的慈悲心,负载着比谁都沉重的人间不幸,不能不常常落泪。

在彼得堡阳光明媚的海滩上,对着墨绿色的波浪,我所以想起了俄罗斯心灵的眼泪,是因为这些眼泪曾经滋润过我干旱的血脉,还帮助过我浇灭过狂热的喧嚣,在疯癫的"文化大革命"岁月中,它一滴一滴地往我心中滴落,使我规矩了很多,使我没有为虎作伥,没有与狼共舞。

我的年青时代正是热火朝天的六七十年代,那时候,我就感到自己与时代很不相宜。我降生错了,不是降生的地点错了,这个地点是我永远爱恋的中国,是降生的时间错了,我不该降生在"横扫一切"的年月。我完全无法理解这个时代,也完全无法跟上这个时代的步伐。终日紧张,朝不虑夕,神经日夜不得休息。

当我看到人们带着愤怒走向批判台,像狼虎对着诗人学者吆喝的时候,我就在台下发抖,并意识到,这个时代属于他们,只有他们敢于在"横扫一切牛鬼蛇神"的革命口号下横扫人类的一切精华。这个时代不属于我,这个时代的每一分钟都那么漫长,都逼迫我去面对一个问题:对于被审判的牛鬼蛇神,我应当恨他们还是爱他们。在大彷徨中,我听到了托尔斯泰的嚎嚎大哭,他的眼泪洒向我惊慌的内心,我听到托尔斯泰的声音:爱一切人,宽恕一切人,哪怕他们是敌人,也要爱敌人。何况他们不是敌人,而是你的兄弟、师长与同胞。托尔斯泰的哭泣拯救了我。他让我知道:此时我的懦弱是对的,身心发抖是正常的,此时,勇敢便是野兽,只有懦弱与动摇能远离野蛮。一切理由包括革命的理由都高不过"人类之爱"的理由,唯有"爱"的真理是四海皆准的、颠扑不破的真理。

经过托尔斯泰的提醒,我在黑暗的森林中又走出了一条小路,再一次看到无遮蔽的碧蓝的星际,正像《战争与和平》中的安德烈在临终的时刻又看到高远的无限的天空。二十多年过去了,今天想起托尔斯泰的眼泪,觉得每一滴都是热的,我该怎么感谢这些眼泪的滋润和他那些爱的绝对命令呢?这些眼泪与命令对我是何等重要!那个时代的烽烟、阴影、噩梦、深渊,完全可以毁掉我,完全可以剥夺掉我的全部善良与天真,把我变成一个头上长角、身上长刺的妖魔,一个没有心肝的政治生物,一个只会在方格纸上爬行的名利之徒,一个把持权力、财富却不知人间关怀的小丑,一个摆着学术姿态但丧失真诚的骗子,甚至可以变成一匹狼,一条狗,一头猪,一只长着邪恶牙齿的老鼠。活在这个时代,真是一次灵魂的冒险,堕落只是一刹那。在这个时代里,我有过错,但毕竟没有堕落,这是何等幸运?想到这一点,我对托尔斯泰就充满感激。

20世纪科学技术的发展真是奇迹。人,真了不起。但是,我并不太喜欢20世纪。这也许与我自身的体验有关,我只觉得,生活在这个世纪的人太艰难了,我想努力去做一个人,但不知道怎么做人。人总得有一些与兽区别的品格,例如人必须善良。没有善良,人就会像野兽一样随意吞食自己的同类。天才一旦失去善良,就会变成希特勒。可是,在这个世纪里,善良遇到空前未有的嘲弄。人们说:革命不是温和与善良。善良者不过是糊涂虫,是怜悯狼的东郭先生。人们还说善良没有饭吃,善良看不到敌人的面孔,善良是无用的代名词。这些世俗的谎言遮蔽了道德,潮水般的笑声使善良的品格像囚犯似的抬不起头,人类的一种基本品行像星星一样殒落了,连作家诗人也丢失了善良,于是,他们便理直气壮地向另一些作家诗人开火,到处都是攻击与咒骂,时代弥漫着令人窒息的烽烟。

我差些被烽烟熏死,差些被潮流卷入深渊。幸而托尔斯泰的名字仍然在我心里,想到这一名字,我就想起他那一句绝对的、几乎是独断的话:"我不知道人类除了善良之外,还有什么美好的品格。"这句化入我肺腑深处的话,一直保卫着我,保卫着我道德的最后边界,人与兽的最后边界。守住这一边界,我才分清了清与浊,净与染,才想道:把人送入"牛棚",不是小事,这是重大历史事件。我感谢托尔斯泰,感谢他让我知道丢掉善良的全部严重性,及时地进行一场自救。

进入80年代之后,又是托尔斯泰帮助了我。这个年代,满身是污泥,满身是血腥味。当朋友们在抚摸伤痕、谴责社会的时候,我也抚摸与谴责。一个错误的时代的确糟蹋了所有的诗意。时代是有罪的。就在这个时候,托尔斯泰告诉我:勿忘谴责你自己,应当有坦白的英雄气,唯有"坦白"能拯救你自己。坦白承认自己参与了错误时代的创造,坦白承认自己在牛棚时代里的行为并非属于人类,而属于兽类与畜类。我记得托尔斯泰就有这种坦白的英雄气。那一年,在度过一段放荡的日子之后,他自己憎恶自己,在日记上写道:"我完全如畜类一般地生活,我堕落了。"他把生命作为战场,与"自身的罪孽"搏斗,在临终前,他仍然反复地说:"我不是一个圣者,我从来不自命为这样的人物。我是一个任人驱使的人,有时候不完全说出他所思想所感觉的东西⋯⋯在我的行为中,这更糟了,我是一个完全怯懦的人,具有恶习,愿侍奉真理之神,但永远在颠蹶。如果人们把我当作一个不会任何错误的人,那么我的本来面目可以完全显露:这是一个可怜的生物,但是真诚的,他一直要而且诚心诚意地愿成为一个好人,上帝的一个忠仆。"

　　托尔斯泰这种坦白的英雄气,像雷霆一样震撼了我。他如此伟大,又如此谦卑。当年他读到卢梭的《忏悔录》时,就如同晴空霹雳,因为他从中找到拯救自己的生命之舟:坦白。他这样礼赞卢梭:"我向他顶礼。我把他的肖像悬在颈下如圣像一般。"他不仅礼赞,而且也写出自己的《忏悔录》。通过忏悔,通过正视曾有过的"畜类的生活",正视在时代所犯的错误中自己也有一份责任。于是,他返回人类,从牛棚返回人间。托尔斯泰提示我,强大的人无须任何撒谎、隐瞒和掩盖自己的弱点。而且还启迪我:我的确参与创造错误的时代,给牛棚时代提供了一块砖石,我的每一声呐喊、每一张大字报都是罪孽的明证。我不应害羞,应当坦白地承认自己曾经唱过高调,曾经追随过"造反有理"的呐喊,浑身是匪气;还曾经千百次发誓要当一头老黄牛和一只愿意夹着尾巴生活的狗,浑身是畜气;甚至向所谓"走资派"伸出利牙,浑身兽气。

　　那个牛棚时代,那段历史,那些无所不在的污泥浊水,真的进入了我的生命和腐蚀过我的生命。我的脾气变了,小丑般的跟着人家嘲笑唐僧是"愚氓",恶鬼似的到处寻找"落水狗"来痛打,戏弄一百遍"宽恕",践踏一千遍"温情主义"。暴力的病毒侵入了自己的骨髓。换血,要吸髓,要把病毒从脉管里吸出来,挖出来,倒出来。我对托尔斯泰这样保证。

也许因为反省,我终于在告别这个世纪的时候,也告别革命。无须卖弄学术姿态,无须做学院式的词源考证,我要告别的革命当然是暴力革命。无须隐讳活在我心中的托尔斯泰催生了我的思想。已经很久了,在我耳边总是震荡着。1904年12月22日他发出的声音:"法国大革命宣告了无可置疑的真理,但真理一旦被诉诸暴力,便都成了谎言。"一个对人类怀着大慈悲的人,不可能支持暴力。在托尔斯泰的眼里手段比目的更重要。没有什么使用残暴手段的伟大目的。杀戮永远是一种罪恶。所谓恶,就是暴力。托尔斯泰并非主张"勿抗恶",而是主张勿以恶抗恶,勿以暴力征服暴力,从而陷入暴力循环中。

托尔斯泰指示我:这个世界缺陷太多了,这个世界的道理太多了,我们应当有一个最高的道理。对人间不要求全责备,但可以要求有一个没有暴力的世界。放下武器难道比制造武器更难吗?

在彼得堡的那三个白天,还有三个夜晚,我其实不是在游览,而是在游思。我知道托尔斯泰不仅写过彼得堡,而且最后长眠在彼得堡。在这个地方,在波罗的海的岸边,我不能平静。唯有在这个地点,我能做出如此倾吐,如此诉说,能痛快地抒写久藏于心中的情思。

1993年3月

欧洲两大旅游经典批判

一、凯旋门批判

在欧洲已游览了十几个国家,几乎每个国家都让我喜欢,也让我愈来愈增长对人类的钦佩。人真了不起。人才是精神万物的创造者。这么美的城市,这么美的海港,这么美的山间别墅,这么美的教堂与博物馆,全都美不胜收,全都让人产生对人间的眷恋。但有三样东西引起我的质疑:一是罗马与巴黎的凯旋门,二是罗马的古代斗技场(斗兽场),三是西班牙的斗牛场。

第一次见到凯旋门是在 1987 年访问巴黎的时候。因为我是中国作家代表团的成员,所以受到特别热烈的接待。主人带我们去枫丹白露大街、德尔尼大街游逛,还带我们参观埃菲尔铁塔、罗丹纪念馆、凯旋门等处。参观完主人带着自豪感客气地问我有何感想。主人是真诚的,所以我也报以真诚。于是,我说:"法国的雅文化与俗文化都推向极致,都让我吃惊。雅文化的代表是罗浮宫,太美太丰富太了不起了,一辈子也看不够。俗文化的代表是红灯区,一条大街十里长廊,各种青色的女人弄姿骚首,气魄真大,把我吓得心惊肉跳。"主人听到这里,憋不住情感,他打断我的话,客气地反驳说:"你的祖国在明代末年,在《金瓶梅》时代,不也是很开放的吗?不也是有很大的红灯区吗?只是你们不叫红灯区,是叫什么来着。"我没有与主人争辩,继续说:"还有一个问题是需要请教你们了。贵国的凯旋门,就建筑而言,确实很美,凯旋门的名字也很好听,可是,你们想过没有?凯旋门是庆祝战争的胜利,是战胜归来的纪念碑,可是战争是相互残杀,胜利的一方也杀人呀。"主人这回脸涨红了,他大约未曾听过这种批评,心理准备不足,一时语塞。我便继续说下去:"战争不是好东西,两千多年前我国的大思想家老子就说过'兵者,凶器也。''大兵之后,必有凶年。'战争,就是杀人杀人再杀人,流血流血再流血,失败者杀人,胜利者也杀人,所以我们的先贤老子就教导说,胜利了别高兴,应当'胜而不美',所以,从境界上说,凯旋门文化就不如《道德经》文化高。"法国朋友的脸涨得更红了。但因为领队催着我们回旅馆,未能听到他的答辩。那日我很亢奋,但绝不是刻意在表现自己的"爱国情怀",我真的从内心深处觉得老子的思想了不起,也从思想深处觉得凯旋门文化乃是一种"胜而自美"的文化,这种"胜而自美"的文化与我国老子《道德经》中所呼唤的"胜而不美"的文化的大思路正好相反。进行了血腥的战争而遍地横尸之后是举行庆功典礼还是举行哀悼葬礼,这是不同的政治选择,也是不同的人性方向。对此,我国的老子选择了"应以丧礼处之",我觉得,这才是大慈悲,这才是真人道。这是多么了不起的思想,他在两千多年前就占领了人道思想的世界制高点。

  当然,我也知道,我们中国在老子之后的两千多年历史上,也很少帝王将相和英雄豪杰能做到"胜而不美"。我批评过武松血洗鸳鸯楼时除了杀掉蒋门神等三个仇人外,还多杀了十二人,连马夫与小丫鬟都不放过,尤其让我难以接受的是,他杀得遍地横尸以后还用布沾血在墙上骄傲地写道:"杀人者,打虎武松也!"这是典型的"胜而自美",典型的自我凯旋与自我庆功,我不知道什么时候,我的祖国人民才能抵达老子指示的境界。我在法国友人面前质疑凯旋门文化,只是和友人共勉,并非自炫。

  1987年到巴黎时,我忘了凯旋门的历史,忘了凯旋门并非法国人的原创。凯旋门的始作俑者,不是巴黎,而是罗马。

  2005年,我到罗马时,除了观览斗兽场之外,还特别仔细地看了看斗兽场旁边的罗马最大的凯旋门君士坦丁凯旋门。此门建于公元313年。"征服",这是罗马帝国的主题,罗马帝国的骄傲,斗兽场既是征服"兽"的表演,也是征服"人"的表演。谁胜利谁就是英雄,谁失败谁就活该被杀死。失败连着耻辱与死亡。斗兽场上最有力量的人,也是最大的杀手。这是罗马帝国的缩影,它的凯旋门是为"征服"庆功,也是为最大的杀手庆功。

  西方文化有极其宝贵的部分,但也有不那么宝贵的部分,罗马、巴黎的凯旋门文化,就不那么宝贵,至少在我的心目中,它只有在美丽的空壳。至于内里所涵盖的内容,我则闻到它的血腥味。正因为有此嗅觉,我才把老子所指明的"复归于婴儿",看作人生的凯旋,再也不崇拜力量,只崇拜心灵婴儿般的扬弃征服也扬弃贪婪的心灵。

二、西班牙斗牛场批判

到了西班牙的巴塞罗那,和李泽厚兄一起看了一场斗牛游戏,这才明白,罗马的斗兽场已在这里变形。此次和泽厚兄一起游览奥地利、英国。最后一站是地中海边上的浪漫之国西班牙。在伦敦时,我们得知好友许子东、陈燕华和他们的宝贝女儿多多刚到马德里,我们可以在那里会合,然后一起去观赏具有原始风情的弗拉明戈舞、斗牛和藏有哥雅画杰作的艺术博物馆。可惜马德里没有斗牛游戏,也未能看到西班牙歌舞,只游览了马德里宫、托伦多古堡,幸而还有普拉多美术馆(The Prado Museum)在。这座馆阁原是1785年查理三世时建立的自然科学博物馆,1819年才由斐迪南三世改为画廊,经一百八十年的积累,馆中的一百间展室已藏满西班牙绘画的精华,仅哥雅就有油画一百一十四件,素描四百八十五件。我很喜欢哥雅的画,不管是写实的还是写意的都喜欢。临走时买了他的"穿睡衣的玛哈",这个画中人似乎也是我的梦中人。

子东、燕华还有自己的旅程,我和泽厚兄就一起到地中海边上的巴塞罗那,这个城市的名字我早已熟悉是因为它在前些年曾举办过奥运会,当时就觉得它在西班牙的地位相当于中国的上海,选择这个城市游玩,主要是想看斗牛。泽厚兄说,专程来看斗牛,要买最好的票,可以坐在最前边。票分三等,一等票相当于一百美元。那天观众很少,座席的百分之六十都是空着,于是我们便坐在第一排的最好位置上。人与牛就在眼皮下,斗士衣服上的花纹、纽扣、皮带、战牛身上的鬃毛、双角、足蹄,全都看得一清二楚。也许坐得太近,缺少"审美"距离,便亲眼看到鲜血从牛的身上喷出,溅落,然后消失在细沙里,也活生生地看到斗牛士把利剑插进黑牛的要害处,最后还看到斗牛士把倒在地下的牛的耳朵割下,然后拿着还在微微颤动的耳朵向观众致意。以往曾在电视电影里看斗牛,看到的其实不是"斗牛",而是"逗牛"。是斗牛士拿着一块大红披肩,在欢快的音乐伴奏中挑逗傻乎乎的黑牛,黑牛和斗牛士的一冲一闪,一横一竖,刚柔结合,很有节奏,甚至很有诗意。可是这一回的近距离观照,却完全打破我的诗意印象。两个小时左右,我看到的完全是血腥的游戏。人和牛都是生命,在此生命的较量中,两者是不平等的。

斗牛士有护身盔衣，骑的马也有护甲，只有牛是赤身裸体；斗牛士拥有长矛和短剑等武器，牛则"赤手空拳"。人对牛是不讲"费厄泼赖"的。人实在太聪明，在拿着大红披肩"逗牛"之前，他们已经把牛的元气剥夺殆尽了。我们在电视屏幕上看到的"斗牛"表演，其实，那牛早已被折磨得筋疲力尽了。此次近看，才看清了斗牛的"程序"与"细节"。原来。斗牛的第一程序是"消耗战"。斗士先充当骑士，他骑着蒙住双眼的骏马，马的身上裹着厚厚的护甲，斗士轻扬红布披肩。气汹汹的牛冲撞过来，却只撞倒马的护甲，而斗士却趁机用长矛往牛身上猛刺。我因为坐得近，便清楚地看到血从牛的身上喷射出来，场上观众见到"血柱"，顿时发出一片喝彩。黑牛连中几"枪"后，才进入第二程序。这是另一位手执短剑的斗士准备和牛进行一场"短兵相接"，也因为距离近，我看清短剑的剑头带着可怕的钩，因此，一旦相搏，立即就可把牛"肉"钩住。已经被长矛刺得满身鲜血的牛在新的"战斗"中，每次冲锋过来，都挨了短剑的钩刺，五六个回合后，牛背挂上了五六支短剑。黑牛大约感到疼痛，拼命摇动身躯，想甩掉背上的"芒刺"，然而，愈是晃动，便愈是丧失气力。此时，号角响起，场上一片欢呼，原来，斗牛进入第三程序，即真正的斗牛戏开始了。斗士一手拿着鲜艳的红巾，一手拿着犀利的宝剑，又与遍体鳞伤的黑牛展开激战。黑牛照样冲锋，一边流血，一边战斗。斗士在周旋中看准空当，举起宝剑，对准要害猛刺，这致命的一剑，穿越后脑，直捣心脏。那天，我看到斗士第一剑没有刺中，牛未倒下，斗士很快又补上第二剑，这一剑又准又狠又深，一直插入心脏，黑牛终于倒地，场上的观众才起立欢呼。这个时候，斗士才算旗开得胜。在欢呼声中，一些浪漫的女性观众还给斗牛士送飞吻，扔手帕，斗士捡起手帕，深深鞠躬，彬彬有礼地再现一下中世纪那种崇敬妇人的骑士风度。此次观赏四场激战，每场激战，都要杀死一头牛，四场四头。斗牛场早已准备好拖拉牛尸的车架。

　　终于看到了最真实的斗牛场面。以往看到的是红面黄底的大披肩，这回看到的是血淋淋，以往看到的是牛的凶猛，这回才看到了人的狡猾；以往看到的是假象，这次看到的是实相。看完后，泽厚兄说，不能再看第二次了。走出表演场，我们一路上又谈观感，他感慨说，不同民族的文化心理差别真大。中国人恐怕不会喜欢，印度人更受不了。我说，凡是信奉佛教的国家都不会欣赏这种杀生的游戏。它离慈悲太远。中国历史上有过嗜好斗蟋蟀的皇帝,但还没有出现过热衷于杀戮生命的游戏。与古罗马的斗兽相比,巴塞罗那的斗牛多了一副面具,这就是大披肩,这面具的一闪一烁,曾让我以为这是既有色彩又有旋律的图画,到了现场,才明白面具背后全是生命的战栗和谋杀的技巧。

古罗马斗兽,毕竟还有真的"征服"精神,真的猛士,而西班牙的斗牛,虽然也想张扬征服精神,但只剩下屠宰的"花招"。赤裸裸的屠杀变成笑盈盈的诛杀。这也许正是人类的一种进化,双方力量的较量进化为强者一方的机谋。

(选自《世界游思》)

追寻中美洲的"玛雅遗迹"

今年2月6日,科罗拉多高原刚刚下过大雪,天地间格外明亮,我们几个高原上的好友乘坐飞机飞往美国南部城市新奥尔良(New Orleans),然后乘坐可容纳两千四百人的大游轮"挪威人"号(NorWegian Cruise)直奔墨西哥的玛雅遗址。此次中美洲之旅,由友人吕志明、朱秀娟组织,除了我和菲亚积极参与之外,还有李泽厚兄一家,大嫂马文君和他们的儿子李艾都很高兴。此外,还有我们的中医朋友刘涌与严佩芬。

新奥尔良在2008年被卡特里娜飓风(Katrina)打击过,城里还到处留着伤痕。我们在这里住宿了一个晚上,并在"地中海饭店"吃了带有南美风味的晚餐。饭桌上我们讨论了此行的目的地,三个中美洲国家,对于墨西哥与洪都拉斯这两个国名是熟悉的,对伯利兹(Belize)则很陌生,它原是英国的殖民地(名叫英属洪都拉斯),1981年才独立,去看看也挺好。据说,现在还有两百万玛雅人的后裔散居在这三个国家与危地马拉国之中。遗憾的是我们不能到玛雅遗址的重地危地马拉,那里仍处于内战的烽烟中。产生于公元前2000年的玛雅文明,拥有象形文字、拥有二进制与零概念数学的玛雅文明,拥有上千个城邦的玛雅文明,为什么在公元第十世纪突然消失了?为了解开这个人类心头的共同之谜,1839年,考古探险家史蒂芬斯勇敢地率先进入中美洲的热带雨林并首先发现古玛雅人的遗迹,发现遗址中竟然有巍峨的金字塔,还有宫殿、祭坛与天文历法。上个世纪80年代,更有一支由四十五名学者组成的大型考察队,进入危地马拉的雨林腹地,不畏美洲虎与响尾蛇的威胁,考察了整整六年时间,研究了六百多次玛雅遗址。在饭桌上谈起这些故事,我们除了对科学家们产生衷心敬佩之外,自己也产生了旅行的悲壮观。

巨轮在海上行驶了两天。2月28日抵达 Costa Maya Mexico(墨西哥),3月2日抵达 Beize City Belize(伯利兹首府),3月3日到达洪都拉斯(Honduras)的 Roalan 岛,5日又向北转到 Cozumel Mexico(墨西哥)。三

追寻中美洲的"玛雅遗迹"

个国家中几个有代表性的玛雅遗址我们都去游览。每到一处,都有当地的导游尽情尽力地为我们说明玛雅文化的历史和遗址的本来面目。每处遗址都有残存的石碑、石柱,上面有文字也有图像,导游说,这里记录着历朝历代统治者的形象和朝代的历史,可是我们却一点也看不懂。我因首次见到热带大雨林,一下子就被这种大自然的气象所震撼。如此庞大的爬满青藤和长满阔叶的原始丛林,立即把我带进神秘的历史沧桑之中。世界上最先出现的大文明,例如中华文明、希腊文明、古印度文明、巴比伦文明、古埃及文明、希伯来文明,全都孕育在大海之滨或大河流域之中,唯有玛雅文明孕育在这种枝叶覆盖的森林深处。3月之初,我们居住的科罗拉多高原还飘着雪花,而这些地方却已进入摄氏40度的高温。气候恶劣,又缺少江河的滋养,在烈日的煎烤中,我才明白玛雅人为什么特别崇拜太阳神(在几处遗址中,见到的神像全是太阳神的神像),原来,太阳对于他们是最大的威胁,可是,也是凭借太阳的热力,雨林里才长出那么繁密的树果,这些果子可以充当一部分粮食。玛雅人也有自己的农业,他们给世界创造了"玉米",所以有人称玛雅文明为玉米文明。可是,居住在热带雨林中的这些玛雅部落与玛雅城邦,恐怕很难产生大农业与大畜牧业。与之相比,我觉得我们的中华民族真是太幸福了,处于温带,处于黄河长江的泽溉之中,可以逃离可怕的炎热,可以精耕细作,可以春秋皆有收成,这恐怕是玛雅人难以想象的。我过去一直认为中华民族是最刻苦耐劳的民族,看到玛雅人的生存环境,立即产生一个问题,中华刻苦耐劳是真的,但是能不能加上"最"字却值得想想。要说"耐劳",玛雅人可能才够得上。如此高温,如此雨林,他们用双手把无数大石小石一块块地搬来,垒筑成大庙宇大祭坛,垒筑成大金字塔,这是何等辛劳。我们在伯利兹看到的名叫Altunha的金字塔,高度竟有数十米,塔身九层,每层九十一级宽阔的石阶。四周的台阶共三百六十四级。我们一行,只有泽厚兄的儿子李艾攀登到塔顶。志明兄不服年过六十,也接着登上塔顶。我和泽厚兄以及其他同伴,只能坐在塔下望远兴叹,感慨高塔的雄伟,也一再讨论着一个问题,这么多的石头,在没有机器的条件下,玛雅人是凭什么力量把它搬入空中,建成这样的摩天高塔的。想来想去,思古思今,答案只有一个:靠超人的耐力。玛雅人具有超人的刻苦耐劳,这一点可以确信无疑。

可是，让我深感困惑的是，玛雅人像蚂蚁一样辛勤地搬来千百万石头，却用来构筑祭坛，构筑金字塔。玛雅金字塔比埃及金字塔小，用处也不同。埃及金字塔是帝王的陵墓，玛雅金字塔则是大祭坛和庆功礼坛。玛雅人把汗水乃至生命都贡献给"神"，祭坛、庙宇很"壮丽"，而他们自己的居所却很简陋。有一个祭坛让我们非常惊讶。坛面广阔，但其前沿却有五个长方形的石坎。导游告诉我们，这是部落祭司（酋长）为了对神表达虔诚，亲自杀了自己的五个儿子作为祭奠的祭品。祭奠前他不仅杀了儿子，而且还剖开儿子的胸膛，取出心脏，放在大祭坛左侧的四方形的小祭台上。据说，祭奠时心脏还在跳着。听了这一故事，我立即对志明兄说：你看，玛雅人为了祭神，竟然把自己的精英送上断头台。《圣经》里的亚伯拉罕也曾想杀子献给上帝，但是仁慈的天父不忍信徒这么做，他指示以"羊"代替"人"，这便是慈悲。而玛雅部族的祭司，虽然虔诚，却不免残忍。当时我想：一个总是把自己的精英送上祭坛的民族，它怎能不灭亡呢？关于玛雅文化灭亡的原因，众说纷纭，但没有人提到过度迷信的原因。人类经历过中世纪的宗教黑暗，明白过度迷信会造成怎样的灾难。中国也经历过"文化大革命"的个人迷信，知道为了向太阳神表示忠心，而把自己的被称为"反动学术权威"的精英送上祭坛，会造成怎样的浩劫。

看了祭坛和听了导游讲述祭奠的情景，泽厚兄也摇了头对我说：把儿子当祭品，这不合情理。中华民族文明所以不会灭亡，说到底，它还是比较合情理。泽厚兄从许多角度比较了中西文化的区别，提出两者的几道差异性命题，例如"一个世界与两个世界"（中国文化只有现世、只有此岸、只有人的世界，西方则是人与神、此岸与彼岸、现世与来世并存的世界）、"乐感文化与罪感文化"、"天道文化与天主文化"、"诚文化与信文化"等，西方文化只讲"合理"，中国文化除了讲合理之外，还讲"合情"，而且情是根本，是最后的实在。玛雅文化只讲合神和对神绝对崇拜的"理"，这种大偏颇怎能使民族生命长存长在呢？

因为"太阳神"主宰着玛雅人，所以泽厚兄和我在洪都拉斯和伯利兹的两处留有太阳神雕像的地方特别爬上山坡细细端详了一番，这才发现神像不是一个，而是一组，有早晨的太阳，有正午的太阳，有黄昏的太阳，多元太阳象征着崇拜者既接受兴起，也接受灭亡；既接受沐浴，也接受煎熬；既接受生,也接受死。可惜,整组太阳并不完整,五个被偷走三个,只剩下两个"真身",其他三个都是赝品。这些盗贼小偷的胆子真大,他们竟然敢偷神。当我这样夸奖小偷时,一位旅伴反驳说:他们哪里是偷神,完全是偷物。他们把神像只当物品商品,可能是拿去卖钱,不会拿去供奉。太阳神并没用帮助玛雅人保住自己的家园和挽救文明的消亡,还信它干什么?但神像确实雕塑得不错,每座神喜怒哀乐的表情都相当生动。历史学家早已称赞过玛雅文化中的建筑艺术与雕塑艺术,小偷的眼睛也不差。

除了祭坛与太阳神之外,让我和游览同伴印象最为深刻的还有在 Cozumel Mexico 遗址中见到的经历过激烈战争的城邦废墟。我们先到的这一城邦的地理位置很好,一边是大海,几个堡垒几乎是建在海岸边的悬崖上。海水碧蓝,天空碧蓝,真真是海天一色,美极了。可是古战场上除了残垣断壁之外,只有几棵稀疏的树木和在树下缓缓爬行着的蜥蜴,这种在沙漠里也能存活的小动物,在旅客的脚下走来走去,显然是在等待游览者扔下食物。玛雅已非,蜥蜴还在,它们的祖辈大约见证过历史的沧桑,看过玛雅一千多个部落与城邦之间进行过怎样惨烈的战争。玛雅人好斗,他们各自为政的城邦,没有统一的大帝国,没有调节各城邦的大政权力量。他们的彼此争夺,可能比我国春秋时期的诸侯战争还激烈还残酷,"春秋无义战",玛雅也无义战,他们热衷于攻打对方,热衷于抓获战俘以做自己的奴隶。不过玛雅的士兵们一般都把战俘交给自己的祭司,以作为祭神的祭品。玛雅文化何以灭亡?有的说是因为外部势力的入侵,有的说是气候突变,有的说是瘟疫爆发,有的则说是内部的自相残杀。上世纪 80 年代的庞大考察团考察玛雅遗址之后得出的结论,主因还是内部无休止的战争。玛雅人好像没有中国的"同胞"观念,即无"本是同根生"的情感,因此杀戮起来,往往毁灭城市,扫荡生灵,即进行斩草除根的屠城。玛雅人不仅没有统一的帝国,似乎也没有统一的伦理系统,战争一旦失去最基本的伦理,例如不滥杀无辜,不滥杀妇女儿童,那就不仅会充满血腥味,而且会充满同归于尽的末日气息。

从墨西哥返回新奥尔良的途中,我和泽厚兄一面观赏大海的洪波碧浪,一面又谈论起人类几大文明的沉浮兴衰,思来想去,觉得中华文明长存至今,自有一番坚实的道理。该珍惜还是要珍惜,那些平平常常早已让我们熟视无睹的情感、理念和理性,那些合情理的书籍、文字和教诲,用今天的眼光重新审视是需要的,但不可轻易批倒骂倒。游走了一部分玛雅遗址,我们充满对逝者的惋惜感,也升起了对在者的珍惜感。

(选自《世界游思》)

审美笔记

第九辑

凤凰树下随笔集

高行健《论创作》序

一

2002年6月8日,高行健参加在爱尔兰都柏林举行的,由美国国际终身成就学院主办的"世界高峰会议",并接受由学院颁发的金盘奖。与高行健同时获奖的有美国的前总统克林顿、前国务卿基辛格、爱尔兰总理埃亨、阿富汗临时总统卡萨、巴基斯坦前总理碧娜芝·布托,以及2000年诺贝尔物理学奖得主克洛玛,和平奖得主、韩国总统金大中等。在颁奖仪式上处于人类社会尖峰的高行健,面对鲜花锦簇与媒体的镜头,他发表了题为"必要的孤独"的演说。在最热闹的场合,他却畅言孤独,应该说与高峰会的基调很不和谐。然而,正是这篇演说,道破了他的"灵山"的真谛,这就是甘于孤独;独自站立于大地之上,面对宇宙人生,独立不移发出个人的声音。他告诉这些领袖和来自世界各国的青年精英:孤独使他获得距离冷静观照世界,也审视自身;孤独还使他获得动力去征服困难和开拓事业——"孩子在独处的时候才开始成人,一个人在独处的时候才得以成年"(演讲词)。他说"成人"、"成年",未说"成功",而我要补充说:高行健的成功,是拒绝做潮流中人、风气中人、市场中人,个人独立不移的成功。高行健的人生和写作状态,以孤岛般的独处从个人出发,不仅没有主义,而且没有世俗的社会"归属":无党无派,没有团体,没有山头,甚至没有祖国,只有几个天涯海角遥遥相望的朋友。在这些获奖者之中,恐怕也只有他最明白,人一旦落入集体的归属,个人的自由便丧失了。而我觉得特别有意思的是,在获得终身成就"金盘奖"的这些领袖们之中的高行健,恰恰拒绝充当领袖,这人早在二十多年前,就通过他的剧作《彼岸》表明了态度,孤独的主人公"那人"既拒绝充当群众的尾巴,也拒绝充当大众的领袖。领袖人物,尤其是政治领袖总要去争取多数,赢得大众,而思想者却注定只能是少数、异数,甚至时常是单数。高行健的那部《一个人的圣经》发出的正是这样的声音。他的这本新书《论创作》同样如此,这部论著中收集的文章、演讲和对谈,都出自他独特的声音,发前人之未发,令人深省。

孤独,从当下的个人出发,这是高行健的立身态度和写作态度。与老人道主义者不同,他从不泛泛谈论人道、人权和自由。他认为,这些漂亮的言辞如果不落实到个人,只不过是一番空话。人道的许诺说来容易,要真正赢得个人的自由却极为艰难。个人的独立自主,不能等待社会的赐予,只能自己去争取,前提是个人不可被社会的功名货利所诱惑。选择功利,还是选择自由,全取决于自己。个人有力量决定自己的命运,但人毕竟不是超人,因此作家又得放下种种妄念,对自身有清醒的意识。阅读高行健的论著,首先得了解他立身处世的态度。

二

2001年高行健获得诺贝尔文学奖后首次访问香港,在城市大学的欢迎演讲会上,张信刚校长让我对行健作一评介。在评介中我特别指出一点,即人们只知道他是文学家,不知道他也是一个思想家。我从上世纪80年代初一直被他所吸引,就因为他很有思想。台湾大学的胡耀恒教授说:高行健的戏剧是哲学家的戏剧。而我则一直认定高行健的戏剧是思想家的戏剧。《车站》中从等待的人群中走出来的那个"沉默的人",不声不响,径自走了,而总也在等待,恰恰是人性致命的弱点;《彼岸》中拒绝众人追随的"那人",不当带头羊,这在"发动群众"、"依靠群众"的语境中,可是空谷足音;在《逃亡》中的那个"中年人"不仅逃离政治迫害,也要逃出内心的炼狱,却发现逃出心狱要比逃出牢狱更难;还有《山海经传》中那个为拯救天下大众而射日的羿,触怒了天帝,贬到人间,之后反而被大众乱棍打死;还有拒绝太后和皇帝诏令,不肯进入权力框架充当王者师去点缀宫廷的六祖慧能;高行健笔下的这些主人公全是作者人格的投影,他们都维护思想自由而独立不移,他们都有一双清明的眼睛和一种清醒的意识,又都是常人,却在众人的认同之外,甘当"槛外人"、"局外人"或"异乡人"。高行健的美学思想和文学艺术理论,和他的戏剧主人公们具有同样的品格:总站立在风气、俗气、潮流的彼岸。

获奖之前,高行健的论著汇编于《没有主义》书中(首版由香港天地图书公司出版)。获奖之后,他的身体虽然一度经历危机,但思想仍然非常活泼,其美学思索也不断深化。诺贝尔文学奖的巨大荣誉让他忙乎了一阵之后,并没有改变他的文学状态。他依然故我,继续远离大众,远离政治,远离媒体,远离市场。他不仅远离中国,甚至也疏远巴黎的社交与时尚。只一味营造自己的精神世界。在世俗社会里,他是一个超越国界的普世公民;在精神世界里,他则沉浸在文学艺术的创作之中。《论创作》集子中的文章与谈话,尤其是他在台湾大学的四次录影讲座,其独到的思想,真让我惊叹不已。高行健在巴黎做这些录影讲座时,我正好在台中东海大学担任讲座教授,并作了一次全校性的《高行健概论》的演讲。在研究生的课堂里,我放映了高行健寄来的演讲录影,老师和同学们均非常钦佩。他们看到一种没有教条味、没有学者相,没有理论腔,却有的是真知灼见的思想。我虽然在二十年前就阅读他的《小说创作技巧》之后又不断读到他的作品和论说,但是,听了他的台大美学四讲,还是心情难以平静,让我再次感到思想的力量美。除此之外,我还想到应当分清两种不同的思想家,即哲学式的思想家与文学式的思想家。不只是柏拉图、黑格尔、康德、海德格尔那种体系式的思想家。在人类文学史上,我相信,但丁、莎士比亚、歌德、陀思妥耶夫斯基,他们也是思想家,近现代的易卜生、卡夫卡、贝克特同样是思想家,中国的曹雪芹当然也是当之无愧的思想家。这些作家有思想,而且有哲学思想,但建立哲学家的体系不是用概念、逻辑、分析、论证思辨的方式,而是通过文学的见证与呈现,来表达对宇宙、世界、社会和人生的认知,将思想潜藏于作品中,由作品中的人物的言行而得以透露,因而也需要后人加以开掘与阐释。高行健正是卡夫卡、贝克特式的思想家。而他的文论同思想与文学艺术相兼相融,有他独特的开掘与阐释。

三

高行健的文学与美学思想在 2000 年获得诺贝尔文学奖之前的表述,主要收集在《没有主义》一书中。获奖后又立即出版了《文学的理由》,进一步立论,更为扎实。现今这本《论创作》,思想和论述又进了一步,让我再一次感到"新鲜"。尤其是他提出作家不以"社会批判"作为创作的前提,可以说是直指现当代文学的主流,这得有很大的理论勇气。近一百多年来,一个先验设置的乌托邦成了裁决是非和社会正义的标准,把文学也弄成了改造社会的工具。高行健却毫不含糊丢开这个前提,拒绝充当人民和社会正义的代言人,也拒绝充当政治的斗士和烈士,而只是作为社会的观察家、历史的见证人和人性的呈现者,对现时代的作家而言,这不能不说是立身处世和写作态度的一个根本的转变。

高行健扬弃了一个世纪以来中国知识界普遍接受的这种世界观,是否就提出了一种新的世界观?我不敢贸然论断,但有一点却是可以确定的,那就是他拒绝用先验的理论框架来解释或营造世界。他有一种深刻的怀疑,不相信这世界是可以改造的,也不相信人性可以改造,这种怀疑精神贯穿他的全部作品,从《灵山》到《叩问死亡》。他这本论文集则做出了充分的阐述。

四

《论创作》一书,内容广泛而丰富,而全书的基调就是"走出 20 世纪"。1996 年李泽厚和我发表《告别革命》之后不久,高行健写作《另一种美学》,也提出"告别艺术革命"的理念。上世纪 90 年代,他不断和我说的是"走出政治阴影"、"走出噩梦"、"高举逃亡的旗帜、拒绝政治投入"。2005 年我和他多次重新观览罗浮宫。之后,我又到佛罗伦萨、威尼斯、梵蒂冈等处阅览古典大艺术。回到巴黎,我们谈论起欧洲艺术,他总是说:比起文艺复兴和十八九世纪的启蒙思想及人文主义,20 世纪是艺术大倒退。从尼采到后现代主义到种种泛马克思主义思潮,其基本点是社会批判。颠覆前人则是这些思潮的基本策略。高行健对这些思潮,对以"现代性"为旗帜的 20 世纪艺术思潮提出大怀疑。……现代性正是这样的一个似乎不可违背的标准,否则就判定落伍或过时,否定的否定,从上一个世纪初的社会批判到六七十年代对艺术自身的颠覆,进而为颠覆而颠覆,唯新是好,到了上一个世纪末,艺术消亡,变成作秀,变成家具设计和时装广告;对艺术观念的不断定义则变

成言说,甚至弄成商品的陈列,正是这种历史主义写下的当代的艺术编年史。

从告别20世纪的艺术革命开始,近十年来高行健形成了"走出20世纪"的大思路,他面对的不仅是艺术,而且是被东西方知识分子普遍认同,形成"共识"和"通识"的一些主流思潮,至今还在东、西方课堂上与社会上广泛流传,诸如"革命是历史的火车头","彻底粉碎旧世界","作家是人民的喉舌,时代的镜子","造就新人新世界","资本主义必然灭亡,社会主义必将在全世界赢得胜利","颠覆传统","不断革命","作者已死,'艺术的终结'","解构意义","零艺术",如此等等,这些理念和思路,在高行健看来不是现代乌托邦的妄言,就是自我无限膨胀的臆语。而他讲的清明意识,则是指作家得回到脆弱的个人,以一双冷静的目光既观注人世,又内审自我,从20世纪的意识形态的迷雾中走出来,发出个人真实的声音,从而留下人类生存困境和人性困境的见证。

《论创作》的主要论题,都与"走出20世纪"的大思路相关。他的台大讲座的第一讲《作家的位置》,讲的便是作家应当告别老角色,不可再用政治正确和身份认同来作为自己的通行证,不必再用政治话语取代文学话语,也不要用意识形态裁决取代审美判断。20世纪,作家的政治介入和文学的政治倾向,被视为理所当然,结果是把文学绑上政治战车。而任何政治,也包括民主政治,都无法改变政治乃是权力运作和利益平衡这一基本性质。所谓持不同政见,也是一种意识形态,也无法摆脱现实的政治利害。文学只有超越一切政治,摆脱现实利益的牵制,摘除身上的各种政治标签,发出人的真实的声音,才能赢得自由。

20世纪无孔不入的政治制造了许多灾难,也带给作家一些幻象,许多作家自以为可以充当"先知"、"社会良心"、"人民代言人",甚至以救世主自居。这种大角色在左翼作家和左翼知识分子中一度成为通识和文学公理。高行健却拒绝充当这些大角色,坚持文学是个人的创造,认定文学活动是充分个人化的活动,守持个人的自由思想和独立不移的文学立场,发出个人真实的声音。而人类文学史上的一些伟大作家,恰恰不以此种大角色自居。他们的文学使命在于发出人的真实声音,而非政治呐喊。高行健写道:

什么地方才能找到这真实的人的声音?文学,只有文学才能说出政治不能说的或说不出的人生存的真相。十九世纪的现实主义作家巴尔扎克和陀思妥耶夫斯基,他们不充当救世主,不自认为人民的代言人,也不作为正义的化身,而正义何在?他们只陈述现实,没有预设的意识形态去批判和裁决社会,或虚构一番理想的社会蓝图,恰恰是这样超越政治超越意识形态的作品,提供了对人和社会的真实写照,把人的生存困境和人性的复杂展示无遗,无论从认知还是审美的角度来看,都经得起时间长久的考验。

高行健的"走出 20 世纪",并不是什么高调,更不企图制造新的乌托邦和新的幻象,只不过返回巴尔扎克和陀思妥耶夫斯基,返回荷马、但丁与莎士比亚,也即返回作家本来的角色和文学的本性。走笔至此,我想说,在我见到读到的当代作家中,没有一个像高行健对 20 世纪文学艺术的这种时代病如此敏感,又如此尖锐地指出这病痛之所在。

五

在论说《红楼梦》时,我曾说,凡是经典的文学作品,均是宏观方向与微观方向的双重成功。既有史诗性的宏观结构,又有细部的诗意描写。高行健的代表作《灵山》及另一长篇《一个人的圣经》皆具这种特点。而他的文学美学论著,也有这种宏、微兼备的优点。"走出 20 世纪",这是他的宏观思路,而在这一大思路之下,则是他独特的、具体的审美经验和从这些经验提升出来的创作美学、醒观美学,也就是他自己所说的美的催生学,小说、戏剧和艺术的创作美学。我缺少创作实践,所以特别羡慕他的艺术发现和艺术经验,以及与所谓体系性理论大不相同的美学。我难以抵达的不是他已认识到的大思路,而是这些微观美学的原创。

我的《放逐诸神》、《告别革命》与他的《没有主义》相通,这是我能企及的,而他的"语言流"代替意识流的写作实践与绘画创作达到的审美经验,则不是我能表述的。就像《灵山》所涵盖的禅宗文化、道家文化、民间文化、隐逸文化,我能把握,而以人称代替人物并展示丰富的内心图景和复杂的语际关系,是我望尘莫及的。至于他的剧作法和导演艺术以及关于表演的三重性及中性演员的表演方法,我更是止于理解。本书中《小说的艺术》、《戏剧的潜能》和《艺术家的美学》，没有任何引经据典，不借用其他美学家的论点论据，完全是他自己审美经验的概括与升华，这真正是为美学长河引入新的水源。高行健在《艺术家的美学》中说：

> 这种美学区别于哲学家的美学，就在于直接推动艺术创作，是美的催生学。

而哲学家的美学则是对已经完成的艺术作品进行诠释，面对的是已经实现了的美，再加以解说。哲学家不研究美是怎样产生的，他们只是给美下定义，或者说，找出审美的标准，确立种种价值标准。而艺术家的美学倒过来，走一个完全不同的方向，研究的是美怎么发生，发生的条件，又怎么捕捉美并把它实现在艺术作品中。这就是艺术家的创作美学与哲学家的诠释美学的重大区别。

六

用宏观与微观来加以分说，是我的评论语言，而对高行健而言，则是一种完整的、难以分殊的方法论。这种方法论既派生出反潮流的大思路，也帮助他创造出新的艺术形式。

上个世纪80年代，他的《小说技巧初探》，引发了一场全国性的小说美学论争，其思路就不同寻常。作为思想与心灵完全相通的朋友，我们相互勉励的首先是要变更思维方式，这也导致我后来倡导了文学研究方法论的改革和文学主体论的提出。无论在中国还是在西方，我都一再地听到他对黑格尔的"辩证法"的尖锐的批评，对其"绝对精神"则决然摈弃。他常说，所谓绝对理念不过是思想的终结，没有人能拥有绝对真理，人类对世界与人自身的认知永远也不可能穷尽。黑格尔的否定之否定，高行健认为这并非是自然的法则，辩证法也不过是一个简单的模式，否定并不一定导致创造，而否定的否定并不一定走向更高的层次。认识本无一定的规律可循，只能认识，再认识；每一次新的认识都是去重新发现新的可能和机制。认识与再认识才是高行健的方法论，无论是对待大文化传统，还是对小说、戏剧、绘画的艺术形式的探索，他总是在已知的基础上去找寻新的认识，从中发掘出新的契机与可能，找到新的技巧与表现。

他在台大作的《小说的艺术》与《戏剧的潜能》两个讲座，如果从方法论的角度去研读，更会感受到他的这种开放性思维。高行健不承认"文学已死"、"绘画已死"这种命题，相反在确认文学、戏剧、绘画各种艺术形式的限定下去找寻再创造的可能，而不去"反小说"、"反戏剧"、"反绘画"。对于20世纪的艺术革命和传统颠覆这一主流思潮，他恰恰反其道而行之。他牢牢把握各种艺术样式最基本的限定，在有限的前提下去追求无限。他在小说和戏剧创作中以人称代替人物；以语言流取代意识流；把人称的转化引入剧作法，提出确立中性演员身份的表演方法；以及在具象与抽象之间去发掘造型的新的方向和艺术表现，这些创作的实绩都为他的创作美学奠定了基础，进而推动他本人的创作，也肯定会启发许多作家和艺术家。高行健的创作美学已经超越了20世纪主流的意识形态，提示了一个十分有趣的新方向。

（选自《高行健引论》）

高行健《游神与玄思》诗集序

十三年前,我读了《一个人的圣经》打印稿时受到震撼,立即写了一篇《中国文学曙光何在》,发表于香港《南华早报》,今天读行健的诗集,尤其是读了《美的葬礼》和《游神与玄思》二首,又一次得到震撼。

行健的诗写得不多。我出国后才读到几篇,每篇都有新鲜感。二十年前,读了《我说刺猬》现代歌谣之后,曾对行健说:"你应多写一点诗,甚至可以写一部长诗。"因为我觉得他已经创造了新诗的一种新文体,语言精辟,极为凝练,诗中蕴含独到的思想,轻轻松松戏笑之间,显露出对世界和人性深刻的认知,但又毫不费解,非常清晰,一读就懂。

等待了二十年,这才再读到他去年的《游神与玄思》和今年的新作《美的葬礼》。这一次我所以再度受到震撼,是因为面对危机重重找不到出路的现今这时代,我霎时心明眼亮,得到一种启迪,一番彻悟。兴奋之余,我对行健说:"你的诗,有一种诗意的透彻。"

所谓透彻,乃是对世界和对人类生存环境认知的透彻。"透彻"与"朦胧"正相反,毫无遮蔽,畅快直言真切的感受。在当下一片浑浊的生存困境下,一个诗人或思想者究竟能做什么?人倘若摒弃种种妄念的屏障而活在真实之中,又是否可能?读了行健的诗集,我竟像读到一部拥有真知灼见的思想论著,从困顿中幡然觉悟:

　　生命之于你
　　重又变得这般新鲜
　　还在这人世
　　纵情尽兴
　　再一番驰骋
　　莫大的幸运!

这正是《游神与玄思》的开篇,全诗三十三节,诗人直抒胸臆,十分清醒,又多么自在。人终有一死,剩下的时间不多,这有限的生命该怎样活?怎样面对这"纷纷扰扰"的世界?怎么摆脱"隐形大手""暗中拨弄",从而赢得诗意的栖居?世界如此混沌,诗意栖居又是否可能?众生如此纷扰,到处是陷阱,自由何在?诗人透彻了解当今的现实,并不绝望,就上帝"放他一马"的机会,在人世中竟然纵情尽兴,大大驰骋一番。行健在获得诺贝尔文学奖之后,盛名之下各方的压力,劳累不堪,大病之后居然康复。如今又是作画,又拍电影,又写诗,还又建构另一种美学,不拘一格试验,寻找各种艺术形式再创造的可能,也包括新诗体的创造。这一切都是他透彻领悟世界之后的新成就。他的诗得大自由,正是这番驰骋极为有力的见证。

说起诗,应当承认一个基本事实:现代诗的读者越来越少,影响越来越微弱。个中原因很多,也许是这世界已被俗气的潮流所覆盖,缺少诗意;也许是因为金钱和市场霸占了全球,而政治的喧闹又无孔不入,没有诗的位置了;也许因为小说的文体更加贴近生活,更能满足读者日常的需求而挤压了诗歌。但是从诗本身而言,有一些原因恐怕是当代诗歌的一种致命伤,这就是没有思想。换句话说,是诗人没有足够的智慧和思想回应当下人类生存的真实困境。我们眼前的世界整个地球向物质倾斜,工具理性粉碎了传统的价值观,人正在蜕变成金钱动物。面对令人不知所措的现今世界,恰恰需要哲学的回应,也需要诗的回应。

20世纪之中,艾略特的诗所以能独树一帜,乃是因为他及时地回应了人类的难堪处境,正如卡夫卡捕捉到世界的"荒诞"一样,他捕捉到世界的"颓败"。他发现繁华掩盖下的"荒原",给人间敲响了诗的警钟。艾略特的发现,不在于语言的技巧和诗的朦胧,而在于他的思想的透彻。他没有落入词句的游戏,而是紧紧抓住时代的病症,并对世界敲响了警钟。然而,这近几十年来的当代诗,不幸丧失了艾略特的真谛,落入了玩语言、玩技巧、玩辞章造句的迷魂阵之中,没有思想,没有感受,没有切肤之痛,更没有深刻的认知。语言技巧的游戏无法掩盖思想的苍白。我们看到的一些中国诗人,陷入这种词句的游戏,甚至言不知其所以,让人不知道他们是否真有话要说,还是词不达意,还是就没有感受,也没有含义。只见他们生吞活剥效仿翻译的西方现代诗,自己的诗也近乎欧化的翻译体,而最要命的是缺少对世界清醒的认识,自然也看不到他们对现时代人类生存困境必要的回应。

高行健《游神与玄思》诗集序

行健的诗和中国时行的诗歌基调毫不沾边,与当今流行的诗歌范式也全然不同。我所以喜欢读行健的诗而且受其震撼,就因为他的诗确实有思想,又有真切的感受。可以说,他的每一行诗,都在回应这时代的困局。他诗中说得很清楚:

啊,诗

并非语言的游戏

思想

才是语言的要义

正因为他的诗回应了东西方人类普遍的生存困境,而且没有一句空喊,没一句矫情,毫无矫揉造作,句句出于真情实感,令人止不住产生共鸣。如果说,艾略特捕捉到的是人类世界的"颓败",那么,高行健捕捉到的是人类现时代价值沦丧的"虚空"。这可是前所未有的大空虚,"一派虚无乃事物本相,只能拾点生活的碎片"(《佳句偶得》第二十四节)。人的精神被钱与权所替代,而人性变得日益贪婪,政治无穷尽的喧闹,而市场无孔不入,连文化也变成谋利的工具。这一切乃是"真、善、美"价值大厦的倒塌。正是在这如此虚空的语境下,高行健推出《美的葬礼》。这首长诗开篇便叩问:

你是否知道美已经消逝?

你是否知道美已经死亡?

你是否知道美已经葬送掉?

跟随这发人深省的叩问,"现如今 满世界/目光所及 铺天盖地/处处是广告/恰如病毒 无孔不入/每一分 每一秒/只要一打开电脑/堵都堵不住!/再不就是政治的喧闹/党争和选票/而八卦泛滥/媚俗加无聊/唯独美却成了禁忌/无声无息/了无踪迹/你还无法知道谁干的勾当/光天化日之下好生猖狂/美就这样扼杀了/湮灭了 了结了/真令人忧伤!"

可以说,句句切中这时代的病痛。

精神的贫困满世界弥漫

这人世越来越嘈杂

人心却一片荒凉

当今世界缺少诗意,而高行健的诗却布满诗意。这种诗意既来自他对世界的清明意识,也来自他对这世界日趋虚空深深的忧伤。认知是深刻的,忧伤也是深刻的。现今的政治都变成追逐权力的游戏,"正义"成了应时的空话,一切都被纳入市场,人性的贪婪变得如此猖狂,人间愈来愈像个大赌场——战争时期是屠场,和平时代是赌场。可是谁也救不了世界,文明的欧洲连"救市"都救不了,还有什么能耐"救世"?世界难以拯救,人性难以改造。对于这人世的虚空,高行健看得极为清楚,因此也深深悲伤。这忧伤,便是关怀。有人说,高行健的"冷文学"缺少社会关怀,殊不知这忧伤悲天悯人,正是大关怀。这是禅宗慧能式的关怀,行健不唱救世的高调,却也从不避世,他冷静审视世界,又用文学见证这个世界,在冷观中呼唤良知,在见证中寄托希望,其诗意就在冷观与见证之中。

  高行健因为法文好,很早就是介绍西方文化的先锋,这是人们知道的,但少有人知道,行健的中国文化底蕴也非常深厚,不仅对儒、道、禅都有自己的一套见解,而且对中国古诗词很有研究。他写的诗并不仿效西方的现代诗,而是继承中国古诗词的明晰和可吟可诵的乐感。乐是一切文学的发端,更是中国文学的发端。中国的"词"本就是可配乐的诗,汉语的四声语调与节奏,天生具有音乐感。行健的诗一方面富有思想,一方面又富有内在情韵和外在音韵,朗诵起来朗朗上口。他不把功夫用在辞采的炫耀上,不故弄玄虚,而是言内心的真实之言,可以吟唱。读了他的《灵山》,觉得他是精神流浪汉,读他的诗集,则觉得他是个行吟的思想家。诗中有思想,思想中有诗。正如王维:"诗中有画,画中有诗。"

  在政治和市场的双重压力下,当今有的诗人,却功夫做在诗外,一味追逐权力与功名。"诗人都说诗歌好,唯有功名忘不了",曹雪芹的《好了歌》,可改两个字赠予这样的诗人。而高行健虽写诗不多,却是真诗人。他的人生状态、写作状态是诗的状态,即超功利、超妄念、超越一切外部的"功夫"。十年前,我用"文学状态"四字形容他,今天则要用"诗状态"三字来形容他。有诗人主体的诗状态,才有诗文体的诗意。诗的思想,诗的真情实感,诗的自然咏叹,均与诗人的状态相关。"诗状态",是高行健对现实世界的挑战。我相信,高行健的诗,将与他的小说、他的戏剧、他的绘画一样,一定会走进人的心灵,引发长久的共鸣。

2011年12月13日
于美国科罗拉多

中国大地上的野性呼唤

去年3月,我在加州伯克利大学所作的一次学术讲演中,热烈地赞赏莫言的《红高粱》、《酒国》和他新的长篇小说《丰乳肥臀》。一年又六个月过去了,最近我又老是想起莫言,这大约又是与我对文学的思考相关。不知道怎么回事,近年来我老是想到文学的初衷,想到人类如果不是生命表达的需要似乎不必有文学;想到大陆的许多作家技巧愈来愈细密,但作品愈来愈苍白;想到古今中外的文学巨人们总是面对生命的大困惑而不仅仅玩弄语言;想到文学家毕竟不是文学匠……想到这些,便想到"莫言"二字。

莫言没有匠气,没有痞气,甚至没有文人气(更没有学者气)。他是生命,他是顽皮的搏动在中国大地上赤裸裸的生命,他的作品全是生命的血气与蒸气。80年代中期,莫言和他的《红高粱》的出现,乃是一次生命的爆炸。本世纪下半叶的中国作家,没有一个像莫言这样强烈地意识到:中国,这人类的一"种",种性退化了,生命萎顿了,血液凝滞了。这一古老的种族是被层层累累、积重难返的教条所窒息,正在丧失最后的勇敢与生机,因此,只有性的觉醒,只有生命原始欲望的爆炸,只有充满自然力的东方酒神精神的重新燃烧,中国才能从垂死中恢复它的生命。十年前莫言的透明的红萝卜和赤热的红高粱,十年后的丰乳肥臀,都是生命的图腾和野性的呼唤,十多年来,莫言的作品,一部接一部,在叙述方式上从不重复自己,而且,在中国八九十年代的文学中,他始终是一个最有原创力的生命旗手,他高擎着生命自由的旗帜和火炬,震撼了中国的千百万读者。

与那些只会玩弄技巧和语言的作家不同,莫言热烈地拥抱人生、拥抱历史,在自己的作品中跃动着大爱与大恨。他从未陷入反映现实和背离现实的泥坑中,既拥抱大地又超越大地,在所有的表述中都保持着自己独特的哲学态度,这一态度就是认定:生命,只有龙腾虎跃不为缰绳所缚的生命,才是历史的原动力。这一原动力才使历史变成活生生的让人的灵魂不断站立起来的历史。莫言的文本策略,就是把这强调生命野性的哲学态度推向极致。任何作家只有把自己的艺术发现推向极致,才能走出自己的路来,四平八稳的作家是没有前途的。

20世纪中国文学的致命伤是它太意识形态化,尤其是30年代的左翼文学和40年代之后的社会主义现实主义文学,在此文学氛围中,莫言独树一帜,拒绝接受意识形态观念对历史的垄断,不仅从不陷入意识形态的逻辑,而且以作品沸腾的岩浆化解这些逻辑并完成了只属于"莫言"名字的他人无法替代的创造。这些让世界注目的创造,使蜕化成意识形态现象的中国文学,又回归到生命现象与个人现象。

(原载《明报》1997年9月17日)

赤子莫言

过十天莫言就要来访。落基山边科罗拉多大学校园里有他的两位知音——葛浩文和我。尤其是葛浩文,"莫言"二字是他口中最积极的语汇。和他见面时如果听不见"莫言",一定是身体出毛病了。莫言的小说他一概翻译,《酒国》刚出版,本月20日莫言将在丹佛大书店出席新书发布签名仪式。《丰乳肥臀》也已开译,这部五六百页的大书,够老葛"爬行"三五个月了。

因为莫言要来,我便读他出版不久的散文集《会唱歌的墙》,也读同时同社出版的贾平凹的《造一座房子的梦》、苏童的《纸上的美女》、余华的《我能否相信自己》。四部散文集都好,但我尤其喜欢莫言。

莫言在散文中袒露了一个赤裸裸的自己,一个光着屁股走进学校然后又带着浑身野气走进军队走进文坛的自己。他一点也不遮丑:"据母亲说,我童年时丑极了,小脸抹得花猫绿狗,唇上挂着两条鼻涕,乡下人谓之'二龙吐须'。母亲还说我小时候饭量极大,好像饿鬼托生的。去年春节我回家探亲,母亲又说起往事。她说我本来是好苗子,可惜正长着身体时饿坏了胚子,结果成了现在这个弯弯曲曲的样子。说着,母亲就泪眼婆娑了。"莫言长身体的儿童时代正是大陆的"困难时期",他被饥饿折磨得变态了:"我从小饭量大,嘴像无底洞,简直就是我们家的大灾星。我不但饭量大,而且品质不好。每次开饭,匆匆把自己那份吃完,就盯着别人的碗嚎啕大哭。母亲把自己那份省给我吃了,我还是哭。一边哭着,一边公然地抢夺我叔叔女儿的那份食物。"母亲常常批评他"没有志气",他也曾多次下决心要有志气,但是"只要一见了食物,就把一切的一切忘得干干净净"。莫言不仅在家族中是最不讨人喜欢的一员,而且在学校里又是一个直到读三年级还穿开裆裤,常尿尿课堂里的"熊孩子",而十二岁读五年级开始"创作"时写的"诗"又是"造反造反造他妈的反……砸烂砸烂砸他妈的烂……"然而,"不幸的童年是作家的摇篮"(海明威语),黑暗、恐怖、饥饿相伴的儿童时代赠给莫言不拘一格的心灵、天马行空的个性和活泼到极端的艺术感觉,从而也导致他的千奇百怪的梦境和对自然、社会、人生的惊世骇俗的看法。许多作家,也有不幸的童年,但是,长大成人后却被沉重的理念覆盖住了,因此,对宇宙人生的看法也被理念牵向苍白而世故的绝境。而莫言则不同,他说童年时的记忆刻在骨子里,成年时的记忆留在皮毛里。刻在骨子里的记忆和根深蒂固的童心,使他冲破一切教条的羁绊而把想象力和创作力发展到极致。

我喜欢莫言,正是他至今仍然像个孩子,仍生活在长满红高粱的儿童共和国里。这一共和国的公民是拒绝一切面具和一切包装的。莫言的散文没有任何包装,连知识的包装也没有。散文最能反映作者本人的性情人格,这部散文集所反映的莫言是活水,是沧浪,是狮子,是粗犷的大自然。当作家们在玩语言、玩技巧、玩知识而玩得走火入魔的时候,莫言却说"不"。他拒绝语言的遮蔽和学问的遮蔽,绝对不能让辞章和书本遮蔽真生命,更不能遮蔽那颗在高密故乡生长起来的敢哭敢笑敢爱敢恨的童心,无论是今天还是明天,只能让爷爷的手臂和歌声推着自己的肉体和灵魂一直往前走。正是这种选择,造就了当代中国的赤子和天骄似的作家莫言!

(原载《明报月刊》2000 年第 4 期)

莫言的鲸鱼状态

1995年,美国科罗拉多大学教授、著名翻译家葛浩文(他是莫言代表作的译者)和我商量在学校里开个莫言作品讨论会。他亲自到北京请莫言,我也给莫言写一封信。信中我表明了一种期待:高尔基有篇纪念托尔斯泰的散文,说托尔斯泰如果生活在海洋里,一定是一条鲸鱼,我希望你能成为文学海洋里的鲸鱼。没想到,我的期待被他放到心里了。他在获得诺贝尔文学奖后第十天,给《明报月刊》写了一则短章,如此说:

> 多年前,刘再复先生希望我做文学海洋的鲸鱼。这形象化的比喻,给我留下了深刻印象。我复信给他:"在我周围的文学海洋里,没看到一条鲸鱼,但却游弋着成群的鲨鱼。"我做不了鲸鱼,但会力避自己成为鲨鱼。鲨鱼体态优雅,牙齿锋利,善于进攻;鲸鱼躯体笨重,和平安详,按照自己的方向缓慢地前进,即便被鲨鱼咬掉一块肉也不停止前进、也不纠缠打斗。虽然我永远做不成鲸鱼,但会牢记着鲸鱼的精神。
>
> 莫言　2012年10月21日夜
> (载于《明报月刊》2012年第11期)

莫言很谦虚,说他"做不了鲸鱼",其实他在获得诺奖之前就已成了文学海洋中名副其实的鲸鱼了。他在这一短章中概说的鲸鱼精神是"和平安详,按照自己的方向缓慢地前进",即使被鲨鱼伤害,也不停止前进,更不纠缠于打斗。这是莫言自己道破的成功密码,即不停地写作,不停地提升,不停地靠近自己的目标,不理会他人的攻击,坚定地走自己的路。

莫言没有当鲸鱼的野心,却牢记鲸鱼的精神,并用鲸鱼跃海的精神激励自己,他在《捍卫长篇小说的尊严》一文(此文曾发表于《当代作家评论》,获奖后作为上海文艺出版社莫言作品系列的"代序言")中,特别阐释了鲸鱼精神的内涵。他说:

> 真正的长篇小说,知音难觅,但知音难觅是正常的。伟大的长篇小

高行健与莫言讲座（2013年）

说，没有必要像宠物一样遍地打滚，也没有必要像猎狗一样结群吠叫。它应该是鲸鱼，在深海里，孤独地遨游着，响亮而沉重地呼吸着，波浪翻滚地交配着，血水浩荡地生产着，与成群结队的鲨鱼，保持足够的距离。

（参见2012年上海文艺出版社的诸种长篇小说新版本）

这段精彩的话语，把鲸鱼状态、鲸鱼精神描述得极为明晰。孤独地遨游，响亮而沉重地呼吸，波浪翻滚地交配，血水浩荡地生产。这是前进状态，建设状态，积极状态，创造状态。这又是充分个人化的状态，充分独立自行的状态。与成群结队的鲨鱼状态完全不同，与成群吠叫的猎狗状态完全不同，也与遍地打滚的宠物状态不同，鲸鱼状态，是大生命的状态，是大行进状态，是大气象的状态，是大文学的状态。莫言的状态便是这种鲸鱼状态。

十五年前，即1996年1月6日，莫言在给我的回信中，就已确认了这种鲸鱼精神。也就是确认，作家不管是否可以成为"鲸鱼"，但必须具有不断进取、不断遨游、不断呼吸、不断生产的鲸鱼精神。他说：

谢谢您对我的期望。但要我成"鲸"也不易。……当然，孜孜不倦的努力是肯定的，挖空心思地试图变化自己的面目也是肯定的，不屈不挠地跋涉泥泞也是肯定的。

十多年前,我就称莫言为"黄土地上的奇迹",现在看来,他不仅是中国黄土地上的奇迹,而且是地球这个蓝色星球"蓝土地上的奇迹"。从中国遨游到西方,从太平洋遨游到大西洋,还将从21世纪遨游到今后的许多世纪。我们为中华民族能出现这么一条文学大鲸鱼而骄傲,但最好应如他所说的,重要的是牢记鲸鱼的精神。

2012年12月12日
于香港清水湾

附:力避成为鲨鱼

——莫言致刘再复信

再复先生吾师:

托浩文先生带过来的信反复阅读了,并试图把您的每一个意思扩展开来。几十年前我在军艺读书时,听过您好多课,关于"扁平人物"与"多重性格复合",您的许多精彩观点时时难忘,并实际上成为我创作心理的一部分,指导之功大焉!您远在美国,竟对我如此关注,令我感动不已。

关于走出国门看世界一事,也是我多年的愿望,只是脱身不了。但愿下个世纪能挣脱羁绊,展开翅膀。趁着现在有精力,多写点东西,也许是好事——也只能如此。

老葛很豪爽、很健谈,他的蓬勃的精神和旺盛的精力令人钦佩。我为能遇到他深感庆幸。只可惜他在华期间我的女儿生病,使我无法专心陪他。

您去国这些年,国内文学界其实并无多大变化,新进作家倒是出了不少,但都是技术纯熟,精巧有余,磅礴粗砺气象不足。宛若苏州园林、小桥流水、杏花江南,难得见大漠板荡、荒原雪山。且心思似乎都落在身边琐事、醉男怨女、蝇营狗苟。难得见您推崇的大爱大恨大善大美,更难见崇高庄严之气。由此推想,您所期待的"鲸鱼",是很难在这一代作家里产生的。很可能产生几条"鲨鱼"也没可知。

　　我想,限制了中国作家进化成"鲸"的,除了外在的原因之外,作家们过分的精明与计算更是致命的原因。我想鲸鱼是从不选择食物的,它张开巨口,有点容纳百川的意思。鲸鱼也是不怕伤害的,它连舔伤的技能都不具备。

　　谢谢您对我的期望。但要我成"鲸",也不易。我大概连"鲨鱼"也成不了。当然,孜孜不倦的努力是肯定的,挖空心思地试图变化自己的面目也是肯定的,不屈不挠地跋涉泥泞也是肯定的。但我这一辈子能不能写出一部达到了艺术高标的作品,只能看老天爷的意思了。

　　那个讨论会,去年即报到作协外联部,但至今也没批下来,能否召开,难以预料。我对此事一开始就持消极态度,但难拂人家的好意。我十分同意您的看法。我生性不喜张扬,与北京的文艺圈几乎没有交往,更不愿被放到聚光灯下,自己一肚子别扭,别人还以为我多么得意。讨论会讨论不出来好小说,好小说还是要躲在冷屋子里一字字地写。向师母问好!

　　您有事,可来信,我尽力去办。

　　新出一书《丰乳肥臀》,托浩文先生带去,他是哈尔滨的"搬运工"。

即颂

　　大安!

莫言

1996年1月6日

中国出了部奇小说

——读阎连科的长篇小说《受活》

说《受活》把荒诞推向极致,便是说它充满奇诡地把席卷中国的非理性的、撕心裂肺的激情推到喜剧高峰,令人震撼。但《受活》的奇还不在于此,它的奇还在于写得非常冷静,让读者看到的不是滑稽剧,而是非常透彻的精神真实。这一真实就是千百万中国现代文明人都生活在幻觉之中,生活在新旧乌托邦幻象的交织纠缠之中。

近几年我逐步返回古典,在与林岗合著《罪与文学——关于文学忏悔意识与灵魂维度的考察》的时候,通过走进《红楼梦》,又走进禅宗与老庄。心思往远处移动,对故国当代文学的足迹就有点跟踪不上了,只能在朋友的推荐与推动下作有限的阅读。没想到,今年夏天我在阅览中却发现了一部奇小说,读后真让我拍案叫绝、激动不已。不写下一点阅读心得,简直无法平静下来。

一、苦中写作苦中作乐

这部奇小说名叫《受活》,作者是阎连科。"受活"二字是北方方言,意思是享乐、享受、快活、痛快淋漓。在小说的特定语境(豫西耙耧山脉)中,乃苦中作乐之意。阎连科对我来说有点陌生,读了他的书和《阎连科传略》(梁鸿撰),才知道他于1958年生于河南嵩县,1991年毕业于解放军艺术学院文学系,属部队作家。在《受活》问世之前,他已出版了《日光流年》、《坚硬如水》等七部长篇小说和《年月日》、《耙耧天歌》等十余部中短篇小说集。他除了拥有天才之外,还有一种超人的勤奋,仅1989至1994年就创作了二百多万字的小说。由于过度疲劳,年纪轻轻就得了腰椎病。得病后,他在腰上绑一个用钢板造的宽大腰带继续写。不能在桌前写,就趴在床上写,结果又引发颈椎疼痛,最后只好到生产残疾人设备的机械厂订了一张座位半躺着的特殊椅子,前面固定着一块斜板,稿纸夹在上面,像写毛笔字一样悬肘写作。了解了阎连科的写作状态,不免产生多重感叹,最后一重是:故国土地上出了奇才奇书,而我竟然不知不觉。

《受活》真是特别。我一路读下来,也一路笑个没完没了,然而掩卷之后,却只想落泪。小说写的是豫西耙耧山中一个从明代开始就被世界遗忘的山村,这个名叫"受活庄"的村子住着一群代代相传的残废的"化外之民"。

这些置身化外的瞎子、瘸子、聋子们,虽然身体有缺陷,却和睦相处、各得其所,过着封闭而安宁自足的生活。但是,到了20世纪下半叶,无孔不入的大革命潮流终于打破其桃花源似的平衡,挟带着它大浮大沉,展开了五十年离奇而惊心动魄的故事。

故事的主角之一是在红军长征中掉队的女孤儿,名字叫作茅枝。她在爬雪山时左腿骨折,并冻坏了三对脚趾,和组织失去了联系。之后,她独自沿路讨饭,来到受活庄落户。1949年革命成功时,这个山庄仍在沉睡,两三年后,她在偶然间发现世外的文明社会已发生天翻地覆的变动。受其启发,她找到了革命政权,并开始带领受活庄的化外之民入社、入化,即组织起来进入合作化运动。但想不到的是,受活庄一旦化入文明社会,遭受到的却是人为的无穷尽的折腾与煎熬。文明的美食尝不到,野蛮的"活"却受够了滋味。在良心的差遣下,这位老革命苗子决心带领村民们退社,回归到先前远离社会的化外集体隐逸状态。

另一个主角是处于化内文明社会中心的双槐县(受活庄所在的县)的县长柳鹰雀。这位出身于地方社校(干部训练所)的父母官,为了让自己的子民实现天堂之梦,在当下发财致富的现代化大浪中构思出一个奇异的工程项目,决定在受活庄附近的魂魄山上建造一座列宁纪念堂,并组织代表团,准备到莫斯科去把列宁遗体买回来安放在山上,以吸引全国以至世界各地的人们前来瞻仰,从而收取数不尽的入场参观费。为了建造纪念馆,他又奇异地把受活庄上百个残疾人组成绝术表演团,在各地巡回演出并引起轰动效应。最后,他派出的赴俄代表团在北京被扣留,他本人也被撤职,其天堂梦也以破灭而告终,但他在被撤职前,还利用县长的最后一次权力,为受活庄办了退社手续,成就了这群残疾人告别文明的心愿。他自己也扑到汽车轮下自残双腿,选择受活庄作为自己的归宿,变成另一个化外之民。

二、黑色荒诞红色荒诞

上述两个主人公所负载的两条主要故事线索既交叉,又合二为一。无论是茅枝婆"入社—退社"的故事,还是柳鹰雀筹建列宁纪念馆的故事,都带有极大的荒诞性。可以说,《受活》的主要文本策略是把荒诞推向极致。小说的第三章标题是"絮言——黑灾、红难、黑罪、红罪"。《受活》既是黑色荒诞,又是红色荒诞。就像荒诞剧大师尤奈斯库(Eugene Ionesco)的名剧《犀牛》一样,在发财致富的狂想曲中,从柳鹰雀到受活庄绝术团演员到全县观众,全都变成欲望的犀牛,横冲直撞,也全都是狂想曲中的一个变态的音符,狂奔乱跳。荒诞剧主人公柳鹰雀为了实现其乌托邦的目标,竟不择手段妄想从革命导师遗体这一老"本"中榨取出"万利万万利",而且想到"一本万利"的目标实现之后,他的照片将可以和马恩列斯毛并列贴在墙上而成为"全世界最伟大的农民领袖,第三世界最杰出的无产阶级革命家",狂想曲狂到石破天惊,欲望膨胀到不知天高地厚。

所谓荒诞性并不就是无稽性。在20世纪上半叶崛起的西方荒诞派戏剧和小说,其荒诞乃是一种美学范畴。加缪的名著《西西弗斯神话》(*The myth of Sisyphus*),其三个组成部分的题目是"荒诞的推理"、"荒诞的人"和"荒诞的创作",整部著作的核心概念是"荒诞"。加缪一再定义"荒诞",他说:"所谓荒诞,是指非理性和非弄清楚不可的愿望之间的冲突,弄个水落石出的呼唤响彻在人心的最深处。"又说:"荒诞从被承认之日起,就是一种激情,最撕心裂肺的激情。但,全部的问题在于是否能靠激情生活,还在于是否能接受激情的深层法则,即激情在振奋人心的同时也在焚毁人心。"(《加缪全集·散文卷一》第80页)说《受活》把荒诞推向极致,便是说它充满奇诡地把席卷中国的非理性的、撕心裂肺的激情推到喜剧高峰,令人震撼。但《受活》的奇还不在于此,它的奇还在于写得非常冷静,让读者看到的不是滑稽剧,而是非常透彻的精神真实。这一真实就是千百万中国现代文明人都生活在幻觉之中,生活在新旧乌托邦幻象的交织纠缠之中。柳鹰雀整天盘算着:"把列宁的遗体安放在那山上,顶儿重要的,是全国、全世界的人都要疯了一样去那山上游乐哩。一张门票五块钱,一万人就是五万块钱哩;一张门票十几块,一万人就几是十几万哩;要一张门票五十几块,一万来人就是五十几万块钱哩……外国佬来看魂魄山,来看列宁的遗体吧,他们买门票当然不能使着咱们的钱,他们用美钞,一张门票五美钞、十五美钞,二十五美钞不贵吧?是看列宁的遗体哩,二十五美钞当然不贵哩。十一个人就是二百七十五元,一万人就是二十五万美钞啊!"这个 21 世纪的现代官员生活在数字的幻觉之中,数字的梦幻使他充满激情、干劲和改天换地的狂想。初看起来觉得这个地方的父母官太离谱,细想起来却觉得这个形象非常真实,像他这样的精神性格,在中国到处都是,当年鲁迅笔下的阿 Q,居然也做皇帝梦,生活在占有"秀才娘子宁式床"的幻觉之中,这且不说,在 20 世纪五六十年代的"大跃进"、"放卫星"运动中,现代中国人不都全生活在亩产十万斤、一夜进入共产主义天堂的幻觉之中吗?幻觉不断变幻着形式,可是中国人的集体无意识却一以贯之,从来如此这般。《受活》揭示的正是在现代社会中依旧存在的病态灵魂,根深蒂固地以幻觉代替现实的中国国民性。

三、赌徒的狂想救民的侠气

然而,柳鹰雀这个形象的象征意蕴又不仅只是指涉中国国民性,它还指涉人类的一种普遍的人性弱点,这就是天生热衷于押宝、赌博、冒险的赌徒特点。尽管地位高低不同、职业贵贱有别,但都喜欢妄想、夸张、冒进,喜欢在乌托邦的棋局中驱车放炮,一搏命运。柳鹰雀并不是坏人,也不能说他是野心家,只能说他是一个荒诞的人、一个冒险家。在他的冒险里固然有和马恩列斯毛并列的狂想,但也有救全县子民于贫穷的侠气,他固然没有堂吉诃德的高贵,但还是有点堂吉诃德的呆气。在他的疯癫激情中,既包含着人类赌博的天生弱点,也包含着人类为摆脱生存困境而奔走无路的巨大悲哀。

这正是《受活》喜剧性中的悲剧性。小说的深刻处正在于此,使读者发笑之余又难免哀叹,原因也在于此。

《受活》之奇,除了上述这些情节与精神的特点之外,其结构、语言、叙述方式又全都是独特独创的。所以,我要认真地说:中国出了一部奇小说。

写于 2004 年 7 月

四星高照,何处人文?

今年 3 月,李泽厚先生在香港《明报月刊》发表《四星高照,何处灵山》一文,这是他前几年的旧作,被我"挖"出来发表。其实泽厚兄在 2005 年就提出"四星高照,何处人文"的问题。(参见《李泽厚近年答问录》)

一

"四星高照",这是对时代的描述;"何处人文?"则是时代性的大提问。所谓"四星",是指歌星、影星、球星、节目主持人。说"四星高照",既无褒贬,也无偏见。只是说,当下这个时代乃是以"四星"为符号、为中心的时代。与"抬头望见北斗星"那个激情燃烧的时代不同,这个时代乃是一个欲望燃烧的物质化与娱乐化的浮华时代。泽厚先生与此主题相关的谈论(专访)中,进一步阐释:我们这个时代是"物质生活全面展开"的时代。这个时代人类是生活内涵发生了巨大的变化。原先的生活(古典生活),只要用"衣、食、住、行"四个字概说即可,而现代生活则增加了另外四个字的内容,即"性、健、寿、娱"。物质生活全面展开了,人们不再安于衣食住行,还普遍地追求情欲的满足,健康的实现,寿命的延长和生活的娱乐化。因此,"四星"便应运而生,不仅浮出繁华的地表,而且进入灿烂的高空,这种现象是"好"还是"坏"?是"善"还是"恶"?不好作本质化即简单化的判断。不可否认,现代化确实带来了生活的丰富,情感的多元,人性的快乐,视野的扩张,时间的增值。从总体上说,人类其实愈来愈热爱生命、珍惜生命,希望多活一些年月以享受人生。所以,我总是支持国家的现代化选择。然而,历史总是悲剧性地前行,"历史主义"的发展总是要付出"伦理主义"的代价。除了"伦理道德"代价之外,人文的其他部分,如文学、艺术、思想、教育等,也可能付出代价。马克思早已揭示:物质生产与艺术生产的发展并不平衡。他说:"关于艺术,大家知道,它的一定繁荣时期绝不是同社会的一般发展成比例的,因而也绝不是同仿佛是社会组织的骨骼的物质基础成比例的。"(《〈政治经济学批判〉导言》,《马克思恩格斯选集》第2卷第112页)马克思说的显然是真理。例如物质匮乏的古希腊,它却产生《伊里亚特》与《奥德赛》这样的史诗,而物质生活充分展开的现代希腊,却产生不了像样的文学艺术,更谈不上划时代的人文"思想"。黑格尔也表述过类似(比马克思早)的见解,他说,猫头鹰总是在"黄昏"时起飞。黑格尔说的是哲学思想。如果我们把猫头鹰引申为人文理想,那就是说,这理想并不产生于世界的"浮华"时刻。相反,世界浮华之日,恰恰是人文要付出代价之时。

二

说要付出"人文"的代价,从根本上说,是要付出"人"本身的代价,即人之所以成为人的那些深层的文化价值。我们会发现,随着"四星"成为时代中心和物质生活的全面拓展,人类生活中的"人文维度"削弱了,人的品性"颓败"了。关于这一重大现象,我写了《人类的集体变质》、《人类愈来愈贪婪》等文章作了提醒,这些文章的主题只有一个,这就是提醒大家注意:当下人类在物质主义的潮流中正在发生集体变质,即变成另一种生物——金钱动物。信仰各种宗教的人群,正在丧失真信仰而共同崇尚"拜物教",物化现象与异化现象严重到极点。我还用意象化的语言,说明地球正在发生重大倾斜,指的正是价值观的倾斜。而倾斜的内容突出地表现为四个方面:

(1)在物质与精神的天平上,向物质倾斜;
(2)在资本与人本的天平上,向资本倾斜;
(3)在物化与文化的天平上,向物化倾斜;
(4)在工具理性与价值理性的天平上,向工具理性倾斜。

上述这四项"价值倾斜"也可以称为"价值迷失"或"人文迷失",用鲁迅的话说,叫作"文化偏至"(参见《文化偏至论》)。他在1908年尚处于青年时代就发现这个地球"重物质"而不重"灵明"(即精神),整个向"物质"偏斜。这种偏斜也可以说是重物不重人。所以他才提出"立国先立人"的天才命题。这一命题指出:一个国家要崛起,首先是人的崛起,尤其是人的灵魂的崛起。唯有组成国家的每一个生命个体首先实现健康（包括身体健康与灵魂健康）和强大，才有国家的健康与强大。我们现在距离鲁迅这篇文章已一百零五年，而现实状态却像当年一样，仍然是一个向"物质"倾斜的问题，而且发展得更为严重。一百年来，科学技术高度发展，这确实是巨大的进步，也确实是工具理性的伟大胜利，此成果不可否定。然而，工具理性不能代替价值理性。价值理性是指生命的"人文维度"，即人类主体的"真、善、美"。现在人类社会在追求工具理性（数据、技术、程序、机器、电脑等）时，忘记了有一个比工具理性更有价值的东西，这就是人本身的心灵、品性与卓越人格。工具理性只能解决"做事"，无法解决"做人"的问题，无法培育全面发展的优秀人性。

在价值倾斜与"文化偏至"中，人本身发生了变质。这种集体变质现象，除了可以用"人正在变成另一种生物（金钱动物）"来描述之外，还可以用一个"关键词"来描述，这就是"消费体"。人正在变成消费体而消费一切，消费城市，消费乡村，消费物质，消费机器，消费技术，消费自然，消费音乐，消费绘画，消费古玩，消费电影，消费体育，消费时尚，消费传统，甚至消费"神"（包括消费上帝与消费佛）。最后是消费人本身，有肉卖肉，有灵卖灵，有容貌卖容貌，有青春卖青春，有八卦卖八卦，有知识卖知识，一切都是商品，一切都是交易。消费的潮流覆盖一切，横扫一切。个个都成为消费潮流中人。欧洲一些国家，产业（制造业）濒临瓦解，只剩下服务业、旅游业、交通业和高科技，工人阶级几乎消失，因为人人都是消费体，而非生产体。"文艺复兴"之后的大约五百年里，地球上一切最先进的人文成果，包括最先进的音乐、绘画、哲学、戏剧、小说、诗歌等等，都是欧洲提供的，现在，在消费大潮流的冲击下却开始经历了一个"颓败"时期。其经济危机的背后，是一个更为深刻的思想危机与人文危机。中国虽有强大的古典人文传统，但是在消费的潮流中，也在发生"伪形化"现象。东西方在共同的"四星高照"和消费狂热的"大形势"下，确实存在着一个"何处人文？"的大问题。

前几年，我读了莫言的小说《弃婴》，产生了一种空前的窒息感与绝望感。原因就是我读出了人的集体变质和扼杀孩子的共犯结构，还读出人正在丧失人之所以成为人的那些最基本的价值前提，例如良心、同情心、悲悯心、不忍之心等等。小说的主人公"我"是一个复员军人，他因收到一张写着

"速到葵花地里救人！！！"的字条，就在返回家乡的路上，到葵花地里抱回了一个被遗弃的婴儿。这本是好心做好事，结果却给他自己带来无穷尽的折磨、痛楚与耻辱。一抱回家，立即遭到全家人的"叹气"、"冷笑"和"审判"，尤其是他的妻子，更是"愤怒"，甚至说"没准就是你在外边搭伙了一个大嫂，生了这么个小嫂"。家里无婴儿的存身之所，"我"只好去找"乡领导"，可是，"乡领导"却满口训斥，甚至大声叫喊："你捡着就是你的，养着吧！乡政府又不是托儿所！"现代"人"变了，现代"人心"变了。《弃婴》小说主人公"我"的家中有一个"小妹妹"（小女儿），她就生活在势利爷爷、势利奶奶、势利妈妈的包围之中。中国的当代教育，面对的正是这样的"小妹妹"和这样的人文环境。

三

面对"四星高照"及其相随相生的"价值迷失"的现象，接下去的问题是，在此历史语境中，人文价值包括人文理想是否还能实现？如何实现？总之，人文是否可能？如何可能？这才是当代思想的真问题。

我虽然描述了地球倾斜的诸多现象，但并不是一个悲观主义者。对于"人文是否可能"的问题，我的答案是"可能的"。

我的乐观还是来自对"人"本身和天才的信赖，相信人类一部分变质，一部分并不变质；一部分成为潮流中人，一部分却不是潮流中人；一部分神经被金钱所抓住，一部分并不被金钱所抓住。总之，有一部分人类，他们拥有超越的能力，拥有从时代的大潮流中跳出来的能力。他们无法改造时代，但可以认知时代，超越时代，并在时代中创造意义。我在文学批评中，常说"天才都是个案"，即使世界乱糟糟，天才还是可以找到有意义的事来做。而在人文批评中，我还要继续说：每一个人都可以成为个案，一切取决于自己的清醒意识和大彻大悟。"灵山"在内不在外，"人文"也是如此，一切可能都取决于自己。近年来，我醉心于《红楼梦》，深悟到曹雪芹所处的时代乃是"文字狱"最猖獗的时代，他的历史大环境与家庭小环境都极为恶劣，以致他写作时不得不隐姓埋名，不仅要把"真事隐"，而且要把"真名隐"，然而，他却超越这种环境的限制与困扰而创造出中国文学的第一伟大经典。从这说开去,我们又可以想到但丁,想到达·芬奇,想到米开朗琪罗等文艺复兴的伟大先驱。在中世纪的黑暗中,但丁的《神曲》借助宗教的外壳,却注入巨大的人文内容。引导但丁游览地狱的人,不是圣徒,而是诗人维吉尔;引导但丁进入天堂的,不是天使,而是恋人贝阿特丽采;送入地狱受罚的,除了各种作恶者之外,也包括胡作非为的主教,而升入天堂的则有许多为实现人文理想的志士。米开朗琪罗,他受雇于罗马教皇,工作于梵蒂冈的西斯廷大教堂,但他却在《创世纪》的大天顶画中注入让人振聋发聩的人文精神。在这部宗教题材的旷世杰作中,他不是赞美上帝,而是描绘人性,画的其实是充满人文内涵的"众生相"。每一画面都在展示对人和人性的思考。只要把他的画和中世纪的"神像"画做一比较,我们就会惊讶地发现这两类画,真有天渊之别,一边是无精打采的"神主体",一边是有血有肉的"人主体"。而且还会进一步发现:原来,文艺复兴时代的人文理想就暗藏在"上帝创世"之处,人文的黎明就从中世纪的宗教黑暗中崛起。原先被宗教所遮蔽、所吞没的"人",就在天才的画笔与思索中复活并从此大放光彩。在米开朗琪罗的巨构面前,谁还敢说,"人文"在精神困境中不可能有所作为?

　　文艺复兴时代里的另一伟大天才莱奥纳多·达·芬奇,同样是在宗教的黑暗中破土而出。他的《最后的晚餐》,完全是取材于《圣经》,画的是基督和他的十二门徒。但每一个人的表情都饱含充分的人性和深邃的内心。这种人性大于神性的艺术,便是光芒万丈的人文之光。但丁、达·芬奇、米开朗琪罗以及文艺复兴时代的巨人们,用他们的天才杰作和灵魂经历告诉我们:任何时候,文艺都是可能复兴的;任何时候,"人文"都是有立足之地的。但复兴并不是时代的赐予,而是个人的创造。换句话说,"复兴"全靠一个一个的个人,一个一个的"个案"。他们还告诉我们:时代是可以超越的,人文创造总是超越时代的困境与超越时代条件(包括政治条件、经济条件、精神条件等)的制约,而后才抵达前人所未至的巅峰。从这个意义上说,"何处人文"的大提问便可作出一种答案:人文不在"环境"的卵翼里,而在个体生命的奋斗中,也可以说,人文就在每个人的手上,每个人的脚下,每个人的心中。或者说,就在人文主体不屈不挠的非凡工作中。

四

十几年前,李泽厚先生在和我谈论社会文化时就说:20世纪是个语言学的世纪(以语言——工具为本体),21世纪将是教育学的世纪(以"人本身"为本体),而且这之后二三个世纪,教育学将成为人文体系的中心学科。

所谓"教育学的世纪",便是以人为中心的世纪,即把培育全面的优秀人性作为中心环节的世纪。

所以我回应说,教育的第一目的不是培育生存技能、职业技能(这只是第二目的),而是提升人的生命质量和塑造卓越的人格。对此,李泽厚先生又一再强调说,教育的关键是中小学教育。"人"最重要的是少年儿童时期。我又补充说:"人文"的生长点就在婴儿的摇篮里。何处人文?请到婴儿那里去找到答案。

我到美国已经二十四年,对美国并不迷信,并不觉得它就是"理想国"。但有一点可以确认,即由华盛顿、杰弗逊等领袖人物和思想家所确立的美国早期的立国人文精神是好的。这些人文精神产生于美国的婴儿时期,后来便成为美国的强大之源。研究过美国的法国思想家托克维尔(他正是《旧制度与大革命》的作者),在他的另一部经典著作《美国的民主》中提出一个重要论点。他认为,无论是一个人还是一个民族,其面貌都是被他的婴儿时期所决定的。他说:

> 一个人生到世上来,他的童年是在欢乐和玩耍中默默无闻地度过的,接着,他逐渐长大,开始进入成年;最后,世界的大门才敞开让他进来,使他同成年人往来。到这时候,他才第一次被人注意研究,被人仔细观察他在成年才冒出的恶习和德行的萌芽。

如果我没弄错的话,我认为这个看法是个极大的错误。应当追溯他的过去,应当考察他在母亲怀抱中的婴儿时期,应当观察外界投在他还不明亮的心智镜子上的初影,应当考虑他最初目击的事物,应当听一听唤醒他启动沉睡的思维能力的最初话语,最后,还应当看一看显示他顽强性的最初奋斗。只有这样,才能理解支配他一生的偏见、习惯和激情的来源。可以说,人的一切始于他躺在摇篮的襁褓之时。

> 一个民族,也与此有些类似。每个民族都留有他们起源的痕迹。他们兴起时期所处的有助于他们发展的环境,影响着他们以后的一切。
>
> (参见《美国的民主》中译本第二章第30页,商务印书馆)

"人的一切始于他躺在摇篮的襁褓之时",这是托克维尔的论断。《美国的民主》论述的正是美国后来的命运是被他的婴儿时期所决定的。我们暂且放下对美国的政治评价,只面对托克维尔揭示的理念,那么可以说,托克维尔关于婴儿时期决定一切的理念,乃是真理。

关于这一点,产生于20世纪的我国思想家鲁迅也有同样的看法。他在《上海的儿童》一文中断定:"童年的情形,便是将来的命运。"他如此说:

> 观民风是不但可以由诗文,也可以由图画,而且可以由不为人们所重的儿童画的……顽劣钝滞,都足以使人没落,灭亡。童年的情形,便是将来的命运。我们的新人物,讲恋爱,讲小家庭,讲自立,讲享乐了,但很少有人为儿女提出家庭教育的问题,学校教育的问题,社会改革的问题。先前的人,只知道"为儿孙作马牛",固然是错误的,但只顾现在,不想将来,"任儿孙作牛马"却不能不说是一个更大的错误。
>
> (《南腔北调集》)

鲁迅生前恐怕没有读过托克维尔的书,但是,他的思想却与托克维尔完全相似,也认定童年决定将来。这不是鲁迅的偶感,而是鲁迅一贯的、重大的思想。早在《孤独者》的小说(收入《彷徨》)中,作者之"我"在与主人公魏连殳探讨儿童问题时就特别感慨地讲了一个自己经历的故事:"我到你这里来时,街上看见一个很小的小孩,持着一片芦叶指着我道:杀!他还不很能走路……"一个还不太会走路的婴儿,就已经有了杀气。这种现象给了鲁迅以极大的震撼。思想敏锐的鲁迅,感觉到一个婴儿持着一片芦叶对人喊"杀",是件大事,不是小事。在这篇小说中,作者之"我"与主人公魏连殳都认定这是大事,只是争辩这种孩子之"坏",是"环境"所致,还是孩子本身的"根性"。尽管之间有争论,但鲁迅还是让小说主人公讲出这样的话:"我以为中国的可以希望,只在这一点。"哪一点呢? 这就是相信孩子本身是天真的,是可以教育好的。笔者认定今天中国的人文教育可以希望,也正是基于对婴儿的信赖。

然而,面对当下世界的婴儿教育,我又不能无忧虑。刚到美国时,我就和一位美国朋友讨论过这个问题。我说：中国产生过"二十四孝图"，这是"杀子意识"，所以才有五四初期鲁迅"救救孩子"的呐喊。朋友则批评美国说：如果说中国有"杀子意识"，那么，美国则是"杀父意识"，对待父母完全是实用主义，一老就觉得累赘，恨不得老人早点死。而对孩子虽爱却太宠，任其称王称霸。我回答说：五四运动把"以长者为本位"的文化，改革为"以幼者为本位"的文化，本是好事。但当代中国，一个家庭只有一个幼者，结果也对幼者太宠，也任其称王称霸了。朋友说：中国孩子在家里当皇帝，太任性，在学校里又太乖巧。

二十多年过去了，我老是记得这位朋友的"乖巧"一词。觉得中国孩子三四十年中变化很大：六七十年代是"蛮"字当头的"红小兵"，有如鲁迅笔下那个手持芦叶喊"杀"的幼儿。这种蛮风，这种红小兵红卫兵作风，至今未灭。动不动就给人打棍子，戴帽子；动不动就给人上纲上线，施以"语言暴力"；动不动就进入"大批判"、"大揭发"、"挖老底"等惯性；动不动就指责人家为"汉奸"、"帮凶"、"走狗"、"五毛"、"乡愿"。号称"自由派"，却一点也不宽容；号称"基督"，却一点也不慈悲；号称"民族主义"，却一点也没有"儒者风度"。蛮蛮蛮，杀杀杀，其形式有所不同，其蛮气与杀气却依然甚嚣尘上。"蛮"字未除，"巧"字又来。现在的孩子多半是"巧"字当头、很小就学会世故和生存技巧的小精灵。近几年我数次回国，每次听到国内的亲者谈起幼儿园和小学的孩子跟着家长去给老师"送礼"、"送红包"，总是毛骨悚然。这不在于礼物的轻重和"红包"的大小，而是这种行为语言会给孩子的心灵注入一种毒剂：生存，需要靠"技巧"，靠"后门"，靠"关系"。这就等于告诉孩子：人间并没有"走正道才能成功"的最起码的因果逻辑，一切都取决于"关系"。在这种行为的暗示之下，孩子们怎能诚实？怎能不世故，怎么不"世事洞明"、"人情练达"？怎能不走邪门歪道？前两年我与泽厚兄谈论教育时，他说，带着孩子送礼送红包，这是教育界中的大事，对此值得再大喊一声"救救孩子"。我回应说，"蛮"字可怕，"巧"字更可怕。"蛮"字当头是"水浒中人"，"巧"字当头则是"三国中人"。"三国中人"善于权术、心术，善于装、善于瞒和骗，深知愈"巧"成功率愈高，愈能装愈能得势。如果青少年从小就接受这种三国逻辑，那才真的是"人文丧尽"。泽厚兄在"四星高照，何处人文"一节中说："不是人文没有了，而是到哪里去找人文。"现在我可以回答了，应当呼吁孩子们不要去充当"水浒中人"与"三国中人":不"蛮"、不"巧"、不装、不伪、不瞒、不骗。人文就应该从孩子们建立最基本的心灵原则开始。从告别"蛮"和"巧"开始,也许,这才是寻找人文的起点。

五

以往读《红楼梦》时,老想到贾宝玉的前世之名,那个充满诗意的"神瑛侍者",并在文章中屡次把这一美名献给蔡元培和中小学老师,认定教师就是"神瑛侍者",即"天才"的服务员与保护者。读了莫言的《弃婴》之后,又想到,"神瑛"毕竟是少数,更该面对的是多数"人婴",甚至"弃婴"。因此,教师固然应该担当"神瑛侍者",但更应当是"人婴侍者"。想到这里,不禁兴叹:教师职业、教育事业多么美呵!"人文"不就可以首先在"教育"中寻找光明,放射光辉吗?!

2013年6月6日
于美国科罗拉多

附　刘再复著作出版图表

（不包括外文版）

序	类别	书　名	出　版　社	出版日期	备　注
1	文学理论与批评	《性格组合论》	上海文艺出版社	1986.7	
2			台北新地出版社	1988	
3			安徽文艺出版社	1999	
4			中国人民大学出版社	2009.11	
5		《文学的反思》	人民文学出版社	1986.11	
6			台北明镜出版社	1990	
7			福建教育出版社	2010.1	
8		《放逐诸神》	香港天地图书公司	1994	
9			台北时代风云出版社	1995	
10		《罪与文学》	牛津大学出版社	2002.5	与林岗合著
11			中信出版社	2011.8	
12	中国古代文化与古代文学	《传统与中国人》	北京三联书店	1988	与林岗合著
13			香港三联出版社	1989	
14			台北人间出版社	1988	
15			安徽文艺出版社	1999	
16			牛津大学出版社	2002	
17			中信出版社	2010.12	
18		《论中国文化对人的设计》	湖南人民出版社	1988.3	与林岗合著
19		《双典批判》	北京三联书店	2011.12	
20		红楼四书	《红楼梦悟》	香港三联出版社	2006.2	
21				北京三联书店	2006.10	
22				香港三联出版社	2008.4	增订版
23				北京三联书店	2009.1	增订版
24			《共悟红楼》	香港三联出版社	2008.10	与刘剑梅合著
25				北京三联书店	2009.1	
26			《红楼人三十种解读》	北京、香港三联出版社	2009.6	
27			《红楼哲学笔记》	北京、香港三联出版社	2009.6	

续表

序	类别	书　　名	出版社	出版日期	备注
28	中国现当代文学	《鲁迅与自然科学》	科学出版社	1976.10	与金秋鹏、汪子春合著
29			台北尔雅出版社	1980	
30		《鲁迅美学思想论稿》	中国社会科学出版社	1981.6	
31			台湾明镜出版社	1990	
32		《鲁迅传》	中国社会科学出版社	1981.7	与林非合著
33			福建教育出版社	2010.1	与林非合著
34		《论中国文学》	中国作家出版社	1998	
35		《李泽厚美学概论》	北京三联书店	2009.11	
36		《论高行健状态》	香港明报出版社	2000.11	
37		《书园思绪》	香港天地图书公司	2002	杨春时编
38		《高行健论》	台北联经出版公司	2004.12	
39		《现代文学诸子论》	牛津大学出版社	2004	
40	思想与思想史	《横眉集》	天津人民出版社		与杨志杰合著
41		《告别革命》	香港天地图书公司	1995	与李泽厚合著
42			台北麦田出版社	1999	
43			香港天地图书公司	2004.2	
44			香港天地图书公司	2011.7	第六版
45		《思想者十八题》	香港明报出版社（繁体）	2007.6	
46			中信出版社（简体）	2010.12	刘剑梅编
47		《共鉴"五四"》	香港三联出版社	2009.8	
48			福建教育出版社	2010.1	

续表

序	类别	书　名	出　版　社	出版日期	备　注
49	散文	《人论二十五种》	牛津大学出版社	1992	
50			中信出版社	2010.12	
51		《漂流手记》	香港天地图书公司	1993	漂流手记第1卷
52			台北时代风云出版社	1995	漂流手记第2卷
53		《远游岁月》	香港天地图书公司	1994	
54		《西寻故乡》	香港天地图书公司	1997	漂流手记第3卷
55		《独语天涯》	香港天地图书公司	1999	漂流手记第4卷
56			上海文艺出版社	2001.3	
57		《漫步高原》	香港天地图书公司	2000	漂流手记第5卷
58		《共悟人间》	香港天地图书公司	2000	漂流手记第6卷 与刘剑梅合著
59			上海文艺出版社	2001.3	
60			台湾九歌出版社	2004	
61	散文与散文诗	《阅读美国》	香港明报出版社	2002.6	漂流手记第7卷
62			福建教育出版社	2009.11	
63		《沧桑百感》	香港天地图书公司	2004	漂流手记第8卷
64		《面壁沉思录》	香港天地图书公司	2004	漂流手记第9卷
65		《大观心得》	香港天地图书公司	2010.1	漂流手记第10卷
66	散文诗	《雨丝集》	上海文艺出版社	1979.9	
67		《深海的追寻》	湖南人民出版社	1983.5	
68			台北新地出版社	1988	
69			广东旅游出版社	2013.6	
70		《告别》	福建人民出版社	1983.7	
71		《太阳·土地·人》	天津百花文艺出版社	1984.1	
72			台北新地出版社	1988	
73			广东旅游出版社	2013.6	
74		《洁白的灯心草》	香港天地图书公司	1985	
75		《人间·慈母·爱》	人民文学出版社	1988	
76			广东旅游出版社	2013.6	
77		《寻找的悲歌》	香港天地图书公司	1988	
78			广东旅游出版社	2013.6	
79		《读沧海》	安徽文艺出版社	1999	
80			福建教育出版社	2009.11	

续表

序	类别	书　名	出版社	出版日期	备　注
81	学术选本与散文选本	《刘再复论文集》	香港大地图书公司	1986.7	
82		《刘再复集》	黑龙江教育出版社	1988.9	
83		《刘再复散文诗合集》	华夏出版社	1988.10	
84		《刘再复——2000年文库》	香港明报出版社	1999.9	
85		《刘再复精选集》	九歌出版社	2002.11	
86		《我对命运这样说》	香港三联出版社	2003.12	舒非编
87		《漂泊传》（海外散文选）	新加坡青年书局，香港明报月刊出版社联合出版	2009.2	
88		《生命精神与文学道路》	台湾风云时代出版公司	1989	陈晓林编
89		《寻找与呼唤》	台湾风云时代出版公司	1989.11	陈晓林编
90		《远游岁月——刘再复海外散文选》	广东省花城出版社	2009.8	
91		《刘再复文论精选》上	台湾新地出版社	2010.4	
93		《刘再复文论精选》下	台湾新地出版社	2010.4	
94		《人文十三步》	中信出版社	2010.11	林岗编
95		《走向人生深处》	中信出版社	2010.12	吴小攀 访谈录
96		《鲁迅论》	中信出版社	2010.12	刘剑梅编
97		《文学十八题》	中信出版社	2011.2	沈志佳编
98		《师友纪事》（散文精编1）	北京三联书店	2011.1	白烨、叶鸿基编
99		《人性诸相》（散文精编2）	北京三联书店	2011.1	白烨、叶鸿基编
100		《感悟中国，感悟我的人间》	人民日报出版社	2011.1	对话集
101		《回归古典，回归我的六经》	人民日报出版社	2011.3	讲演集
102	新著	《高行健引论》	香港大山出版社	2011.9	
103		《读海文存》	辽宁人民出版社	2013.1	
104		《岁月几缕丝》	深圳海天出版社	2012.10	
105		《随心集》	北京三联书店	2012.10	
106		《教育论语》	福建教育出版社	2012.10	
107		《世界游思》（散文精编3）	北京三联书店	2012.12	白烨、叶鸿基编
108		《槛外评说》（散文精编4）	北京三联书店	2012.12	白烨、叶鸿基编
109		《漂泊心绪》（散文精编5）	北京三联书店	2012.12	白烨、叶鸿基编
110		《八方序跋》（散文精编6）	北京三联书店	2013.2	白烨、叶鸿基编

续表

序	类别	书　名	出　版　社	出版日期	备　注
111	新著		香港中和出版有限公司	2013.4	
112		《莫言了不起》	东方出版社	2013.4	
113		《两地书写》(散文精编7)	北京三联书店	2013.7	白烨、叶鸿基编
114		《天涯悟语》(散文精编8)	北京三联书店	2013.9	白烨、叶鸿基编
115		《散文诗华》(散文精编9)	北京三联书店	2013.9	白烨、叶鸿基编
116		《审美笔记》(散文精编10)	北京三联书店	2014.	白烨、叶鸿基编
117		《又读沧海》	广东旅游出版社	2013.6	
118		《童心百说》	漓江出版社	2014.1	
119		《贾宝玉论》	北京三联书店	2014.3	
120		《天岸书写》	厦门大学出版社		

图书在版编目(CIP)数据

天岸书写:刘再复学术文化随笔选集/刘再复著. —厦门:厦门大学出版社,
2014.10

(凤凰树下随笔集)

ISBN 978-7-5615-5240-7

Ⅰ.①天… Ⅱ.①刘… Ⅲ.①随笔－作品集－中国－当代 Ⅳ.①I267.1

中国版本图书馆 CIP 数据核字(2014)第 223036 号

厦门大学出版社出版发行

(地址:厦门市软件园二期望海路 39 号 邮编:361008)

http://www.xmupress.com

xmup@xmupress.com

厦门集大印刷厂印刷

2014 年 10 月第 1 版 2014 年 10 月第 1 次印刷

开本:720×1000 1/16 印张:23 插页:2

字数:340 千字

定价:45.00 元

如有印装质量问题请寄本社营销中心调换